見聞考古学のすすめ

はじめに

考古学にはさまざまな知識が必要です。遺跡・遺構・遺物を研究の素材にするのですが、素材自身は何も語ってくれませんから、何らかの方法で情報を適確かつ十分に取り出さなければなりません。

福岡市の柏原M遺跡から「浄亻乚」と墨書した土器が出土しています。福岡市高畑《たかはた》遺跡に「浄人」と墨書した土器がありますので、「浄人」と報告されています。しかし各地で出土した「亻乚」字を分析し、「亻乚」は「万呂」の略字であるとする平川南さんの論文があります。そうしますと柏原M遺跡の「浄亻乚」は浄万呂の可能性があります。

これは、研究者の努力の結晶である研究論文を数多く読んでおく必要性を物語ります。

論文を読むと数々の知識を得ることができます。学問です。しかし論文を読むのは、眼ばかりでなく、頭が、そして身体が疲れます。

もっと簡単に知識を得る方法は無いのでしょうか。あります。

石庖丁という石器があります。命名者の一人、江藤正澄はどうやら料理用の庖丁と思っていたようです(本書9頁)が、これは稲を穂首で刈り取るための石器です。ではどうやって使うのでしょうか。

柏原M遺跡から出土した墨書土器

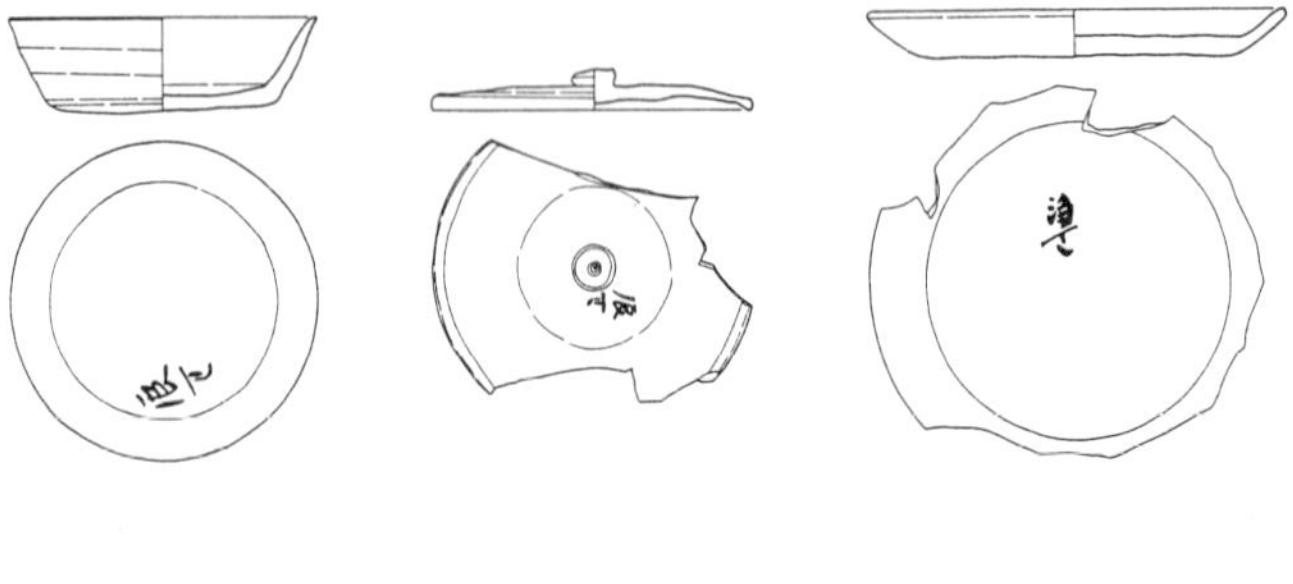

居間でくつろぎながら見ていたテレビで、インドネシアの稲刈りの風景を映していました。穂首刈りでした。そのときは何気なく見ていたので情報になりませんでした。

その後、たまたま大阪府にあります国立民族学博物館に行きましたところ、あの穂首刈りの道具が数多く展示されていました。私が勝手に苗《ミャオ》族タイプと侗《トン》族タイプとよんでいる二種に大別できました。

中国の貴州省黔東南苗族侗族自治州には、苗族と侗族が住んでいます。苗族の村を訪ねる機会がありました。この村には苗族タイプとした穂首刈りの道具がありました。摘禾刀《てっかとう》という教えてくれました。使い方も教えてくれました。侗族の村には行きませんでしたが、黔東南苗族侗族自治州博物館の学芸員が侗族タイプの使い方を教えてくれました。海南島では侗族タイプを使っていましたが、手捻刀《しゅねんとう》とよんでいました。

それは想定されていた石庖丁の使い方と同じでした。侗族タイプは見た目には大きな違いがありますが、使い方は同じでした。

石庖丁・摘禾刀の使い方の知識は論文からではなく、博物館や生活のなかで実際にそのものを見て、使って、古老に尋ねて、つまり体験して得た見聞の知識です。

摘禾刀への関心があれば、テレビでフィリピン・インドネシア・ベトナムなどの東南アジアの旅番組を見ているだけでも疑似体験ができます。実際の体験が大切ですが、アンテナを張っておけば、テレビを楽しんでいても、考古学には大いに役立つのです。

「滇王之印《てんおうのいん》」蛇鈕金印で知られる雲南省の石寨山《せきさいざん》遺跡から多数の銅鼓形の貯貝器が出土しています。内部に、通貨として流通していた宝貝を貯めるのですから貯金箱なのです。

この貯貝器の蓋部に詛盟場面、紡織場面、納貢場面、殺人祭銅鼓場面などの生活の場面が精巧なミニチュアで飾られています。

福岡県粕屋町の江辻《えつじ》遺跡で大きな柱穴二個と、それを長方形に囲む小さな柱穴列が検出されました。これまでに同じような例は知られていません。

どこかで見たことがあると思いました。旧館時代の上海博物館によく行きましたが、石寨山の詛盟場面の貯貝器のレプリカが展示されていました。それでした。

この場面にある建物は二本の柱だけで台座と屋根を支えているのです。この場面の建物にはありませんでしたが、江辻の長方形に並ぶ小さな柱穴列は台座を支えるために四周に配した束柱的な柱だろうと考えました。

台座の上では、台座の端に銅鼓が巡らされ、奥の柱を背に巫師が座っています。巫師の前には六人が対面して座っています。今まさに巫師が託宣を述べようとしている様子がうかがえます。この場面が二本の柱で支える台座の上で展開しているのです。

江辻遺跡の遺構が何であったのか、正解はわかりませんが、建物の構造を考える復元案の一つにはなると思います。

こんなこともありました。

石炭の露天掘りで有名な遼寧省の撫順に行ったときでした。第三次玄菟郡の郡治の遺跡があるというので寄ったのです。

遺跡は労動公園になっていました。中国には「労動」とか「労働」という言葉はありません。工作といいます。

実は「働」は漢字でなく、日本だけに通用する国字なのです。この「働」が、一時、漢字として認められていました。労働は日本語と同じ意味で使われました。そのときに労働公園が誕生したのです。

ところが「働」はふたたび漢字から削除されました。中国から「働」という字は無くなりましたから、労働公園はニンベンを削って、意味の無い労動公園になったのです。

中国における「働」という字の有為転変を物語るこの公園は、「働」字の遺跡です。

考古資料を考えるにあたって、考古学を学ぶ者には好奇心と見聞による体感的知識の多さが求められます。現地を訪れ、現物を手にして会得した体感的知識は忘れないものです。それができなくても、問題意識というか、アンテナを張っておけば博物館が代行してくれますし、テレビの映像が代わりに目的地に行ってくれます。

犬も歩けば棒に当たるといいます。人は歩かなければ資料に当たらないのです。人の知識は体験し見聞して得ることが多いのです。私も歩いて数多くの体験をしました。

そこで私の見聞考古学の経験をお伝えしたいと思います。

少しでも皆様のお役に立てば幸いです。

五月吉日

髙倉　洋彰

見聞考古学のすすめ ◎目　次◎

☞24ページ

☞10ページ

☞ 41 ページ

☞ 46 ページ

☞ 76ページ

☞ 106ページ

☞136ページ

☞119ページ

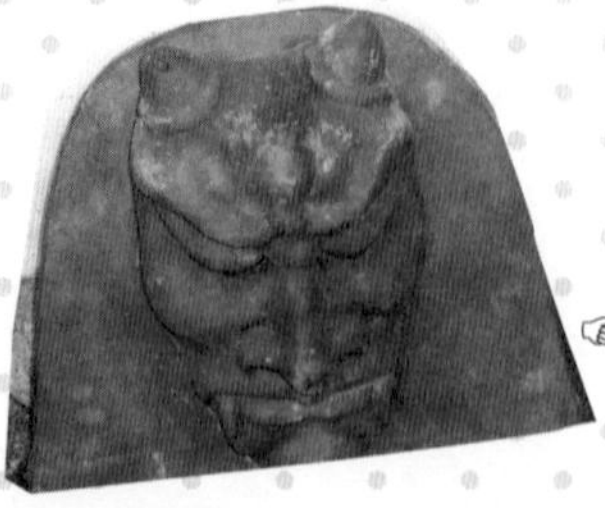
☞163ページ

☞174ページ

☞ 212ページ

☞ 219ページ

危うく見過ごしかけた古墳

研究仲間で酒を飲んだとき、間違いなく盛り上がる話題に発掘の失敗話がある。あの忌まわしい旧石器時代遺跡捏造事件のようなものではなく、知識不足や発掘調査の技術不足が引き起こす失敗談だが、あまり活字にはならない。何よりも恥ずかしいからである。

私も軽微な失敗は数え切れないが、汗顔ものが一つある。昭和四九（一九七四）年。大学院博士後期課程を終え、福岡県教育委員会に就職する直前だった。恵子若山《えこわかやま》遺跡（福岡県那珂川町）の調査に参加した。ここには円墳一基の存在が知られており、周辺に分布する方形周溝墓群を含め、あまり難しい発掘ではなかった。

調査は順調に進んだが、円墳の調査に意外に手間取った。時間に余裕があったので、円墳を四分割し、築造方法や埋葬主体の確認のため対角の二ヵ所を掘り下げた。

自然の地形を整え、盛り土を加えて墳丘を形成していた。円墳の裾には土師器《はじき》の甕が置かれていたから、古墳である

恵子若山古墳の地山成形（福岡県那珂川町）

ことは間違いない。

ところが、古墳の中心施設（埋葬主体部）がさっぱり出てこない。帯状に土手を残し、残りの二ヵ所も掘り下げたが、やはり検出できない。仕方ないので、主体部と推定される粘土槨はすでに流失したものと判断し、発掘調査を終えることにした。

最後の写真撮影のため、帯状に残した土手部分を含めて清掃していると、作業員さんの一人が声を上げた。

「先生！鉄瓶の蓋があります」

銅鏡が「鉄瓶の蓋」に見間違われる例は多い。駆けつけると果たして銅鏡だった。あわてて周囲を清掃すると、粘土槨の底部が残っていた。銅鏡は副葬されていた珠文鏡だった。帯状の掘り残し部に、埋葬主体があったのだ。

恵子若山古墳の調査は、結果的にみれば、墳丘の築造方法の確認、埋葬主体と副葬遺物の検出、墳裾に置かれた土師器甕の検出と、何の落ち度もない。発掘調査報告書で読む限り、ミスもない。

しかしである。危うく埋葬主体や副葬品の鏡を見落とすところだった。

報告書の調査日誌に「円墳の中心部でこれまで不明であった内部主体を検出……」とさりげなく書いた。ミスがわからないように配慮し、記述した報告書には私の作為がある。

成果をごまかすような作為ではないが、しかし四〇年を経ても悔いが残っている。

このところ、考古学研究者をめざす若い研究者が減っている。

そこで、先輩考古学研究者のこうした研究や発掘調査のミスを公開し、あの人たちもそうだったのかと、励みにしたらどうだろうかと思っている。どなたか原稿を寄せていただけないだろうか。

形状で見分け付かぬ「箸」と「籌木《ちゅうぎ》」

考古学の資料には、完全な形のものでも、何が目的なのか、どう使っていたのか、わからないものがある。こうした例は、「物差し状木製品」のように、「〇〇状」とされることが多い。

それは考古学研究者の不明を示すからと、若気の至りで「〇〇状」撲滅運動と称して、固有の名称を極めようと努力したことがある。

たとえば「箸状木製品」という名称で展示されている木製の棒がある。これを見る人は何と理解するだろうか。形状からまさに箸そのもの、あるいは箸に似ているが箸でない用途不明の製品ということになろう。

箸状木製品は中世の資料によく用いられる。箸と断定できないのは、それが食事に使われたことが証明できないからだ。では箸でなければ何なのだろうか……。

実は中世には、箸と同じ形の代表的な道具に、籌木がある。籌木はクソベラともよばれ、紙の貴重な時代に現在のトイレットペーパーのように、肛門の周りにくっついた大便の後始末、つまり糞を削り取るために用いられた。

箸が食べ物を口に運ぶのに対し、籌木はその残滓が尻から出ていくのを処理する道具だから、雲泥の差がある。それを箸状木製品として一括りにするのはいかがなものであろうかと思う。

だが、食器や食べ物とともに出土すれば箸、トイレの遺構から出土すれば籌木と区別できるが、そうでなければどちらかわからない。

太宰府市の推定金光寺《こんこうじ》跡で六棟の建物を検出し、そのうちの三棟から箸状木製品が集中して出土したことがある。ことにSB一六一〇とした建物では北東隅の土坑と南西隅の石組溜枡から多数出土した。土坑の例は土師器の杯や皿、漆塗りの容器、方形の木製曲物などの食膳具にともなって多数出土しているから、これは箸と断定できる。

　この例があったことから、箸状木製品ではなく箸として報告している。だが一辺一・二《メートル》ほどの方形石組み溜枡は、井戸にしては浅く、先の土坑と対称的な建物の東南隅にあることもあって、トイレの可能性がある。ここから出土した箸状木製品は籌木かもしれない。このほか推定金光寺跡からは、排水用の石組みの溝からも多数の箸状木製品が出土する。

　現在でもそうだが、箸は繰り返し使うから、各家庭にそれほど多くの箸はない。しかしトイレットペーパーは繰り返し使われない。籌木も同じように繰り返し使わないのであれば、膨大な量になっただろう。

　つまり、このとき検出した箸状木製品には箸と籌木の両方があったが、形態からは区別できなかったから箸として報告したことになる。籌木までも箸としているとすれば、

鎌倉時代の箸と匙

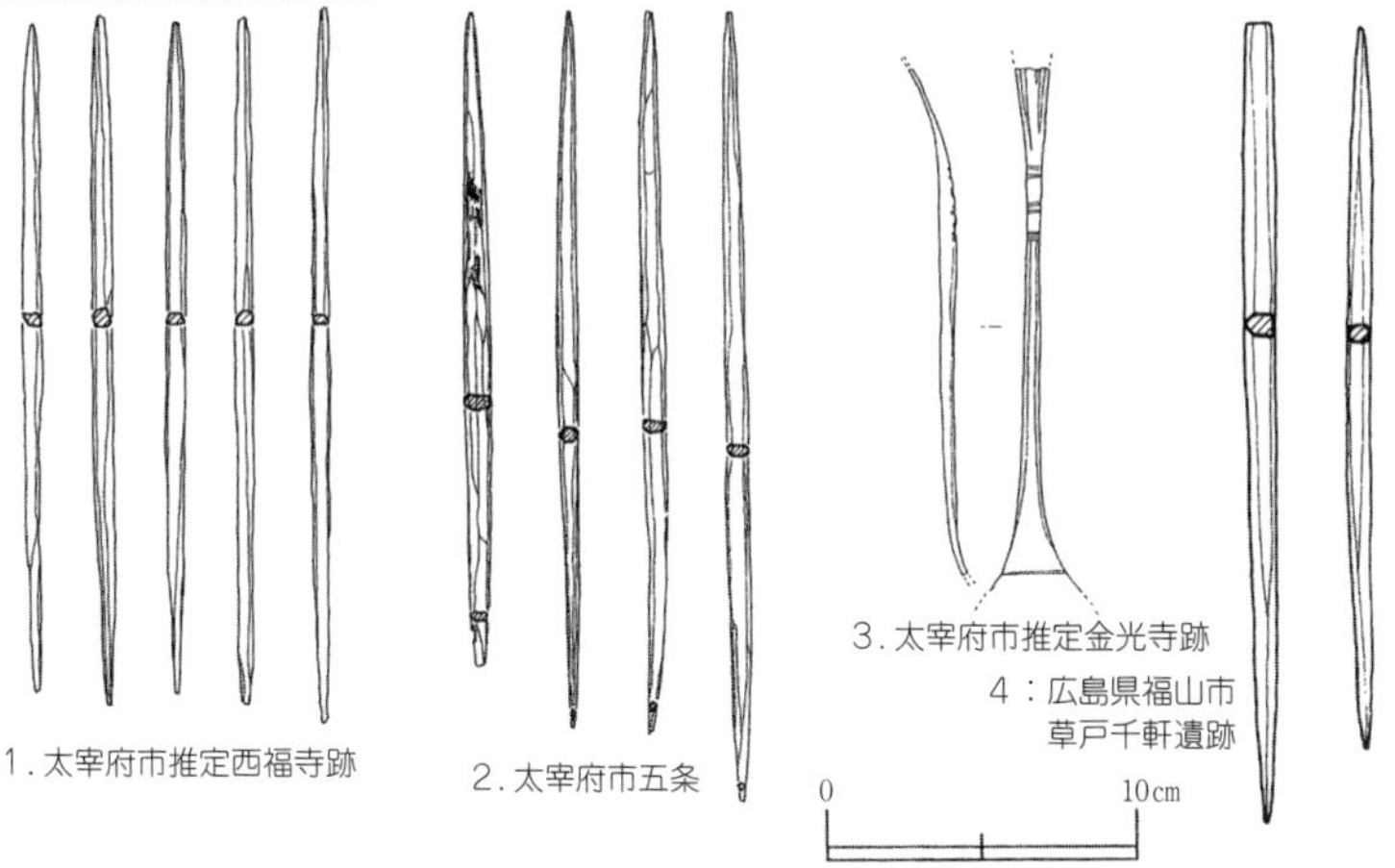

1．太宰府市推定西福寺跡
2．太宰府市五条
3．太宰府市推定金光寺跡
4：広島県福山市草戸千軒遺跡

それは誤報になる。

二〇年ほど前、中国浙江省龍泉市の龍泉窯跡を訪れた際に、クソベラの置かれたトイレを見たことがある。あまりの臭さに写真撮影を忘れたことが悔やまれる。

私は終末期弥生人!?

まだ高校生だった昭和三五（一九六〇）年に、北九州市の小倉城一帯で開かれた小倉大博覧会を見に行った記憶がある。目玉はカラーテレビの実験放送で、好奇心の塊だった私は、こんな素晴らしいものがいつの日か家庭で見られるのかと心躍ったが、「いつの日か」どころか、アッという間に普及した。

生活用具や技術は日に日に進化しているが、カラーテレビが現れたこのころを境に、考古学研究者の体験や経験、環境に、「終末期弥生人」と「現代人」という大差が生じている。

私は終末期弥生人だ。少年時代、周囲を見渡すと、生活用具の大半は、弥生時代の道具の流れにあった。縁側には機織り道具が置かれ、土間で蚕を飼い、その糸を巻いて祖母が機織りをしていた。

夏になると、近くを流れる川の中に大きな石を不安定に置いたものだった。数日もすると、石の隙間や周りに魚が寄りつくのだ。石を投げつけると不安定な置き石がバランスを崩して壊れ、その下に棲んだ魚はつぶれたり気を失ったりして浮き上がってくる。こうして、道具を使わずにおかずの魚を獲っていた。

こういうことを若い現代人の研究者に言っても理解できないだろう。遺物の推定など体験したことや見たことのない「現代人」の彼らにはハンデがあるのだ。

遺跡から出土する遺物の多くは破片になっている。その本来の形や、全体のどの部分であるかなどは、わかりにくい。それでもわれわれ「終末期弥生人」は体験的にわかることも多い。未体験の若い現代人考古学研究者にはわからないらしい。

かつて九州歴史資料館で大宰府史跡の発掘調査を担当していたときに、祖母が機織りの準備に使っていた糸巻きとそっくりの木製品が出土したことがある。私にはすぐわかったが、一部が欠けていたため、わからない人もいた。

すると発掘の手伝いをしていた奥さんが自宅に戻り、ついこの間まで使っていた糸巻きを持ってきてくれた。大きさが一致し、簡単に出土資料の不足部分を満たすことができた。

糸巻きの例は私が終末期弥生人であることを意味しているが、それでも一辺八《チ》《セン》ほどの方形の面に、縦横および斜め方向に切れ目を入れた木製品が出土したときには何かわからなかった。

上部に取手をつけるよう工夫されていて、何か力を使う道具だなとは考えたが、方形面の凹凸が叩いて文様をつけるに適しているように思え、スタンプ状木製品として報告した。

ところが、これはスタンプとは程遠い、藁を加工するための藁打ち具だった。そこが弥生人ではなく終末期弥生人の限界だったのだと思う。

近代のものと変わらない中世の糸巻き
(大宰府史跡学校院地区出土)

このように生まれ育った時代や環境は、考古学研究者の判断力に大きく影響する。とはいえ、現代人研究者にも終末期弥生人の体験はすぐに追いつける。日本には各地に歴史民俗資料館がある。

若い研究者に民俗学を研究しなさいとは言わないが、歴史民俗資料館に展示されている民具（民俗資料）に興味をもっていただければ解決できる。

木印と見誤った木製品が藁打ち具であると気付いたのも、実のところをいえば、歴史民俗資料館の見学中だったのだから。

石製の庖丁ではない「石庖丁」

考古学には不思議な用語がある。

たとえば「石庖丁」。高校の日本史の教科書にも石庖丁あるいは石包丁とあり、新聞報道にも使われるから、考古学用語というよりも今や使い慣れた普通名詞になっている。

それでもわかりにくいと思ったのか、九州のある県立博物館で「石庖丁」を「石製の庖丁」と紹介したことがある。これは完全な間違いで、失笑したものだった。

石庖丁は料理とはまったく関係なく、穀類、ことに稲穂を摘み取る道具だから、本来は石製穂摘具とよぶのが正しい。中国や韓国では「石刀」と表現される。突き刺す道具である剣に対し、切る道具を日本刀や小刀のように刀というから、稲穂を茎（稲稈）から切り取るという意味で、石刀は正しい表現になる。

では、日本では稲穂を摘み取る道具であって料理とは無関係なのに、なぜ石庖丁というのだろうか。

この形状の石器に初めて着目したのは福岡の郷土史家、江藤正澄だった。

明治二一（一八八八）年に『東京人類学会雑誌』に福岡県嘉穂郡古屋敷《ふるやしき》例を図示し、アラスカのイヌイットが使う鉄製の庖丁（ウーマンズ・ナイフ）に形が似ているから、石で作った料理用の庖丁であろうと考え、石器時代の庖丁とした。

同じ年に若林勝邦（人類学者）が「江藤正澄氏所蔵ノ石庖丁ニツキテ」と題する論考を発表したのが「石庖丁」の名称の初例となる。

昭和五（一九三〇）年、人類学者の赤堀英三が書いた「石庖丁の伝播」ですでに用語が定着していたことを知ることができる。

私はウーマンズ・ナイフをパリの人類学博物館で見たが、それは少しも似ていなかったのだが……。

ともかく石庖丁の命名者は江藤正澄と若林勝邦ということになる。

ただ、石庖丁の名前が固定したころ、用途・性格には触れられていない。当時、弥生時代が水稲耕作をともなう農耕社会であることが解明されておらず、仕方ないことだろう。考古学の偉才、森本六爾が「弥生時代は水稲耕作に基盤をもつ農耕社会である」と提唱して以来、石庖丁は稲穂の摘み取り具として性格が確立している。

では、本当に穂摘み具なのだろうか。

本当である。石庖丁の摩擦痕や付着した液汁の分析が進み、

二種の摘禾刀

禾本科《かほん》（イネ科）植物を切り取ったことがわかっている。

中国ではもう使われていないが、東南アジアでは石庖丁とそっくりの穂摘み具が、今も現役だ。「摘禾刀」などとよばれている。違いは石ではなく、石庖丁形の木柄の一部に鉄刃を埋め込んでいることだが、摘禾刀と石庖丁とはよく似た形をしている。摘禾刀の使用法を見れば、復元された石庖丁の使い方への疑問も氷解するだろう。石庖丁は決して石製の庖丁ではないのだ。

ちなみにこの摘禾刀、中国の西南部や東南アジアまで行かなくとも、大阪の国立民族学博物館で見ることができる。

弥生人「石庖丁」使い続けた理由は？

中国の西南部、ことに雲南省や貴州省の少数民族の生活や文化は弥生人のそれを思わせ、『魏志』倭人伝の世界が目の前に繰り広がるような気分になる。その光景から、「弥生時代になぜ石庖丁が使われ続けたのか？」という、長年にわたる疑問が氷解したことがあった。

貴州省などで稲刈りの光景を見た。彼らの脱穀は簡単だ。鎌で根を刈り取り、数日干した後に、稲束を大きめの桶に打ちつける。それで脱穀が終わるほど、米粒が外れやすいのだ。

中国南部の海南島で、野生稲を調査したことがあるが、穂に触れるとたちまち脱粒する。栽培稲はそれほどでもないが、干すと脱粒性が高まる。数日干されていた稲穂を持ったことがあるが、たちまちすべての米粒が落ちてしまった。こういう稲だから、桶に打ちつけるだけで十分で、脱穀機は必要ないのだ。

そうした光景に見慣れたころに、石庖丁の形をした鉄製の摘禾刀（鉄庖丁）の使い方を中国貴州省凱里の苗族の村で知った。

そして気付いた。弥生時代に石庖丁が使われ続けた理由は、弥生時代の稲は脱粒性が高く根刈りができなかったからに違いないことを。

弥生時代、日本ではさまざまな道具の鉄器化が進んだ。鉄器が、それまでの石器に取って代わった。だが、穂摘み用の石庖丁はなかなか鉄器化しないし、稲の根を刈る鉄鎌も普及しない。

学界では、稲の品種が安定していなかったため、出穂期が不揃いになり、早く実った稲穂から順次刈り取るため、根を刈るのではなく、石庖丁で穂を摘み取ったと考えられている。これは、弥生時代の稲作を原始的な段階と誤ってとらえた結果だといえる。

しかし、福岡市板付《いたづけ》遺跡で検出された最古の水田の完成度や、出土する米粒にみられる均一性からみて、北部九州の稲作は、中国で改良が積み重ねられ高度に発達したものだった。それが朝鮮半島を経て伝わったのだから、安定した品種が伝わるなど、当然のことだ。

発掘された中国や韓国の水田に比べても、板付水田の完成度は高い。何しろ、日中の農学者が板付の水田を、中国の宋代相当と判断したくらいだった。

当然、出穂期は不揃いではなかったろうと考えられる。にもかかわ

棒で叩くだけで落ちる籾（雲南省西双版納にて）

らず、穂を摘み取る石庖丁が存在し、鉄鎌は不在だった。これには意味があろう。

雲南・貴州の体験から、稲穂の脱粒性の高さにあると考えるようになった。が、弥生時代の稲の脱粒性の高さなど、今となっては証明できない。だから今もって私自身がそう考えている、という段階にすぎない。

ともあれ、雲南・貴州などの西南中国は弥生時代研究者にとって、弥生時代疑似体験の格好の場になる。しかし、その地で暮らす少数民族の生活にも近代化の波が押し寄せている。

かつて、貴州省凱里の苗族の村を訪れたときには、中国の普通語(標準語)が通じなかったが、今では自在に普通語が通じる。その分、生活や文化から民族色が失われてきている。弥生時代研究者はすぐにでも西南中国を訪れてはと思っている。

健さん〝かたった〟モソ人の調査

現代日本は一夫一婦制で、夫婦は同居するのが当たり前だが、古代はそうでもなかったらしい。代表的な婚姻形態として「妻問婚《つまどいこん》」が知られている。結婚しても夫婦は同居せず、夜になると夫が妻の家に通い、結婚生活を営む。この婚姻形態は記紀(『古事記』、『日本書紀』)など古代の記録からも推測される。夫婦の間に生まれた子供は妻側で育つから母系制的な家族構成になる。

こうした古代の婚姻形態を知る上でも、考古学は活躍する。なかでも、田中良之さん(当時・九州大学教授)に古代の親族構造に関する優れた研究がある。

古墳から二〇代と考えられる男女の人骨が見つかったら、夫婦と考える人が多いだろう。しかし、田中さんはそれぞれの人骨と、副葬品を詳細に分析した結果、埋葬に時間差があることを明らかにしたのだ。

たとえば、男性の埋葬から二〇年後に女性が葬られたとなればどうだろうか。死亡時の年齢が同じ二〇代といっても、男性が女性の死亡時まで生存していると四〇代ということになるから、この二人は夫婦に加え、父と娘の可能性が生じてくる。

田中さんは、人骨の中では残りが良くかつ遺伝情報を多く含む歯冠に着目し、こうした事例を丹念に分析した。現代の血縁家族や非血縁家族の歯冠のデータと比較し、埋葬人骨の近縁度を分析した。

さまざまなケースがみられたが、その一つに、父と子が同じ墓に埋葬される形態があった。五世紀後半から六世紀後半までの西日本の古墳に多くみられる。

父と一緒に埋葬された子には男女があるが、女の子に経産婦がいた。出産した娘が実父と同じ墓に入っているということだ。また、父の妻である母は一緒に埋葬されていなかった。こうした事例は「妻問婚」を示すとみられる。家長権を相続した子は新たに別に墓を造り、ほかの子は父と同じ墓に埋葬される。

ただし、子供が父とともに埋葬されたことから、田中さんはこの当時の西日本は、父系制的な家族構成だったと指摘する。六世紀代になるとようやく、家長とその妻が同じ墓に埋葬されるケースが出てくる。家長を継げなかった子は父母とともに埋葬され、妻問婚の状況に変化は無い。この形態は、大宝二（七〇二）年の美濃国半布里県主族母呂戸の戸籍など実際の裏付けがある。

さて、中国雲南省と四川省の境界にある瀘沽湖《ロココ》の周辺に、摩梭《モソ》人とよばれる少数民族が住んでいる。モソ人の住んでいる一帯は女児国とか女人国とかよばれ、妻問婚の習俗が残ることで知られている。

平成一五（二〇〇三）年、「妻問婚」を調査しようと現地に赴いた。

モソ人は一家の中心を母親とし、女性が代々家系を継ぐ母系制社会だった。このことについて、宮崎の北郷泰道さんから、南九州の地下式横穴から出土する人骨を分析すると、母系制社会であったと考えられるという助言をいただいている。

モソ人の母系制社会では男性は働くことができない。農耕から漁撈にいたる労働は女性の役割だ。働く場のない男性は昼間から遊んでいる。男性天国のようだが、生き生きと働く女性に対し男性に活力はなかった。

火祭りを準備中のモソの娘
（雲南省瀘沽湖にて）

ただ、これまでになかった医師や教員などの新たな職業に男性の活路が生じ、一夫一婦制の浸透もあって、男性に希望が生じている。

モソ人調査の際に、夜、湖畔の屋台で飲んでいたら、多くの村人に囲まれた。日本から高倉健さんが来たという噂が広まり、会いに来たと言うのだ。

健さんの名前は皆知っているが、顔を知らないらしい。同じ名字の私を、名優健さんと思い込んで、小さな杯を差し出す。違うと言っても納得しない。同行の王孝廉さん（西南学院大学教授）が「杯を干せば喜んで帰るよ」というので干したが、何せ相手が多く、酔っぱらってしまった。

どうも、酔いが回るにつれ言い訳が面倒になったらしく、最後は「私が高倉健です」と言っていたらしいが、覚えは無い。

平成二六（二〇一四）年秋、高倉健さんの逝去を聞き、その名を騙ったことを思い出した。偽高倉健のお詫びに、紹介しておきたい話がある。

福岡県中間市に、昔、醤油醸造業を営む小松屋があり、小田宅子《おだいえこ》という女将がいた。彼女は、女性の旅に厳しかった天保一二（一八四一）年に、友達の桑原久子らとお伊勢詣りに出かけ、さらに長野善光寺、日光東照宮、江戸、鎌倉などに足を延ばした。行動的な人だった。旅の記録を「東路日記《あずまじ》」として綴っているが、碩学伊藤常足《いとうつねたり》の門人であったこともあり、端々に豊かな古典的教養をうかがわせている。

詳しく知りたい方には、「東路日記」を題材にした田辺聖子さんの『姥ざかり花の旅笠』（集英社文庫）がある。小田宅子さんは小田剛一さんの五代前の御先祖になる。小田剛一さんこそ名優高倉健の本名で、健さんの醸し出す教養は宅子さん譲りということになろうか。

「国分寺なくとも国分」地名の謎

『日本書紀』に、天智三（六六四）年に「筑紫に大堤を築き水を貯えしむ。名を水城《みずき》という」とある。これが、現在の福岡市と太宰府市を結ぶ平野部の最狭地を、さえぎるように築かれている大堤を指すことを疑う人はいない。

九州歴史資料館に勤務していたときに、水城の発掘調査を担当した。「水城」と墨書した土師器の蓋が出土したときに、「やっぱりここが水城なんだ」と妙に安心したことを思い出す。

水城の東側、太宰府市に国分という地名がある。ここに奈良時代の寺跡があり、塔の基壇が残っている。基壇は大規模なもので、府大寺（大宰府の大寺）観世音寺《かんぜおんじ》の五重塔の基壇をはるかに上回るものだった。

国分寺には七重塔を造ることになっている。塔基壇の規模や地名から、この寺跡が「筑前国分寺」の跡だと判断できる。

筑前国分寺は奈良時代、国分尼寺とともに筑前や筑後など各国にそれぞれ一寺置かれた。

ところが、「国分」という地名はたくさんある。もし太宰府市に「筑前国分寺」の遺構が残っていなかったらどうだろうか。

たとえば福岡市南区横手には「国分寺」という地名がある。福岡市もかつては筑前国の一部であり、ここを筑前国分寺の所在地とする論があっても不思議はない。

寺が外れた「国分」地名だったらもっとある。福岡市南区三宅、糟屋郡粕屋町戸原、筑紫野市下見……。三宅の「国分」は「コクフ」と書かれることもあり、ここを筑前国の役所、国府の所在地と早とちりした論文もある。

発掘された筑前国分寺七重塔の基壇と礎石（福岡県太宰府市）

国分尼寺に縁がありそうな地名も多い。

国分尼寺は法華寺（法花寺）ともよばれていた。佐賀市北原宝満《きたはらほうまん》遺跡は、筑前のお隣、肥前国分尼寺の北東隅とみられる。ここから「法華寺」「法華」「法花」「法」などの墨書土器が多数出土している。

この「法華寺」という地名が各地にある。

筑前国だけでも、大学生のころ発掘調査に参加した法花寺古墳群（福岡市西区谷、現在は今宿古墳群とよばれている）、嘉穂郡桂川町内山田、直方市下新入に「法花寺」、福岡市西区吉武に「法華寺」がある。ところが、筑前国分尼寺は筑前国分寺の西側に遺構が確認され、それを証明するように「花寺」の墨書土器が出土している。というわけで、各地に残る法華寺・法花寺地名は筑前国分尼寺の所在地を意味しない。

国分寺や国分尼寺の所在地でないのに「国分寺」「法華寺」などの地名が残るのはどうしてだろうか。それを解く鍵はやはり地名にある。

福岡県の那珂川町西隈、那珂川町今光、福岡市南区弥永、大野城市瓦田に「国分田」という地名がある。これは、国分寺の運営経費を捻出するための田「寺田」があった痕跡を示す可能性が高い。そうすると、各地に残る「国分寺」や「国分」もこうした「寺田」の名残とみられる。

今回紹介した歴史的地名は、町村合併の繰り返しや味気ない地名への変更で消えてしまっていることが多いから、ほとんど地図に載っていない。

かつての地名を掘り起こすことによって、史料を欠く国分寺・国分尼寺の寺田の所在地を探る手がかりが得られる。古地名の掘り起こしは、遺跡解明の手がかりになるから考古学にとって必要な作業だ。「地名は歴史の生き証人」といわれる所以である。

同時に、国分寺の地名＝国分寺所在地ではないように、古地名を過信するのが危険なことも、国分寺・国分尼寺関連地名が物語っている。

感謝と厚意　美味しかった〝輸入米〟

九州北部には七世紀に築かれた大野城、基肄《きい》城などの山城と水城など、大宰府を守る国防施設跡が残る。いずれも白村江の戦い（六六三年）で、新羅《しらぎ》・唐連合軍に破れた大和朝廷が、危機感を募らせて築いた。築城には、戦いの直前に滅亡した百済《くだら》の技術者が関わったこともあって、特に「朝鮮式山城」とよばれている。

韓国の考古学者に全栄来先生がいらっしゃる。専門は青銅器時代だが、九州大学で文学博士号を取得されたこともあり、大野城などの古代山城にも詳しい。

白村江の戦いは、百済の王都扶餘《プヨ》を流れる白馬江（錦江）の河口で行われたというのが定説だ。現在でいえば、韓国の中西部、忠清南道にあたる。だが、全先生は、『日本書紀』で日本軍の退路を検証された結果、扶餘からでは日数的に無理があり、扶餘より南西の全羅北道扶安郡の東津江河口が戦場にふさわしいと指摘されている。

以前、全羅北道にある高敞《コチャン》支石墓群の見学の折りに、扶安郡の関連遺跡を案内していただいたことがある。その際、全先生の説をうかがったが、確かに、通説より正しそうだと感じた。

全先生の説では、敗れた日本軍は、全羅南道宝城郡の烏城面《ウソン》筏橋《ポギョン》から日本へ海を渡った。その烏城面で平成八（一九九六）年九月に地域の祭である第二回兆陽祝祭が開かれた。私は、白村江の戦いと大宰府をテーマとするシンポジウムの講師としてよばれた。

会場に着いて驚いた。町の道路に切れ目なく横断幕が掲げられていたが、漢字とハングルで「高倉洋彰先生歓迎」と書かれていたからだ。立派な感謝牌もいただいた。

シンポジウムは全栄来先生の講演、私の話、対談という順序で進んだ。私の話は一時間の予定だったが、まず全先生が一〇分かけて私を紹介された。残り時間は五〇分。ここで不安になったのが通訳の存在だった。到着以降、すべて全先生が通訳されていたからだ。

果たしてシンポジウムでも通訳は全先生ご自身だった。私が一分話すと、先生はそれを三分ほどかけて通訳される。結局、私は一五分ほどしか話せなかった。対談も同様だった。

シンポジウムが終わり、兆陽祝祭実行委員長から、交通費とかなり高額の講演料を渡された。私は交通費をいただいたが、講演料は「ほとんど話せなかった」と辞退しようとした。

「先生。私たちは先生のお話を時間でお願いしたのではありません。たとえ一分でも私たちに学恩を与えていただいたことへの感謝です。ぜひお受け取りください」。

聞くと、烏城面はかつて貧困な村だったらしい。戦前、移住してきた日本人が干拓してコメ作りを可能にし、さらに茶の生産を指導した。その結果、豊かな村になった。

しかし、今では訪れる日本人はいなくなった。そこで日本人の代表として感謝したいとのことだった。このご厚意は辞退できない。

烏城でいただいた感謝牌

結局、講演料、コメ一キロと茶をいただいた。

コメはそのままでは日本に持ち込めないので悩んだが、鳥城面の人びとのご厚意を思うと、これは持ち帰って食べなければならない。

輸入手続きをすれば持ち帰ることができると、釜山の金海空港で係官に助言していただいた。福岡空港でワケを話しながら輸入手続きを取ったが、笑顔の係官から「コメの輸入としては過去最少の記録でしょう」といわれた。

美味しかった。

もっと骨太の琉球史を

沖縄県那覇市の国際通りの一角に、活気あふれる牧志《まきし》公設市場がある。沖縄に行くと必ず立ち寄るスポットだ。果物屋さんにはマンゴーやスターフルーツ、パッションフルーツなどの南国の香りが漂い、魚屋さんにある珍しい夜光貝は注文すれば二階の食堂で刺身にして食べられる。

なかでも肉屋さんの店頭を飾る豚の顔肉《チラガー》は迫力がある。これと同じ光景は、ソウルの南大門市場などでみられる。

チラガーだけではなく、沖縄には意外なほどに韓国的な要素がある。

歴史的にも、沖縄を統一した中山王国の中核的な建物である浦添《うらそえ》城跡・浦添ようどれ（陵墓）・勝連城跡・首里城跡を飾る瓦は高麗風だ。実際「癸酉年高麗瓦匠造」と刻印された瓦が出土する。

ところで、私が初めて韓国を訪問したのは昭和四八（一九七三）年だった。このころ、韓国における日本考古学の研究拠点は慶尚北道慶州市、日本における韓国考古学の研究拠点は京都だった。

その後、慶尚南道・釜山と福岡を中心として両岸に研究者が集まり、新たな研究拠点として活発に交流する動きが生まれた。典型が釜山を中心に活動する考古学研究者が集う学会「嶺南考古学会」と九州考古学会の合同学会だろう。二年に一度のペースで、持ち回りで開催し、二〇年以上続いている。

平成二七（二〇一五）年一月末に、第一一回合同学会が那覇市の沖縄県立博物館・美術館で開かれた。嶺南考古学会から研究者八一人が参加された。

その中に鄭澄元さん（釜山大学校名誉教授）、李白圭さん（慶北大学校名誉教授）、申敬澈さん（釜山大学校名誉教授）の姿があった。昭和四八（一九七三）年の初韓国訪問以来の友人だから、付き合いは古い。

合同両学会は「海洋交流の考古学」を統一テーマに据えた。

沖縄出土の燕《えん》系遺物をめぐる対外交渉（燕は戦国時代の中国東北部の国・地域）、金属器をめぐる勒島《ヌクト》交易（勒島は釜山の西の閑麗水道にある島で、弥生土器を多く出土する遺跡）、夜光貝を中心とした遠隔地交易、韓国出土の琉球列島産貝製品の諸問題などの研究発表があり、真摯に論議された。

二日間にわたった合同学会の意義は、朝鮮半島の文化が九州、そして九州から東に普及するばかりでなく、南へも浸透しているし、その逆に、沖縄の文化が九州、朝鮮半島へと伝わったことが、実例をもって検証された

牧志公設市場のチラガー
（沖縄県那覇市にて）

ことにある。

つまり、沖縄の文物は琉球地域にとどまるのではなく、九州島へ、そして九州を介して、あるいは介することなく朝鮮半島に繋がっていることが理解できた。

かつての琉球史観は、沖縄の事象の大半を、琉球王国に帰因させる傾向が強かった。閉じた歴史観といえる。沖縄の考古学は、こうした琉球史観を研ぎ澄ます一方で、日本列島の文化に与えた影響の大きさや、中国大陸との南方交流だけでなく北部、朝鮮半島との交流の影響を評価しなければならないだろう。合同学会を通じて、もっと骨太の琉球史を造りあげる段階にいたっていることが明らかになったといえる。

八一人もの韓国の考古学研究者、そして多くの九州考古学会会員が沖縄で論議し、遺跡・遺物を実際に見学し、学んだ成果は、今後の琉球史研究に寄与することになろう。

支石墓からみる古代の交流

弥生時代の北部九州には、甕棺墓や木棺墓・箱式石棺墓・支石墓などいろいろな形態の墓がある。それらは地下に埋葬される。

このうち支石墓は朝鮮半島に源流がある。箱式石棺や土壙（土坑）などの埋葬施設を設け、その上に大きな石を置く点が特徴で、大石を支えるために石（支石）を置くことから支石墓とよばれている。

朝鮮半島の北部では地上に石室状に埋葬施設を設け、その上に大石を置く支石墓が多い。形が似ていることから卓子（テーブル）形支石墓とよばれる。一方、南部、特に西南部は埋葬施設を地下に造り、小さな支石の上に大石を置く形が主流だ。こちらは碁盤のようだから、碁盤形支石墓とよばれる。東南部には支石をもたない蓋石形支石墓もある。

さて、九州はどうだろうか。長崎県の原山支石墓群を代表に、西北九州から福岡県糸島市にかけて、支石墓が分布する。時代は弥生文化出現期だ。原山をはじめ九州の支石墓は、碁盤形支石墓と蓋石形支石墓が混在している。韓国の南海岸一帯から伝わってきたという、系譜が反映している。

いろいろなタイプの支石墓を見たくなり、韓国に出かけた。ただ韓国では、あちこちで碁盤形支石墓や蓋石形支石墓を見ることができるが、卓子形支石墓はあまりみられない。卓子形支石墓を見ようと思えば、ソウル近郊の江華島富近里支石墓ということになる。

何とか卓子形支石墓を見てみたいと、親しくしていただいている全榮来先生に相談したら、江華島まで行かなくても全羅南道の高敞支石墓群で見ることができるといわれ、案内していただいた。

約二キロにわたり四四二基の支石墓があった。その様子はまさに支石墓博物館で、いろいろなタイプを見ることができた。その素晴らしさに驚嘆したが、今では全羅南道和順郡の和順支石墓群、京畿道金浦郡の江華支石墓群とともに世界遺産に登録されている。

済州島にも支石墓があるが、ここの支石墓は変わっている。墓は地上に造られていて、板石を楕円形に立て並べた形は卓子形に通じないこともないが、印象はまったく異なる。

これとそっくりの支石墓を、実に意外なところで見た。

中国浙江省温州市は温州ミカンの原産地として知られている。その隣に瑞安というところがある。跳魚《ムツゴロウ》の産地で、有明海と同様の潟スキーもある。「炸煮跳魚」という飴煮状の料理を食べたが、黒い外観と白い肉、そして味はまさにムツゴロウだった。アゲマキや白玉団子もあり、佐賀の雰囲気だ。箕子麺《きしめん》という平たい麺があったが、名古屋のキシメンのルーツは、案外この辺りにあるのかもしれない。

瑞安には、不思議なことに支石墓（瑞安では抬石墓）が集中している。瑞安の近くにある棋盤山支石墓群の東山崗支群と西山崗支群を見学したが、済州島の支石墓に酷似していた。

棋盤山の地名が碁盤に近いのは偶然だろうか。ともかく、温州から海岸沿いに北上し、寧波から舟山列島を経てさらに北上すれば済州島に行けないことも無い。

かつてこうした交流路があったのだろうか。支石墓分布をみていると、想像が膨らんでくる。

済州島の済州式支石墓（韓国済州市にて）

「炊く」か「蒸す」か、それが問題だ

現在、ご飯は電子炊飯器で炊くが、私が子供のころは竈《かまど》に鉄釜を置いて炊いていた。竈の前に座って火吹き竹で空気を送り込んで火をおこし、焚き木を継ぎ足すのは子供の仕事だった。この光景は漢代の画像資料にもみられる伝統的な方法だ。

ご飯には、米を直接水にひたす「炊く」方法と、水蒸気を利用する「蒸す」方法がある。炊く方法は軟らかくできるから姫飯《ひめめし》、蒸す方法は硬めにできるから強飯《こわめし》という。姫飯はもう使われないが、強飯の言葉は、赤飯などの「おこわ」に残っていて、結婚式などの祝いの席で食べられる。

古代日本人は、どちらでご飯を食べたのだろうか。

私の学生時代は、稲作が伝わったころから「蒸す」方法で食べたと考えられていた。甑《こしき》とよぶ甕の底に穴を開けた土器が見つかったからだ。甑には米をいれ、水を張った甕に重ねる。甕の周りで火を焚くと、水蒸気が甑の底の穴から吹き上がって、米を蒸す。つまり甑は蒸籠《せいろう》の役割を果たすと考えられた。

しかし、発掘調査が進んでも、甑の出土数は少ない。一方、「おこげ」がこびりつき、吹きこぼれがスス状に焼け焦げた甕の事例が増えてきた。「蒸す」よりも「炊く」方が主流だったことを示す〝物的証拠〟といえる。

考古学者の間壁葭子さんの実験によると、蒸す方法は、できあがりまで一〇〇分かかるが、炊く方法なら三〇分ですむ。しかも炊く方法では、米の量を調整して五目飯や雑炊などをつくることができる。弥生人は今と同じように、炊いたご飯を食べたのであろう。

弥生人が米を「炊く」には、一つ課題がある。米と水をいれた甕を、安定させなければならない。

福岡市宝台《たからだい》遺跡の調査で、分厚く作られた丸太のような土器を三

地床炉による蓋無しの炊飯（静岡市登呂遺跡にて）

個置いた遺構が検出された。この土器はそれまで、甕などの器を安定させる置き台（器台）と考えられていたが、細身で、等間隔に三つ置く方法と、支座とよばれる良く似た土器が中国にあることから、器台ではなく支脚とわかった。長崎県壱岐市の原《はる》の辻《つじ》遺跡などには口縁部をくちばし状に引き出した安定感のある支脚があるが、これは形態的にも支座である。

こうして弥生時代には炊いたご飯を食べていたと考えられるようになり、通説となった。ところが不思議なことに、弥生に続く古墳時代は、蒸したご飯を食べたと今でも考えられる傾向にある。理由はよくわからないが、竈・甕・甑をセットにした土器や、そのミニチュア土器がかなり出土していることも大きな要因と思う。

有名な山上憶良の「貧窮問答歌」は、憶良が国守として筑前国に在任中に、租税徴収の過酷さを詠んだものだが、「竈には、火気ふき立てず、甑には、蜘蛛の巣懸けきて、飯炊く事も忘れて」という部分がある。これを読めば、竈に架けた甑で飯を蒸して食べるが、忘れるほどの長きにわたって蒸すこともないということになりそうだ。しかし、この解釈は違うだろう。

食事ができなければ、農民は飢え死にするしかないのだ。生産者である農民を飢え死にさせては、政治はできない。

私が小学生になる前、戦後の食糧難で食べ物に窮した経験があるが、サツマイモばかりの芋飯や芋粥、わずかに米の見える雑炊で飢えをしのいだものだった。これは、蒸す方法ではできない。

現代の赤飯に残るように、米を蒸す調理は祝祭の日のためで、日常の生活では雑炊や芋粥などが可能な炊く方法だったに違いない。

「貧窮問答歌」の食の光景は、御馳走を食べるような祝い事もないと言っているのだ。

苦しいときの〝奥さん〟頼み

富士山のような秀麗優美な山岳は、山そのものがご神体として崇拝の対象になる。噴火で多くの被害を出した木曽御嶽山の山頂にある御嶽神社の映像は、まだ記憶に新しい。

九州をみても、英彦山、宝満山、脊振山、雲仙岳などもその例で、山頂に神社の奥社などが置かれている。

ところで、「苦しいときの神頼み」という言葉がある。普段、信仰心の薄い人を、そう都合良く助けていただけるのかと思うが、そこは八百万《やおよろず》の神、いつも身近にいらっしゃる。

たとえば、農民が信仰する「山の神」が祀られる霊山がある。

この山の神はどなたなのであろうか。ご神体をみると、いろいろな神様がいらっしゃるが、『古事記』などの日本神話に出てくる、「木花佐久夜比売《このはなさくやひめ》」もその一人（？）だ。

海彦山彦の神話をご存知だろう。弟の山彦（火遠理命《ほおりのみこと》）は、兄の海彦（火照命《ほでりのみこと》）から借りた釣り針をなくし、意地悪される。

だが、山彦は水神の綿津見神《わたつみのかみ》の支援を受け、春になると山を下りて稲作を広め、収穫の秋を見届けて山に戻り、豊穣をもたらす。

こうして、山彦は「山の神」「田の神」として農民に信仰され、農耕の神様となるという話だ。しかしふつう山の神は女神だ。

山彦は伝説の初代天皇、神武天皇の祖父にあたる。

そして、山彦の母が木花佐久夜比売だ。

山彦の父である天孫降臨してきた瓊瓊芸命《ににぎのみこと》は、岩のように永遠の命をもつが、容貌に恵まれない「石長比売《いわながひめ》」と、花が咲き誇るように美しい「木花佐久夜比売」の姉妹をともに嫁にすすめられるが、美しい妹のみを嫁にする。

だから、木花佐久夜比売が山の神であれば、美女のはずだ。

ところが、山の神は容貌が優れないという。オコゼのような、自分よりも醜いものを好み、綺麗な女性や若い女性が山を登ってくることを嫌うそうだ。

ひょっとしたら姉の石長比売かもしれないが、石長比売を山の神として祀るところは聞かない。

この話は知らなくても、身近に山の神がいる。あなたの家庭を司る〝万能の神〟、つまり奥さんのことを「山の神」ということがある。

世の亭主は奥さんに弱い。たとえば、「帰りに一杯飲まないか」「山の神がうるさいので今日はこのまま帰るよ」というように。異論もあるが、山の神を省略したのが「かみさん」という説もある。

堂本印象 画《木華開耶媛》(1929 年)

なぜ、奥さんのことを山の神とよぶのであろうか。本物の山の神が、綺麗な女性や若い女性を嫌うというから、亭主に綺麗で若い女性の影があると、口うるさく、あるいはおっかなくなるというのならわかるが、それだけでもなさそうだ。

女神としての山の神は、容貌に優れないことが最大の特徴だ。そこからの想像だが、「私の奥さんはそんなに綺麗ではありません」という謙遜の意味があるのではないだろうか。だとすれば、奥様を山の神というのは失礼ですね。

奥さんは名前でよびましょう。それでこそ、家内は安全ですし、苦しいときには助けてくれるでしょう。

稲作は空から〝降って〟きた？

平成二七（二〇一五）年一一月末の九州考古学会で、福岡県筑前町の大木《おおき》遺跡で出土した九二号甕棺に、飛翔する鳥が刻まれているという、武末純一さん（福岡大学教授）らの興味ある発表があった。

絵は、頭をもたげ、脚を伸ばし、翼を広げて飛ぶ鳥の姿で、首の長さからサギかツルと思われるとされているが、果たして本当に絵なのだろうか……。土器表面の調整痕とする否定論を含めて、いろいろな意見がある。

弥生土器に絵を刻んだ例はあまりない。数少ない例では、鹿や水鳥、建物が主要な画題になっている。水鳥の場合、立った姿で表現され、飛翔する姿はこれまで知られていない。

ところで、九二号甕棺はすでに絵があることで知られていた。

それは、今回指摘された「鳥の絵」の反対側にある。左から入口を思わせる鳥居風の門、何かわからない四角形の文様、その右に竪穴住居四棟、少し空けて竪穴住居四棟が線刻されている。四角形の文様の下に、曲線であらわされた図の一部がみえるが、ほかの例からして立った姿の水鳥であろう。

これらの線刻とは別に、中央の竪穴住居の下に、大まかに輪郭を線で刻み、内部を黒く着色した四足獣が二頭いる。鹿だ。この表現法はほかになく、飛翔する鳥の姿の異質性が飛びぬけているわけではない。

大木の絵は、鹿・水鳥・建物の弥生絵画の三要素をもっている。野生のはずの鹿が描かれているのは、『播磨国《はりまのくにの》風土記《ふどき》』にある、鹿を捕らえ、その腹を割いて血の中に種子を播き、稲の苗の成長を祈った、という神事を思わせる。

弥生人が描いた大木の村（福岡県筑前町大木遺跡）

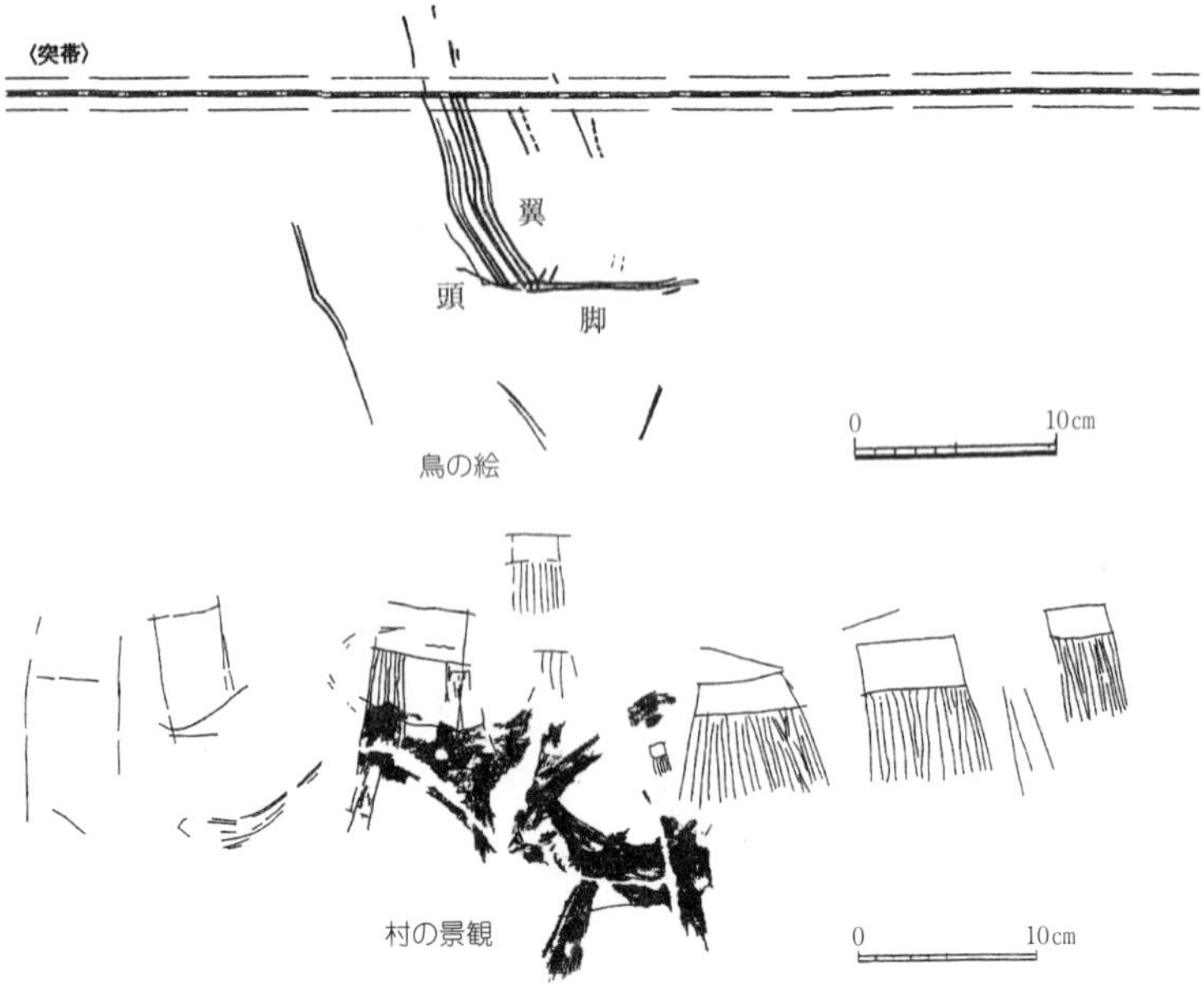

地霊としての鹿と、穀霊としての水鳥、そして入り口から二群各四棟からなる村の景観を刻むことによって、この村に豊穣がもたらされることを祈願した絵のように思われる。

今回、新たな話題となった部分が絵であるならば、それは従来の絵と何らかの関連があろう。『日本書紀』巻二に、興味深い話がある。

いわゆる天孫降臨に際し、天照大神は降臨を命じた天忍穂耳尊《あめのおしほみみのみこと》に、宝鏡と高天原の神聖な稲穂を授けている。

降臨は結局、天忍穂耳尊の息子である瓊瓊杵尊《ににぎのみこと》によって実践されるが、このときにも宝鏡と稲穂を授けている。稲穂は天からもたらされたというのである。

これが『倭姫命世記《やまとひめのみことせいき》』になると、伊勢・志摩地方では、伊雑宮《いざわのみや》に白い真名鶴が稲穂をくわえて飛来し、稲作が始まり、豊作をもたらすようになったという。

鶴がくわえていた稲穂をうっかり落としたことで稲作が始まったという伝承である。

いずれも、稲穂は天からもたらされている。これを穂落とし伝説というが、大林太良さん（当時・東京大学教授）の研究によれば、羽後（秋田）・羽前（山形）から奄美、琉球（沖縄）にいたるまで、ほぼ全国に分布している。

大木九二号甕棺の新たに知られた部分が飛翔する鶴の絵であれば、反対側の豊穣を祈る絵の前段になる、稲作発祥の穂落としの場面である可能性が生じる。

そうであれば、穂落とし伝説の最古の事例になる。

何を挽《ひ》いた？ 観世音寺の巨大石臼

福岡県太宰府市の観世音寺は、かつて「府大寺《ふのおおでら》」として九州の寺院を支配した。今も、日本最古の梵鐘（国宝）や西日本随一の巨像群として知られる仏像（重要文化財）の偉容が、往時を偲ばせる。

参詣の機会がある方は、講堂正面の石段を登り終えたら、左手に注目していただきたい。そこに、日本最古の巨大石臼「碾磑《てんがい》」が何気なく置かれている。

天平石臼ともよばれる大臼は、花崗岩（御影石）製で、直径約一メー《トル》。上臼の厚さ二五チ《セン》、下臼の厚さは三〇チ《セン》で、ほかに例をみない巨大なものだ。

この臼はいつごろ造られ、何を擦りつぶしたのだろうか。

こういうときに、古い記録が多く残る観世音寺は便利だ。平安時代の延喜五（九〇五）年に作成された「延喜五年観世音寺資財帳」大衆物章《たいしゅうぶつ》を点検すると、造瓦屋とよばれる建物に、粉熟機具として「臼」一つと、「碓」二つが記録されている。「臼」も「碓」もともに「うす」のことだ。

ただ、二個あった碓は弘仁一三（八二二）年には大破していたという。検証はできないが、残りの臼こそ、この碾磑かもしれない。

粉体工学の権威であった、三輪茂雄さん（当時・同志社大学教授）の依頼で、上臼と下臼を並べてみたことがある。

上臼上面の中央には、皿状の凹部があり、孔が二つ彫り込まれている。さらにこの二つの孔に直交して、上面の端から側面にかけて「く」字形の孔が、両側に穿たれている。

この大臼は大きすぎて、人力では操作できない。中国・明末期の宋応星が著した『天工開物《てんこうかいぶつ》』などによると、「く」字形の孔に縄を通して横棒にくくりつけ、牛などの家畜を繋いで挽かせたのであろう。

次に擦り面をみてみよう。面の中央は、上臼の中央にある半球形の凸部が、下臼の半球形の凹部と組み合うようになっており、中心軸を固定させている。

さらに擦り面は、鋸歯文状に八つの区画に分けられ、それぞれに深い刻み目(溝)が一〇本彫られていた。擦り面の目は逆になっているから、上臼と下臼が合わさったときに、目は同じ方向になる。しかも、溝と溝の間は、平らで滑らかだった。

この構造では、麦やアワなどの穀物は擦れない。脱穀用ではなかったのだ。では何を挽いたのか。実はこの溝に水を流しながら、鉱石を微細に擦るのに適している構造だった。

古代の記録ではないが、江戸時代の地誌類は、この大臼を観世音寺の造営時に「朱」を擦った臼とか、「鬼の茶臼」(石臼)などと伝えている。

古代の寺は、柱を赤く塗るから、観世音寺造営時にも、柱用の塗料、特に朱が大量に必要とされた。そのための道具だったのではなかろうか。

先の『天工開物』は、大臼を「磨」と「碾」に大別し、稲の籾殻を取るときには「磨」で、糠を取り去るときや乾いた籾の殻を取るとき、そして、朱墨を作るときに碾を使用するとあるから、地誌類

観世音寺の碾磑(福岡県太宰府市にて)

の伝承は参考になる。

『日本書紀』を読むと、推古一八（六一〇）年に高句麗の僧、曇徴《どんちょう》が初めて碾磑を造ったとある。三輪さんは、観世音寺の碾磑こそ曇徴が造った碾磑そのものである可能性に言及されている。梵鐘と仏像の陰に隠れているが、この碾磑も、府大寺の偉容を示す重要な遺物なのだ。しかもその姿は美しく、重要美術品に指定されている。ぜひ、見てもらいたい。

太宰府にあった千年企業

大阪に「金剛組《こんごうぐみ》」という会社がある。

四天王寺建立のため、百済から招かれた大工の一人、金剛重光が敏達七（五七八）年に創業したと伝えられる。世界最古の企業であり、驚くべき息の永さだ。

同様に息の永い会社が福岡・太宰府にもあった。

観世音寺金堂の屋根瓦を飾る降り棟の鬼瓦をよく見ると、二面は鬼瓦というよりも、西洋風の風貌をしている。ふつう、見ることはできないが、「一千九百五十年六月」（昭和二五年）の修築年と、イタリアで活躍された著名な彫刻家の豊福知徳さんのお名前、そして窯元として太宰府の平井明さんの名前が刻まれている。

平井家は、太宰府市五条で「平井瓦製造所」を営まれる瓦工だった。屋号は「金屋」だった。その地は「金屋屋敷」とよばれ、昔は鋳物屋だったと伝えられている。金屋の屋号や、庭を覆う鉄滓がその伝えの正しさを物語っている。

太宰府天満宮には、神幸式などに奉納される「竹《たけ》の曲《はやし》」という、古典芸能がある。竹の曲を奉納するのは、米屋座・鋳物座・鍛冶屋座・染物座・小間物座・相物座（魚座）からなる、六座とよばれる組織だ。このうちの鋳物座が平井氏で、文禄元（一五九二）年に「鋳物屋平井与作」の名前が残る。

さらに、天満宮所蔵で、福岡県の文化財に指定された鰐口《わにぐち》の銘文に、「慶長五年」「九州惣官大工平井大炊助藤原種重」の銘がある。慶長五年は関ヶ原の戦いがあった一六〇〇年であり、先の平井与作と平井種重は、同時代の一族であろう。鋳物師としての作例は、この鰐口のみだが、平井氏が鋳物座・鋳物屋であったことを実証している。

記録はさらに、さかのぼる。文治五（一一八九）年の「真継文書《まつぎもんじょ》」によれば、大宰府鋳物師蔵人平井宗明が「九州鋳物師政所職」に補任されている。この文書、形式や用語から偽文書とわかっている。ただ、大宰府鋳物師政所職は先の九州惣官大工に近いことや、九州惣官大工はほかの文書にもあることなどから、根拠のある偽文書として『太宰府市史』に採用されている。

さまざまな「平井」瓦
（大宰府史跡出土）

大宰府史跡の発掘調査では、膨大な量の瓦が出土する。この中には、瓦の背（凸面）についた格子目の中に文字が印刻された平瓦や丸瓦がある。

平安時代に入るころからみられるが、その中に「平井瓦屋」「平井瓦」「平井」の文字を刻する例がある。平井と平井瓦は平井瓦屋の省略で、平井という瓦屋で製作された瓦を意味すると考えられる。

観世音寺の創建瓦は福岡市南区の老司で製作された。ただ、観世音寺には、破損分の補修用の瓦を焼いていたと思われる「造瓦屋」という部門があった。観世音寺造瓦屋と平井瓦屋の関係は不明だが、天満宮の六座は中世の平井宗明のころには、観世音寺に所属していた。

この平井家の子孫は、かつて所属した観世音寺の宝蔵の瓦を製作した後、一九五九（昭和三四）年に廃業された。

太宰府にあった千年企業、平井家を永く記憶したいものだ。

ひいきにされなかった「贔屓《ひいき》」

中国や韓国で石碑をみると、土台が亀の形に造られている。亀が重い石碑を支えているのだが、その土台を亀趺《きふ》という。

なぜ亀が石碑を支えるのだろうかと疑問をもたれようが、これ、本当は亀ではない。土台の装飾は、中国ではもともと、「贔屓」として造られていた。「贔屓目にみる」「贔屓にする」「御贔屓筋」。特定の人を特別扱いにする、あの贔屓である。贔屓って亀のこと？

贔屓が亀なら、贔屓目は亀の目、「贔屓にする」は「亀にする」、御贔屓筋は「亀様筋」ということになる。ありがたみがなくなるどころか、むしろコケにされているようだ。

これは不思議だなと『大漢和辞典』で贔屓を引くと、①力を用いるさま、②大きい亀、③目をかけて引き立てる、という三通りの説明がある。

贔屓目にみるなどは③の意味で使われている。しかし、本来の意味は①なのだ。

実は、贔屓は龍生九子の一で、中国の伝説上の生き物である龍の子供だ。

龍には九頭の子供がいた。贔屓は背に甲羅をもつが、亀と違って亀甲文ではない。亀に似た容姿をしているが、亀と違って、龍の子らしく頭に角をもっている。出来の悪い子だったが、特技を一つもっていた。重いものを支えることを好む、という特技だ。

贔屓は重さを支えることを好むから、石碑の土台には最適だ。こうして贔屓趺が生まれた。

贔屓は想像上の神獣だが、現実には角がないだけで容姿がよく似た、誰もが知っている亀がいる。そこで、贔屓はしだいに亀と混同されていく。亀には角が無いから、しだいに角の意味が忘れられ、容姿が完全に亀になっていく。こうして、軒を貸して母屋を奪われ、「亀趺」とよばれるようになった。

亀趺と螭首をともなう石碑
（韓国忠清南道公州市にて）

なお、石碑の頭部を飾る蓋状のものを「螭首《ちしゅ》」という。韓国慶州市の武烈《ぶれつ》王陵の石碑は碑文が失われ、螭首と亀趺のみになっている。「螭《みずち》」は角の無い龍をいうが、こちらは龍の娘だ。武烈王碑は龍の子供(姉弟)で護られているのだ。

陶磁器を支える足に「獣脚」とよばれるものがある。福岡県太宰府市の観世音寺には、青磁三足壺という国の重要文化財の獣脚付き越州窯系青磁鍑《ふく》がある。

「鍑」は釜と、それを支える五徳を一体化した形の壺をいう。優美な形をしている。昔、越州窯《えっしゅうよう》の遺跡がたくさん分布する中国浙江省の慈渓市博物館を訪問した際に、館長に写真をお見せしたところ、「これほどの逸品は中国には残っていない」と感激された。

五徳を模した三足は、獣の脚状に意匠されている。この形の脚をもつ獣の正体は明らかではない。それでも、三つの足で壺を支える形態は、重いものを四本の足で支え、踏ん張る亀の姿を連想させる。亀に重いものを支える性格は考えられていないが、贔屓の性質はまさにそうであり、獣脚は贔屓の足である可能性がある。

今、贔屓が龍の子供の名称だということも、重さを好むことも、人びとから忘れられた。贔屓は誰にも贔屓にされなかったのだ。

画期的な宝台遺跡の調査

福岡市城南区に宝台団地がある。

大学院修士課程のころ、頂点に達していた学生運動のため、大学は封鎖され授業は無かった。対立するセクトから「高倉殺せ！」のような張り紙をされ身の危険を感じたので、福岡市教育委員会からの依頼を受けて宝台遺跡の調査に没頭した。その宝台遺跡が宝台団地になっている。

この調査では画期的な成果があった。ところが、調査は昭和四四（一九六九）年秋のことだからまだ半世紀前にしかならないのだが、すっかり忘れられている。

現在、弥生時代中期の住居の平面形態が円形プランから方形プランに変化することは、若い研究者には自明の理になっている。だが当時、福岡市博多区の比恵《ひえ》遺跡の住居跡が方形プランをとることはわかっていたものの、総じて弥生時代の住居跡の平面形態はわかっていなかった。甕棺墓地や古墳などの例外を除き、遺跡を広範囲に調査する状況に無く、住居跡は断面調査される傾向にあったからで、断面だと円形と方形の違いはわからなかった。

宝台遺跡では画期的な調査方法が取られた。団地として造成される丘陵の全面を同時に発掘調査できたのだ。これは今では当たり前の方法だが、当時は珍しかった。

その結果、弥生時代の住居跡群が三ヵ所検出され、複数の群で構成される集落構造が明らかになった。さらに中期前半〜中期中ごろの住居の平面は円形であり、中期後半になると正方形プラン、後期になると長方形プランに変化していくことがわかったのだ。

今では当たり前のわかりきった常識になっているが、解明されたのが宝台遺跡の調査であることは忘れられている。

もう一つ。弥生時代中期の土器を須玖《すぐ》式とよんでいる。宝台遺跡では住居群にともなう須玖式期の甕棺墓地が調査された。この当時、須玖式は主に甕形土器の名称で、これにともなう壺や高杯は推定されていたものの、甕・壺・高杯の器種を共存する遺構が未検出だったから、いろいろな遺跡からの出土資料の寄せ集めで考えられていた。

宝台墓地には祭祀遺構がともなっており、そこに廃棄された須玖式の祭祀土器は甕・壺・高杯から構成されていた。こうして須玖式土器の器種構成が初めて明らかになった。

これらの事実を知らなくても研究に何の支障もない。しかし研究史として重要であるし、何よりも当事者としては寂しいものがある。

個人の感傷とは別に、画期的なできごとにも遭遇している。宝台遺跡の調査は当時としては規模が大きく、業者に表土除去の作業を委託した。その業者の車を借りて出かけたときに、後部座席に置いてあった一升瓶三本が割れ、猛烈な異臭に襲われた。日本酒と思っていたのが薩摩焼酎の白波だったのだ。お詫びに現金を出したが、実物で返してほしいと望まれた。そこで気楽に酒屋に行ったが、どこにも無かった。困り果て、酒販組合に問合せたところ、九州産業大学前の酒屋の

須玖式土器の器種構成を初めて明らかにした祭祀遺構
（福岡市宝台遺跡）

みに置かれていた。それまで合成焼酎（甲類）はあったが、臭いを抑えた本格焼酎（乙類）が福岡で普及したのはその二〜三年後だった。

弥生の女性は超ミニだった？

卑弥呼や邪馬台国を描いた『魏志』倭人伝は、三分の一を、弥生人の生活習慣（習俗）の紹介についやしている。習俗は、かなりの部分、発掘調査で得られた弥生時代資料と対照できる。それをみると記事の内容はかなり正しい。しかし、弥生人の衣服の記述は怪しい。

倭人伝は、男女の衣服について、男子の衣は横幅、結ぶだけで縫うことはほとんど無い、女子は単衣のようなもので、中央に穴をあけ、そこから頭を出しているとしている。これをもとに、角山幸洋さん（当時・関西大学教授）は、男子をお坊さんの袈裟《けさ》のような袈裟衣、女子を戦後の女性が着ていた簡単服のような貫頭衣としている。これが教科書にも採用されている。

しかし、この復原には疑問がある。袖を縫いつけた上衣が出土しているし、古墳時代の埴輪をみると、袈裟衣は女性、ことに巫女の衣服と考えられるからだ。

埴輪の男女をみると、男女ともに上衣は同じで、襟無し筒袖前開きのワイシャツ状のものを着ている。下衣は、男はズボン、女はスカートをはいている。

これとよく似た衣服は、今でも、中国雲南省の基諾《ジノー》族や景頗《ジンポー》族・佤《ワ》族などの少数民族にみられる。違いは、埴輪の女子のスカートが織布を縦に縫っているのに対し、少数民族は巻きスカートになっている点だ。

地機で織りあげた幅三〇センチほどの布を横向きに腰に巻きつけている。これは、倭人伝に示された横幅、結ぶだけで縫うこと無いという倭人男子の衣は、少数民族の例からみて、女子の下衣であることを示す可能性を考えさせる。

つまり、埴輪と少数民族の例からみて、弥生人は、上衣は男女とも襟無しワイシャツ（貫頭衣）風、下衣は男子はズボン、女子はスカートということになる。貴婦人風埴輪の女子は織布を縦にするスカートを着けているが、袈裟衣の女性埴輪には下半身を露出しているものもあるので、一般には膝上のミニ状の巻きスカートだった可能性がある。

襟袖無し前開き上衣と巻きスカートの佤族の女性

雲南と日本では比較に無理があるという意見もあろう。では、成人式や大学の卒業式を彩る若い女性の和服はどうだろう。今では必要なときに借りることができるが、専門店で買うとすれば、それは呉服屋さんになる。呉服の「呉」は、現在の上海を含む江南地方一帯の地名である。つまり呉服は中国服であることを意味する。和服が中国服？

実は、和服は中国呉地方の衣服が古墳時代に伝わり、以後、独自の進化を遂げて現在のようになっている。中国服というとチャイナドレスを思うが、あれは清王朝を支配した満州族の民族衣装が発展したものだ。『三国志』などの中国古典の映画を見ると、和服と同じような衣服を着ているから、確かめられると良い。

発掘された呉の衣服をみると、まさに呉服を着ており、下駄を履いている。平成二三（二〇一一）年に来日された幸福の国ブータンの国王夫妻が着ておられた服装を覚えている方もあろう。ブータンの正装はゴーを着用し、下駄を履く。ゴーは日本のドテラ（縕袍）や丹前をスマートにしたようなものだ。これは和服とゴーに関係があるのではなく、呉服と下駄の江南文化が周辺に拡散し、日本やブータンで定着したことを意味している。

袖無し筒袖前開き服の文化も同様に周辺に伝わった可能性がある。文化は広い視野でみる必要がある。

中韓日の箸事情

初めての韓国で日本との違いを感じることの一つに食事がある。

韓国では、食事のときに器を持つと、マナーに反する。もっとも、食器の多くは金属製だから熱くて持てないのだが。持てないから、味噌汁のような水分のある料理は、スプーン（匙）で口まで運ぶ。

ご飯も匙ですくって食べる。では箸は？

箸ではおかず（副食）をつまむ。ご飯と汁物を食べるときには匙を使い、おかずには箸を用いる。箸の本場中国では、食器を持ってもマナー違反にはならないし、ご飯やおかずは箸で食べ、汁物を散り蓮華（匙）ですくう。だから、韓国の箸の使い方に違和感がある。

しかし、本当は韓国の箸・匙の使い方に伝統が反映している。

中国で食事に箸を用いるようになったとき、箸はおかず用でご飯は指でつまんで食べていた。たとえば、『礼記』曲礼篇に「羹之有菜者用梜、其无菜者不用梜」、つまり羹(熱い汁物)を食べるときに、汁物の中に菜(具)が有ったときには梜(箸)があったらそれでつまみ、無かったら箸を使わずにすすりなさいといっている。

同じ曲礼篇に「飯黍毋以箸」とある。飯や黍《きび》を食べるときは箸を使ってはならない、つまり指でつまんで食べるようにいっている。だから、箸はおかず用の食具になる。

ご飯には糊成分があり、つまむと指にくっつく。そこで漢代あたりから匙ですくってもよいようになった。しかし正式の宴会などでは指でつまむのがマナーだった。これは唐代まで続く。卑弥呼の使節も遣唐使も、宴席でご飯を指でつまんで食べたことになる。

漢代中国の一般家庭の箸・匙の使い方が、今でも韓国に残っているのだ。

日本では箸を自分の身体と併行させて横向きに置く。ところが、韓国や中国では箸・匙(蓮華)を対面する相手に向けて縦向きに置く。箸をどう置くかなどどうでもよいように思うが、これも重要な違いになる。箸の置き方のマナーがいつ定まったかはわかっていないが、唐代は横向きであった。それがやがて宋代ごろに縦向きに変わっていく。つまり箸の置き方は日本が古式を残している。

箸の本場中国では古式の箸文化は消え去っているが、使い方は韓国、置き方は日本に残っているのだ。中韓日の箸事情を知っていれば、箸の使い方・置き方でたちどころに何国人かがわかるから、面白い。

唐代の食卓

陝西省南里王村韋氏唐墓

甘粛省敦煌市莫高窟 473 窟

『魏志』倭人伝に「食飲には籩豆を用い手食す」という記事があり、手づかみでご飯を食べると解釈されている。当時はそれがマナーだったのだから、これは誤訳だ。そうではなく、箸で食べるべきおかずを指でつまんでいた、つまり箸が無かったことをいっている。

たかが箸とあなどってはいけない。

ここにも歴史を解明する糸口がある。

赤飯の系譜

上海のホテルの朝食で赤飯を食べた。日本の赤飯よりも赤黒かったし、小豆ではなかった。しかし味は変わらなかった。

赤飯は、平成三(一九九一)年に雲南省の稲作資料を調査に行ったときにも、市場で売っていたのを買って、食べたことがある。白米に少量の赤味の強い赤米(黒紫米)を混ぜて炊いたもので、赤飯というよりも紫飯だった。香ばしくて、美味しかった。米粒のほかに、小豆のようで、少し大きめの豆があった。小豆かと聞いてみたところ、大角豆と書いてくれた。

東京で赤飯の話をしていたところ、小豆では無く、ササゲを混ぜるという。ササゲという言葉を聞いたことがなかったので、さっそくデパートやスーパーの食材売り場に行ってみた。確かに小豆はほとんどなく、ササゲばかりだった。

ササゲは小豆よりも少し大粒だが、気にしなければ見分けできない。ただ、小豆は炊くと白く割れ目ができるが、ササゲは炊いても割れない。江戸時代に、切腹を連想させる小豆は武士に嫌われ、ササゲを使うようになったという。だから赤飯になると見分けできる。

そのササゲだが、「ササゲ（大角豆）」と書かれていた。雲南の紫飯にはササゲが混じっていたのだ。河北省承徳で食べた赤飯は紅豆飯とあったから小豆の赤飯だ。

同じ文化（この場合、赤飯文化）は、その中心地から周囲に拡散し、外縁になるほど古層を残すことがある。前に紹介した呉服・和服・チャイナドレスの関係がその例になる。

雲南の赤飯は、赤米と白米を混ぜて蒸し、赤米の赤色成分で、赤い色をしたご飯になる。しかし日本と承徳の赤飯は、白い米を小豆やササゲの赤色成分で赤く染める。雲南の赤飯が紫飯だったのは、赤色成分の強い黒紫米とササゲを混ぜたためだった。

こうしてみると、赤飯のルーツは赤米産地の中国西南部にあると考えてよい。

ところが、そう考えると、中心地の一つである雲南に赤米・ササゲの古層が残り、波及先の九州では白米を小豆で赤く染める赤飯に変化し、その中間的な白米をササゲで染める方法で関東の赤飯は作られることになる。

これはおかしい。考えられる変化は、雲南型の赤飯が中国の江南地方に伝わり、同時に赤飯文化の中心も江南地方に移動する。その赤飯

雲南の紫飯（雲南省勐海県にて）

が九州に伝わる。福岡地方では、弥生時代の遺跡からササゲも小豆も種子が出土しているから、妄想では無い。米はもちろん出土しているが、当時の米は赤米だったとする説もあり、雲南型赤飯が伝わった可能性がある。

やがて江南地方で開発された白米をササゲで染める赤飯へ変化し、列島の各地に伝わっていく。それが今でも関東に残っているのであって、武士の切腹を連想させる小豆からササゲへの変更では無い。江南あるいは九州で開発されたササゲから小豆への赤色成分素材の変更が、まだ後進地の関東にまで、伝わっていないだけのことである。

東京で大学生に赤飯の豆を聞いてみたところ、例外なく小豆といっていた。関東が後進地を脱する日は近い。

金庾信将軍の墓

韓国の慶州は、三国時代の新羅の王都金城の古跡だ。京都や奈良のように遺跡だらけの街で、多くは慶州歴史遺跡地区として世界遺産に登録されている。歴史にあふれた街だが、ことに王宮のあった月城《ウォルソン》の周辺に遺跡は集中している。

今から約一三五〇年前の天智二（六六三）年に、倭（日本）軍は百済復興軍を後援して唐・新羅の連合軍と戦い、完敗している。それまで倭は朝鮮半島で戦闘を繰り返していたが、その地を追われ、以後は九州が戦場になる可能性が強まった。そこで、博多湾岸にあった大宰府を現在の太宰府市に移し、大野城・椽《きい》（基肄《きい》）

城・水城などの軍事施設を設けて、国防を固めている。

これらの軍事施設は朝鮮式山城とよばれるが、憶礼福留《おくらいふくる》や四比福夫《しひふくぶ》などの百済の高官が築城の指揮を取っている。白村江の戦で完全に崩壊した百済から逃れ、倭に亡命してきた人びとで、その軍事技術の知識が活用されたのだ。

当時の朝鮮半島には、北に高句麗、南に新羅と百済が割拠していた。この三国の統一に乗り出したのが新羅で、斉明六（六六〇）年にまず百済を滅ぼし、唐とともに白村江の戦で百済復興軍を壊滅させるとともに倭軍を駆逐し、天智七（六六八）年には高句麗を滅ぼす。

こうして、朝鮮半島を新羅として統一したのは武烈王金春秋、それを継いだ文武王金法敏だが、前線で戦闘を指揮した名将が金庾信将軍だった。

古都慶州は、天馬塚や皇南大塚などのある大王苑（古墳公園）、「太宗武烈大王之碑」の文字が陽刻された螭首（国宝）と亀趺が残る武烈王陵を含む西岳洞古墳群、新羅王朝を始めた赫居世ら五人の王陵のある五陵など、古墳だらけだ。なかでも武烈王陵から少し離れた玉女峰の中腹にある金庾信将軍墓の、鮮やかな松の緑に囲まれた端麗な姿はひときわ美しい。

その美しさを、円墳の裾部を取り囲む護石に浮彫された、十二支神像が際立たせている。干支をあらわす頭部に、平服を着た文官の姿をした獣首人身像が、一二の護石に一体ずつ彫られている。浮彫りされた神像が、四方八方の邪気から、金庾信の安らかな眠りを守っている。

三国統一の英雄金庾信将軍の墓に詣でる人は今も多い。私も何度も訪れたが、あるとき、墓苑の入口にある土産屋さんから、十二支神像碑の拓本を買わないかと誘われた。これまでアルバイトに拓本を作り売っていたが、碑を汚すために禁止されたのでもう手持ちが無く、最後の一組という。買おうかどうかと迷っていると、一枚ずつ掛け軸にして正月の干支飾りにしてはどうかという声があった。我が家では、毎年干支飾りをしているので、それも好いなと思い、値段を聞いた。最後の一組だから日本円一万円で良いという。安いと思ったが、とりあえず六千円に値切ったところ、ＯＫ。

帰国して表装に出そうとしたら、一軸六万円、計七二万円。資料の価値は高いのでいつか活用しようと思っているが、とりあえず折りたたんだ状態で、書棚に収まっている。

金庾信墓と外護石の羊頭文官
（韓国慶州市にて）

金印をどう使ったのか

中国の考古学研究者と話をすると、「漢委奴国王」蛇鈕金印と吉野《よしの》ヶ里《がり》遺跡はどなたもご存知だ。もちろん日本の大人で知らない人はいないだろう。

その金印だが、よく捺印された図が紹介されるので、今と同じように使われていたと思われているのではなかろうか。しかし大違い。今度、福岡市博物館でご覧になる機会があったら、あるいは図や写真でも構わないから、確かめていただきたい。皆さんがお持ちの印は文字の部分が赤く捺されるが、金印の文字は白くなっていることを。

これは、皆さんの印が外縁と文字以外の部分を彫っている（陽刻）のに対し、金印は文字の部分が彫り込まれている（陰刻）からだ。漢はもちろん、南北朝時代までの中国の公印（官印）は、例外なく陰刻されている。そうするには意味がある。

漢代の印は、所持する人の身分の証明と、内容物の秘密を守るために使われた。中国湖南省長沙市の馬王《まおう》堆《たい》一号漢墓は、埋葬された長沙国宰相利蒼夫人の遺骸が生きているような状態で発見されたことで知られているが、副葬品の残りも良かった。

たとえば、衣装ケースにあたる竹製行李がある。豪華な衣類を納めた後に、一本の紐で厳重に縛っていた。このケースを開けられては困る。そこで紐の交差部を、断面凹状に彫り込んだ小さな板（封泥匣）に載せ、粘土で固める。その粘土に印を捺すと、文字部分

馬王堆1号漢墓の衣笥（衣裳行李）の封印
（湖南省長沙市にて）

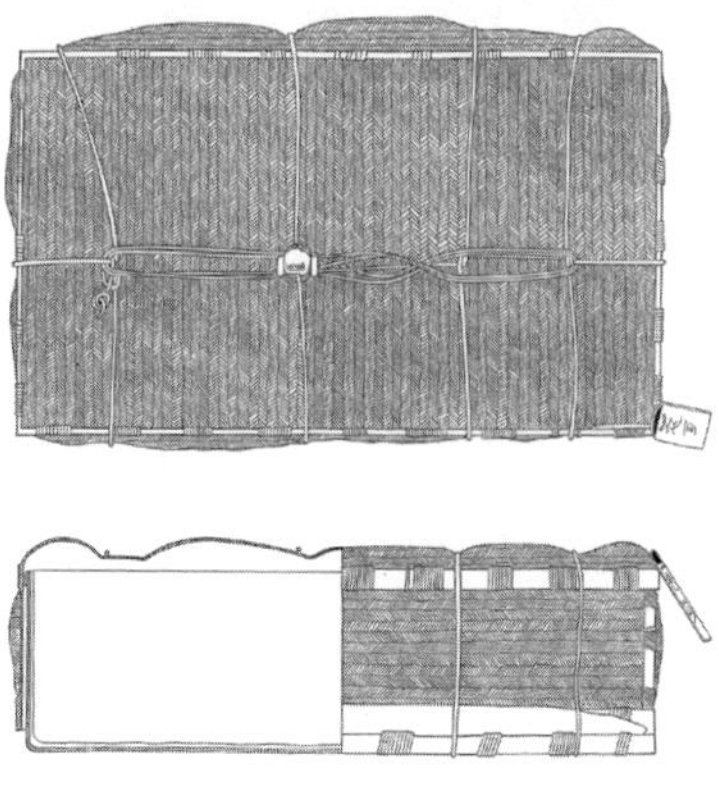

竹製衣笥の封緘の状態

行李の内容を示す「衣笥」木簡

封緘のための封泥匣にみえる「軑侯家丞」印

が彫られているから、粘土に文字が浮き上がって、読みやすい。この粘土を封泥《ふうでい》という。

　この封泥をこわさない限り、紐はほどけない。封泥の下にある交差部以外で紐を切ると、ケースを開いたことがバレてしまう。印の文字を彫り込むのは、このための知恵なのだ。

　文書も同じである。現在であれば、用件をしたためた手紙を、封筒に入れて出す。当時は、紙が無いあるいは貴重な時代だったから、竹や木を薄く削った竹簡・木簡とよばれる細長い長方形の板に文を書く。これを封筒にあたる「検」とよばれる二枚の板で挟み、中身が読めないように紐で縛って、交差部を覆う粘土に印を捺す。

　文書を扱うことの多い官僚は、機密保持のために印を下賜された。文書のやりとりに、官印の大きさが不統一では、何かと支障がある。そこで官印の一辺は皇帝・皇后の一・二寸を例外に、一寸（後漢では二・三一～二・三四チセン）と規定されていた。

　『魏志』倭人伝に、魏の少帝が使節難升米らに、卑弥呼に宛てた「親魏倭王」金印や絹織物・毛織物・銅鏡などを下賜する場面がある。それらをすべて装封して難升米らに付し、「還り到らば」、つまり帰国した後に「録受」するように命じている。これは下賜した品々を、両者立会いのもとで行李にパックし、縛った紐の交差部に詰めた粘土に封泥したのであって、難升米らは目録を受け取ったのだ。下賜の品々は、翌年、建中校尉梯儁が持参し、待ち受けた難升米のもつ目録と照合して、受け取っている。それが「録受」だ。

　「漢委奴国王」印も同じで、漢王朝に提出した上表文を護る検に、奴国王はこの印を捺し、内容の真実性・正統性を証明した。

　金印は、外交交渉に必需の、身分証明書だったのだ。

炊飯法が地域で異なる意味

都出比呂志さん（当時・大阪大学教授）は尊敬する同年代の考古学研究者で、数多くの優れた業績がある。
その一つに、ご飯を炊く炉が弥生時代の西日本と東日本では違うという指摘がある。都出さんによれば、西日本では住居内に掘った土坑（穴）に灰を詰め、その上で火を燃やす「灰穴炉」であるのに対し、東日本は地面直上あるいは浅く掘った穴で火を使う「地床炉」であったという。近年の研究で中九州や南九州も地床炉であったことが明らかにされているが、この先駆的学説は広く用いられている。

ところで、方言学の分野に周圏論という考え方がある。ヨーロッパで始まった学説で、柳田國男が昭和二（一九二七）年の「蝸牛考」で、初めて日本に紹介した。たとえば、蝸牛（カタツムリ）の方言名が、近畿地方のデデムシからマイマイ→カタツムリ→ツブリ→東北北部や九州西部のナメクジというように、京都を中心として同心円状に分布が広がり、外側になるほど古い呼称であることなど、膨大な資料から周圏論を立証した。

ただ、同様の周圏を示す語彙が少なく、学説として確立した状態にならなかった。近年になって、この周圏論を、松本修さん

中央に灰穴炉をもつ円形竪穴住居
（福岡市宝台遺跡）

（朝日放送）が卑近なアホ・バカ・ホンジナシなどの人の迂闊さを冷やかす言葉を例に検証している。

九州は一つとよくいわれるが、すでに『古事記』は筑紫島（九州）を筑紫国・肥国・豊国・熊曾国の四面性があると区分している。熊曾国とよばれた南九州は、縄文時代から弥生時代中期まで、九州のほかの地域社会と同じ歩調で発展段階を刻む。しかし、水稲耕作が生産の基本となる弥生時代が定着してくると、火山噴出物土壌の南九州では水稲耕作が難しく、稲作社会とは異なった生産体制を取らざるをえなくなる。そこで後期に入るころから、水稲耕作に頼らない独自の文化圏を形成するようになる。古墳時代にはそれが異文化状態となり、南九州に住む人びとは熊襲《くまそ》とよばれ、異民族視されていく。

同様の状況は、寒冷のために水稲耕作が難しかった東北・北海道でもみられ、人びとは蝦夷《えみし》とよばれる。朝鮮半島でも、無文土器時代まで同じように発展していた済州島が、火山灰土壌のため水稲耕作に適合できず、人びとは州胡《しゅうこ》、やがて耽羅《たむら》として韓から異民族視されていく。

灰穴炉は、竪穴住居内の土坑からみて弥生時代の早い段階から存在したことがわかる。地床炉の開始は明らかでないが、地床炉に対応する台付甕の時期から、灰穴炉に遅れて中期中ごろの中九州および南九州、それに中期後半以降の中部日本以北で認められるようになると考えられる。

視点を変えると、灰穴炉は近年まで各家庭でみられた囲炉裏や火鉢の先駆的形態であるが、地床炉は焚火を思わせる臨時的キャンプ的炊飯法になる。つまり、日常的な米食地帯は灰穴炉、米の生産量の不足から日常的には米食できない中九州・東九州や中部以北の米食希求地帯では地床炉、米食を食の基盤とせず異民族視された熊襲や蝦夷の非米食地帯にはそもそもご飯を炊く炉が存在しないという事実がそこにみえてくる。

都出さんの灰穴炉と地床炉の分類は、東日本と西日本の地域差を示すようにみえるが、地床炉は米食希求地帯にみられるもので、地域差ではなく、米食の同心円状波及における時間差と稲生産量の不足による米食の欠乏の状況を示すことが明らかになる。

周圏論は考古学でも活用できる。

「舌先三寸」の本当の意味

舌先三寸と言うと、舌先三寸で人を騙す、舌先三寸で世を渡る、のようにあまり良い意味には使われない。しかし本当は良い意味だった。

奴国の王が「漢委奴国王」金印を下賜されたころに、後漢に王充《おうじゅう》という学者がいた。彼に『論衡《ろんこう》』という著書があるが、それに「知能之人、須三寸之舌、一尺之筆」とある。これが舌先三寸の語源になる。

王充は、知能の人はすべからく三寸の舌と一尺の筆をもつべきと言っているが、何のことだろうか。「知能之人」は今と同じで、知識と才能のある人。知識人。今はあまり言われなくなったが、インテリとよばれる人をいう。つまり、インテリたる者は「三寸之舌、一尺之筆」であることが当然だ、必然だと言っているが、これでも何のことやらわからない。

まず、「一尺之筆」は、筆記用の筆の軸（筆管）の長さが一尺だったことに由来する。実際に漢代の筆軸の出土例を見てみると、中国湖北省江陵鳳凰山一六八号前漢墓例二四・八センチ、同一六九号前漢墓二四・九センチ、甘粛省武威磨嘴子四九号後漢墓二三・五センチ、韓国慶尚南道茶戸里一号墓二三センチ（五本の平均）などがある。

尺の長さは時代によって変わる。後漢代の一尺は現代の何センチなのだろうか。

尺そのものの出土資料に、甘粛省定西秤鈎駅出土銅尺がある。二三・〇センチだったが、伸縮もあろう。だが、唐津市桜馬場《さくらのばば》甕棺墓出土の方格規矩四神鏡《ほうかくきくししんきょう》の直径は一尺と思われる二三・二センチだから、一尺を考える目安になる。

ほかにも手がかりがある。一尺の一〇分の一を一寸という。漢代に、官印や銅貨は一辺・直径が一寸と定められていた。

かつて王莽《おうもう》の「貨泉」の直径を調べたことがあるが、二・二四〜二・三七センチに集中していた。また「漢委奴国王」金印の一辺が平均二・三四七センチであることも参考になる。これからも後漢の一尺は二三・〇〜二三・五センチ前後ということがわかる。

そうであっても、「一尺之筆」を使うがなぜ達筆を意味するのかがわからない。

当時、役人を「刀筆之吏《とうひつのり》」といった。昔も今も役人は文書を書く機会が格段に多い。漢代には紙は貴重品で、竹簡・木簡とよぶ短冊状の竹製板や木製板に文書を書いた。書き損じたらナイフで削り、修正する。筆と消しゴム的役割の小刀が必携だから、役人を刀筆之吏とよんだ。当然、字が上手でなければ役人は務まらない。つまり、役人たる者は能筆、達筆であるべきといっているのだ。

では、「三寸之舌」は？　先の計算から三寸は約七センチになる。他人よりも舌が七センチ長ければならないという

刀筆の吏の必携品、筆と刀子
（韓国慶尚南道茶戸里1号木棺墓）

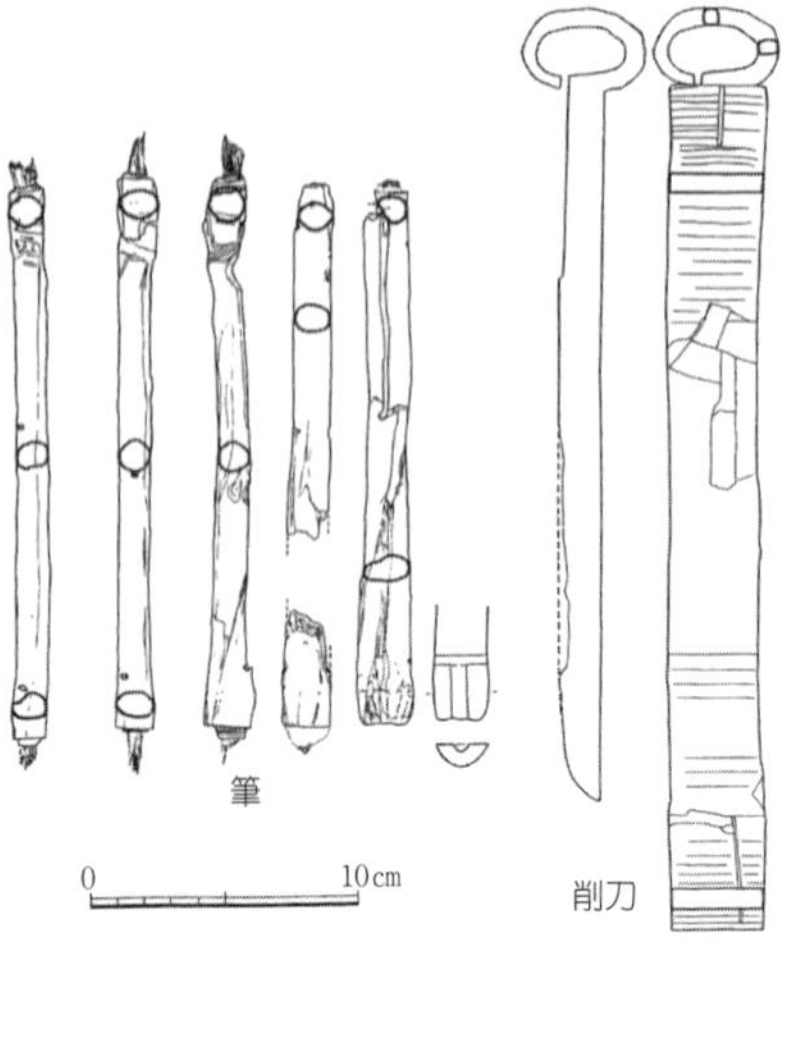

わけではない。そんな非現実的なことはありえない。これは、普通の人よりも舌が三寸長いのではと思われるほど、弁舌がさわやかで巧みなことをいっている。

つまり、インテリたる者は弁舌さわやかな能弁で、達筆でなければならないといっているのだ。その能弁が悪用されるとき、舌先三寸で人を騙すということになる。

「舌先三寸」は本来能弁を意味したのだが、その能弁で人を騙すことが多くあったため、今では好感度の無い言葉になっている。

それにしても、かつて福岡県の職員であり、大学教授を務め、僧侶であるにもかかわらず、私は弁舌さわやかでもないし、金釘流の文字は個性的というよりも下手で、良き時代に生まれためぐり合わせに感謝している。

蘇生の秘薬・蘇《そ》

今も爆発を繰り返す阿蘇山や古代の豪族蘇我氏などに使われる「蘇」は何のことだろうか。蘇という字は日常あまり使わない。せいぜい「昏睡から蘇生した」や「記憶が蘇る」のような使い方だろう。

『広辞苑』でも、よみがえることとあり、蘇生や蘇活が用例にある。別に「酥《そ》」に同じとある。酥は牛や羊などの乳を煮詰めて濃くしたもので、練乳、酪とある。牛や山羊などの乳からバターやチーズなどの乳製品を作る農業を今でも酪農というが、その酪のことをいう。

つまり蘇は蘇ることであり、乳製品のことである。

太宰府に「原山無量寺古図《はらやまむりょうじ》」があるが、図の左端近くの谷筋に、上から乳味・酥味・生酥味・熱酥味、そして醍醐とある。これは仏教で説く牛乳の精製過程のことで、味が乳味から酪味、生酥味、熟酥味を経て、最高の美味を意味する醍醐味に至る過程を意味している。今の主な乳製品には柔らかなほうから粉乳・練乳・バター（乳酪）・チーズ（乾酪）に分けられる。酥＝蘇は練乳、生酥味・熟酥味はバターか柔らかめのナチュラルチーズのような固さと味に思われる。

『延喜式《えんぎしき》』民部下に蘇の作り方が載っている。「作蘇之法　乳大一斗煎　得蘇大一升」とあるから、一斗の乳を一〇分の一の一升になるまで煎じる（煮詰める）と蘇になるという。長屋王家木簡に「乳持参人」「乳煎人」と書かれたものがあった。持参した乳を煎じるということだろうが、長屋王家で蘇を自家製していたことをうかがわせる。

そこで、九州歴史資料館に務めているときに、平岡料理学校の協力を得て作ってみた。市販の牛乳は成分調整されているが、仕方なくこれを用いた。一〇分の一くらいまで煮詰めると、白い牛乳が茶褐色になり、飴のようになった。食べてみるとまるで生キャラメルだった。平城宮出土木簡に「近江国生蘇三合」とあるが、これが生蘇（生蘇味）で、キャラメル状に固まったものが蘇（熟蘇味）と思われる。

古代、典薬寮《てんやくりょう》という役所があり、医師の養成、薬草の栽培から薬剤の調整、そして乳牛の飼育から蘇の製作を管轄していた。蘇は薬剤だった。

学生時代に永井昌文先生（当時・九州大学医学部教授）のご指導を受けた。永井先生は医者でありながら大の

古代浪漫食品として販売されている「蘇」
（宮崎県都城市中西牧場）

薬嫌いだった。若いころ、船医をされ、東南アジア辺りの離島でたびたび島民の治療に当たられたことがあったらしい。無医村が多く、手持ちの薬がすぐになくなる。そこで仕方なくオブラートに歯磨き粉（昔は本当に粉だった）を包んで渡すと皆治ったという。薬なんて気持ちのもちようというのが先生の不信の元だった。

癌の特効薬のような高価な秘薬の蘇を与えられた古代の患者はどうだったろう。甘味料がほとんどなかった古代、病床で味わったことのないキャラメルのような甘みの蘇を薬として与えられたら、その美味しさに生き返る活力を与えられたこともあったろう。

蘇が蘇生の秘薬としてあがめられた光景が浮かんでくる。辛党の私はキャラメルを食べることは滅多にないが、何をもったいないことをと古代の人びとに叱られそうである。

清少納言が憧れた甘葛煎

「蘇」は豊かな甘さをもっていたが、薬だった。薬ではない古代の甘味料としては「甘葛煎」があったが、この正体がわからなかった。

甘葛煎は「あまづらせん」と読む。文字から見て甘味のある葛を煎じて作ったものと思われるが、葛を煎じても甘いわけではなく、江戸時代には甘茶と誤解されていた。

甘葛煎は天平八（七三六）年の「薩摩国正税帳」に初めてあらわれ、薩摩国府（鹿児島県薩摩川内市）から大宰府に運んだと記録されている。「駿河国正税帳」から甕に入れて運んだことがわかるから、液状のものだったことはわかる。「薩摩国正税帳」には「甘葛煎」、「駿河国正税帳」には「味葛煎」とあるが、同じものだろう。

最後の記録は文永八（一二七一）年に筑紫観世音寺が寺領金生封から年貢米とともに甘葛を東大寺に送納した例で、古代の貴人に好まれた甘葛煎は記録から姿を消す。

小倉薬草研究会というのがあり、石橋顕さんが熱心に指導されている。諸書を検討された石橋さんは、ツタから作る北米産のメープルシュガーのように文字通り葛から採るのではと考えられ、甘葛煎の再現に成功されている。

石橋さんから所縁の観世音寺で甘葛煎を再現したいと相談された。境内の樹木には無数に葛が巻きついている。約一〇〇人の再現実験参加者がこれを手分けして切り取られた。一部の人びとは四王寺山にも足を延ばされた。

二〇～四〇センチの長さに葛を切り、それぞれ切り口から息を吹き込んで樹液を集めた。

それまでの経験で、葛の髄に先の尖った繊維があり、うかつに息を吸い込むとそれが喉に突き刺さり、一〇日ほどは物を食べられないような痛みをもたらすことがわかっていた。だから吹き口にフィルターをつけたが、効率が悪かった。自転車の空気入れで吹き出すような便法も用いたが、得られた葛の樹液はポリバケツ三分の一くらいだった。

これを鍋で煮詰めた。

甘葛とよばれたツタと茎（右）・
蜂蜜のような甘葛煎（左）

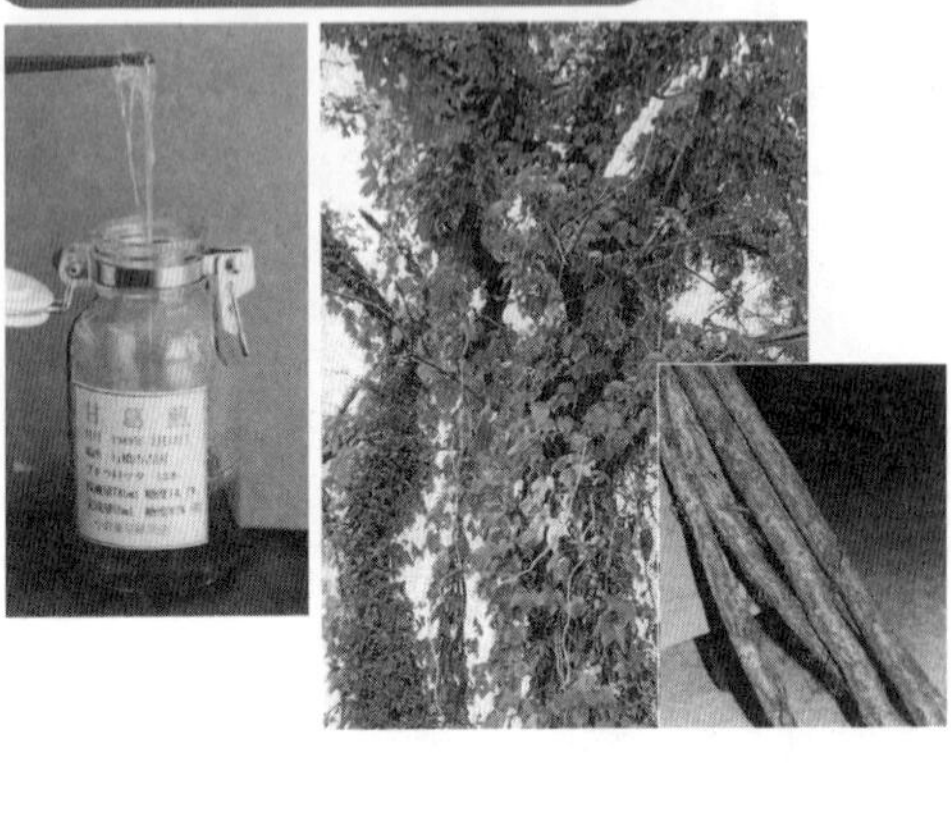

煮詰めるうちに糖度が上がり、水飴状になってきた。七三度くらいになると蜂蜜のような甘さになった。さらに煮詰めると糖度は上がるが、雑味が出てくる。

火を止めて実食してみた。冷えると固まるので、参加者の多さもあって、一人あたり小匙少々だったが、皆で古代の甘味を楽しんだ。蜂蜜と同じくらいの甘さだが、蜂蜜よりも甘さに癖がなかった。

実験が終わって、貸していた柄付きの鍋を返してもらうと、冷えて固まった甘葛煎がビッシリとこびりついていた。鍋を火にかけ温めると、元のサラサラの液状に戻った。

『枕草子』の作者清少納言は、あてなるもの（上品なもの）の代表として、「削り氷にあまづら入れて、あたらしき金鋺入れたる」、つまり金属の器に入れ甘葛をかけたカキ氷と言っている。そこで冷蔵庫から氷を取り出し、鍋のサラサラの甘葛煎をかけてみた。

清少納言は正しかった。

終戦直後の子供のころ、福岡県朝倉市の片田舎で過ごしていた私のおやつは、祖母が作ってくれた冷たい井戸水で溶いた砂糖水だったが、その味を思い出した。

異形の陶拍子《とうはくし》

昭和四四（一九六九）年度に福岡市西区の宮の前遺跡を発掘調査した。

B地区と名付けた丘陵の頂部にあるわずかな平地を掘ってみると、一棟の竪穴住居があった。住居の床面は焼けただれ、内外から糸島地方特有の福井式とよばれる甕棺の破片などが出土した。

それらの中に、「異型土製品」として報告した、見たことのない土製品があった。現在にいたるまで弥生時代の類例を知らないが、松茸を大きくしたような形をしている。軸の部分は中空になっていて、この穴に棒を入れれば現代の傘の把部を思わせる。いろいろと検討してみたが結局わからず、面白味のない「異型土製品」とした。

昭和五三（一九七八）年、初めて中国を旅した。当時、一般人が中国を訪れるには中国から招待されるしかなかった。幸い、メンバーになっていた中国研究センターに招待状が届き、その一員としての訪中だった。

北京で中国歴史博物館（現在の中国国家博物館の前身）を訪れた。膨大な量の展示に圧倒されたが、新石器時代陳列のコーナーにあの異形土製品が「陶拍子」「陶拍」の名称でいくつも展示されていた。

解説によれば、陶拍子は土器を作るときの当て具だった。土器を作るときに粘土の中に空気が残っていると、焼成するときの高温で空気が膨張し、膨れたり破裂したりする。そこで、たとえば甕の内側に陶拍子のような道具を当て、外から板や棒で叩いて空気を抜く。私が報告した土製品はその当て具で、異形でも何でもなかったが、当て具としては大きかった。

「異型土製品」の出土状態（福岡市宮の前遺跡）

宮の前の竪穴住居からは粘土や福井式甕棺の破片が出土した。床の三ヵ所が焼けていた。いずれにも炭をともなっていたが、一ヵ所にはかなり多量にあった。床のただれ・粘土・炭・焼土から、屋内でかなり強い火を使う作業がされたのではと考えた。九州大学建築学研究室の山本輝雄さんに、屋内で床が焼けている範囲で火を使う作業をしても火事にならない住居が建つものだろうかと相談し、それが可能な住居の復原図を作成していただいた。この住居では床が焼けただれるほどの作業が可能だったのだ。

つまるところ、この竪穴は福井式甕棺を作る工房だったのだ。屋内で大甕を作ったが、粘土を輪積みする過程で、粘土の乾きを早くするため、火熱を用いたのだろう。

宮の前遺跡では弥生時代終末期の石棺を主体とする墳丘墓、住居群があり、麓の湯納《ゆのう》遺跡からは倒壊した掘立柱倉庫一棟分をはじめとする木器群などが大量に検出されている。

それに一帯では出土せず、佐賀県境に近い糸島市西端に分布する福井式甕棺の工房の存在。おそらく宮の前遺跡や湯納遺跡は、後に額田郷（現野方一帯）を支配するようになる豪族の屋敷地であったのだろう。異形土製品の発見は意味あることと思うが、怠惰もあって、学会に報告していない。

一妻多夫制は女性に有利か？

西南学院大学で教鞭をとっていたときのことだった。

研究室に卒業論文の相談に来た女子学生が、世の中に一夫多妻制があるのはよく知っているが、これは女性に不公平だ、それなら一妻多夫制があってもよいのではないかと言う。以前にも同じような疑問をもつ学生がいた。

『魏志』倭人伝に「国の大人は皆四、五婦、下戸もあるいは二、三婦。婦人淫せず、妬忌せず」とある。これは一夫多妻制を意味している。本当だろうかと思うが、下戸でも二～三人の妻を娶るのなら、適齢期の男性の多くは結婚できない。それであれば、数人の男性が一人の妻をもつ一妻多夫制が共存したのではと思い、資料を集めていたので、調べてみてはと勧めた。

一妻多夫制は世界の各地にある。私の知っていた中国雲南地方の納西《ナシ》族の場合は兄弟で一人の妻をもつ場合が多いが、夫に親族関係のない場合もある。

兄弟の場合は二人、多くても三人くらいで、兄が娶った妻を弟も妻とする。零細な一家であれば、兄弟がそれぞれ結婚し財産をそれぞれに分与すると、生きていくために必要な量の生産量が確保できなくなる。だから、最低限の財産を確保し、共倒れを防ぐ方法として一妻多夫制がとられることが多い。生まれてきた子は兄弟の誰の子かわからないが、すべて長兄の子になる。

例外的にだが、父と子で妻をもつこともある。民族によっては、もっと多くの弟と共妻する場合もある。兄弟で共妻するのだから、末っ子が乳飲み子であっても、それは夫になる。妻は赤ちゃんから子育てをし、年頃になると寝床を共にする。夫の数が多いときにはもう一人妻を迎え、二妻多夫制になることもある。

我が家の妻は私一人の夫でももてあましている。一妻多夫制では夫が三人とか五人とかになることもあるのだから、妻の仕事は膨大になる。何よりも性生活が大変だ。一妻多夫制をとるネパール山岳民族の妻を映像で見たことがあるが、二〇代後半であるのにやつれがひどく、老婆に見えた。

利点もある。夫のうちの一人があの世に旅立っても、一家の働き手が別に残っていることが最大だろう。

夫に親族関係のない場合がある。たとえば一夫一婦制の結婚生活を営んでいた夫婦がいて、その夫婦に思いがけない災害が押し寄せ、夫が働けなくなり収入が無くなったとする。このときに妻が新しく夫を迎えると、一妻多夫制になる。離婚するわけではない。離婚すれば妻は新たな一夫一婦制の家庭を営むのだが、離婚しないままに夫の了解を得て、一家の新たな働き手として新たな夫を迎える。

友人同士で妻を娶ることもある。夫が親族関係に無い場合は貧困とは限らない。

なお、一妻多夫制では結婚できない女性が増える。そのため一夫多妻制が共存する。ただ、一夫多妻制と言っても、よく知られているイスラム社会での制度と異なり、姉妹で夫を迎える。

前に「山の神」について述べたときに（本書27頁）、天孫降臨してきた邇邇芸命は、「石長比売」と「木花佐久夜比売」の姉妹をともに嫁にすすめられたという神話を紹介した。邇邇芸命は美しい妹のみを嫁にしたが、姉も娶っておれば姉妹型一夫多妻制になる。実際に欽明天皇が蘇我稲目《そがのいなめ》の娘である堅塩媛《きたしひめ》・小姉君《おあねぎみ》姉妹を嫁にするなど、例は多い。ただ、欽明にはほかにも妻がいた。

一夫多妻制なら、江戸時代までの天皇は皇后のほかに中宮や女御・更衣など、将軍・大名では側室が公認されていた。如何に富豪

一妻二夫の納西族家庭（四川省木里蔵族自治県にて）

でも、一般人の場合は非公認で妾として日陰の身であったが。

一妻多夫制を検討して卒業論文をまとめた学生に、「君だったらどれが良い」と問うてみた。「一夫一婦制が一番良いです。次に一夫多妻制。一妻多夫制は女性にとって最悪と思います」。

日本出土の朝鮮無文土器

初めて韓国を旅したのは昭和四八（一九七三）年だった。

大学院博士課程のころだったが、韓国の考古学研究者に大歓迎された。無名の私がなぜと思ったが、すぐに謎は解けた。そのころ、親友の後藤直さん（当時・福岡市教育委員会、後に東京大学教授）が朝鮮半島の無文土器を分析し編年した「南朝鮮の『無文土器』」という論文を発表された。当時、無文土器の体系的研究は韓国でもなされておらず、後藤論文は韓国で高い評価を得ていた。

韓国に行く私に、後藤さんは適当に配るようにとその論文の抜刷を二〇部託された。私を尋ねてこられた研究者の多くは後藤論文が狙いだった。当時の韓国にはコピー機は滅多になかったからだ。

後藤さんが福岡市博多区の諸岡《もろおか》遺跡を発掘調査された。電話があり、「無文土器が出たから見に来てくれ」と言われる。

さっそく駆けつけると、調査事務所のプレハブに、ある程度復原された土器が並べられていた。不思議なことに朝鮮系の無文土器は壺ばかりで、胴部から上ばかり。一緒に出土した在地の板付Ⅱ式の壺は底部付近ばかり。そこで何気なく無文土器の胴部を板付Ⅱ式の底部に乗せてみると、ピッタリとくっついた。

韓国国立中央博物館で無文土器の展示を見ていたとき、「板付Ⅱ式に似ている」と言った。案内してくれていた李健茂さん（後に韓国文化財庁長官）から「先生にかかると、無文土器は皆板付Ⅱ式ですね」とからかわれたことを思い出した。あながち間違った観察ではなかったのだ。

無文土器の壺には、牛の角のような形から牛角把手とよばれる把手が付くものがある。諸岡の出土品には無かったが、見た記憶があった。

その少し前、佐賀県教育委員会に頼まれて、佐賀県小城町（現小城市）の土生《はぶ》遺跡出土の土器を整理した。弥生時代中期前半の土器群だったが、不思議に奈良時代ごろの把手付き甕のような破片が混じっていた。諸岡で無文土器を見たとき、あれは朝鮮無文土器壺の牛角だったのだと気付いた。牛角把手付き無文土器の知識は図面から得たもので、実感がなく、見誤ったのだ。

それを後藤さんに話すと、彼は小城に出かけ、土生遺跡出土土器に相当量の無文土器があることを確かめてくれた。

これを契機に各地で無文土器が確認されるようになり、その広がりが注目されていった。餅は餅屋という言葉を噛みしめるとともに、後藤さんの論文で知っていたはずの無文土器を見逃したことに忸怩たる思いがあった。

諸岡遺跡出土の無文土器（福岡市諸岡遺跡）

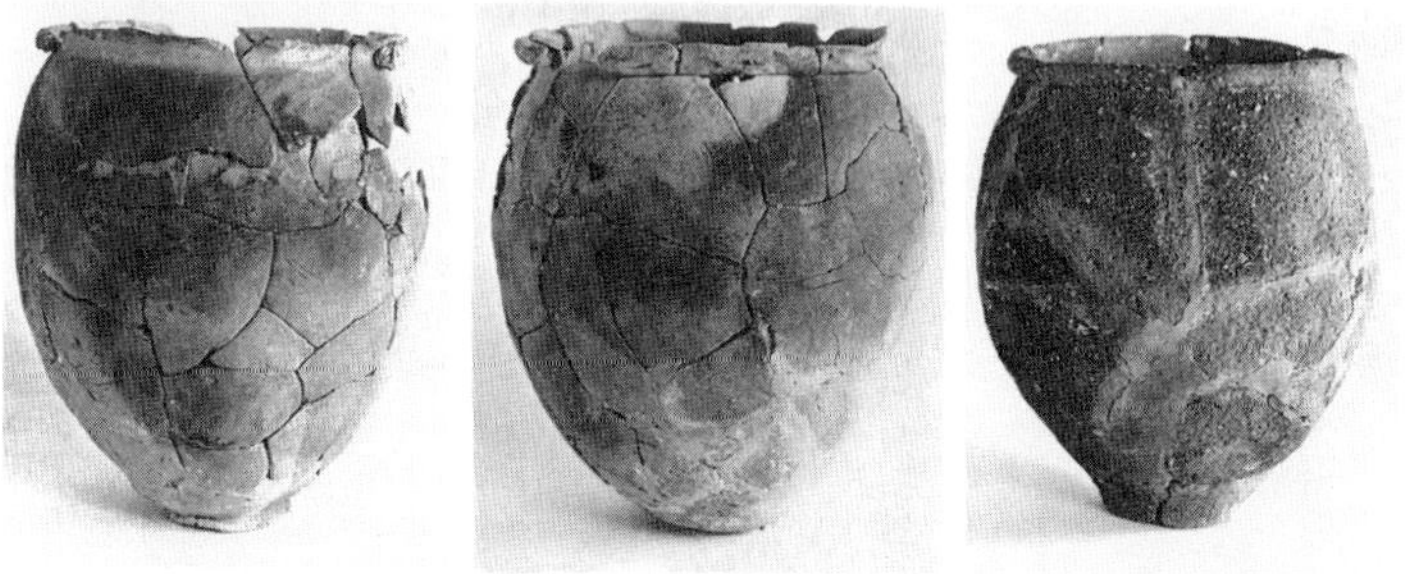

鏡の銘文を読む

大学院修士課程のとき、福岡市城南区の宝台遺跡で行われていた発掘調査に加わっていた。現場に乙益重隆先生（当時・國學院大学教授）が来られた。前年まで熊本県立女子大学（現・熊本県立大学）の教授をされていた先生は、当時、熊本県の宇土半島にある向野田《むこうのだ》古墳の発掘調査に深く関わられていた。

「君に頼みたいことがある。連絡したらすぐに向野田に来てくれ」

しばらくして「明日、できるだけ早く向野田に来るように」と電話があった。駆けつけると、主体部の竪穴式石室に収められた船形石棺の蓋が開けられ、副葬品が見えていた。銅鏡が三面ある。

調査関係者ですら棺に近づけず、関係者以外立入禁止のロープの外側から覗き込んでおられた。私もそこから見ていた。それに気付いた乙益先生は「高倉君、何をしているんだ。入ってきなさい」と言われ、皆さんが垂涎の眼差しで見ていた銅鏡の一面を手渡されながら調べるように言われた。

まだ学生の私を知っている熊本の人は少なく、何でコイツにという目は、ことに調査団の方から突き刺さってきた。

銅鏡を裏返してみると銘文があった。「これを読んでもらうために呼んだんだ」と先生はおっしゃる。

銘文の残りは良く、字体もはっきりしていて「青同作竟明大好長生宜子孫」と読める。即座に野帳に銘文を書き、青同は青銅、竟は鏡で、青銅で鏡を作ったが大変出来が良い、この鏡をもっていると長生きし、子孫も繁栄するという吉祥の文であると説明した。また方格規矩四神鏡が簡略化された方格規矩鳥文鏡《ちょうもんきょう》で、後漢末期の作でしょうと鏡の種類、時期などを申し上げた。

一部始終は見学者の目の前で行ったから、「このために高倉君に来てもらったのだ」とおっしゃる乙益先生の言葉に見学者の方々はうなずかれていた。

向野田古墳出土の方格規矩鳥文鏡は文字の字体がはっきりしていたから、すぐ読めた。鏡の背面の模様にはパターンがあり、その文様にしたがって内行花文清白鏡とか、方格規矩四神鏡、三角縁神獣鏡《さんかくえんしんじゅうきょう》などと区別される。銘文にもパターンがある。修士課程のころは記憶力も高く、これを全部覚えていたから、乙益先生のご注文にもすぐに対応できた。

漢隷とよばれる字体の前漢鏡の銘文は読みにくい。佐賀県唐津市の田島六号甕棺墓に副葬されていた内行《ないこう》花文日光鏡《かもんにっこうきょう》という小さな鏡の銘文は読みにくい。たまたま唐津に来られた中国の著名な研究者史樹青さんが「見日月之明光　田貞（もしくは卓）」と読まれ、それがそのまま調査報告書に銘文として載っている。

これは違う。パターンをご存知なかったとも思えないが、実際は類例の少ない「見日月之　不長毋忘」であり、中国江蘇省の霍賀墓や韓国慶尚北道の池山洞から出土した鏡に類例がある。全然違うのだが、史さんの盛名と難解な字体であることもあって、調査担当者は間違いに気付いていない。

最近、三文字しか残っていない鏡の破片にある銘文の解読を依頼されたが、すぐに読めた。まだそんなに読解力は衰えていなかった。

解読の難しい日光鏡
（佐賀県唐津市田島6号甕棺墓出土）

うどん（饂飩）とほうとう（餺飩）

中国で日本のラーメンが評判をよんでいる。その陰に隠れているが、うどんの評判も良い。北京や上海で博多うどんの看板を見るとうれしくなるが、食べたことはない。

中国に饂飩という食べ物があった。博多の承天寺に「饂飩蕎麦発祥之地」という顕彰碑が建っているが、この饂飩がうどんだ。中国では日本から来た食べ物を日式というから、うどんは日式饂飩になるが、今はもう饂飩という食べ物はない。死語となっているから、新たに日本から伝わってきたうどんは、音をとって烏冬あるいは烏東といわれる。博多烏冬とあれば博多うどんの店だ。

麺としてのうどんが無いわけではない。中国で麺作りの場面を何度も見た。丸い座布団状にまとめた小麦粉の塊を寝かせ、蚊取り線香のように切り分けて、径三センチくらいの太さの棒状の塊にする。それを丸めると、麺作りの準備は終わる。注文があると、その棒状小麦粉塊を両手で引き延ばして、細くする。半分に折り曲げて細く伸ばすのを五回繰り返すとうどん大。六回引くと六四本になり、冷麦の太さになる。ふつうはこれで食べる。これをもう一回引っ張ると一二八本になる。龍髭麺《りゅうしめん》というが、これは素麺だ。太さも色も味も同じ。たいていは冷麦の太さの麺が食べられている。

日本ではうどん、冷麦、素麺と中華麺は違う。中華麺は少し黄色みを帯びているが、伊府麺とよばれる生地に卵を入れた麺を除いて、中国で中華麺を見たことはない。そして太めの麺を饂飩とはいわない。

饂飩と似た文字の食べ物に餛飩があるが、これは雲呑《ワンタン》だ。

餺飩も似ている。山梨名物の「ほうとう」は餺飩と書くが、『斉民要術』餅法篇によると餺飩はまさにほううとうだ。浙江省上虞市の民家で団子汁をいただいたことがある。何という名前か聞かなかったが、見かけと味はまさしく餺飥だった。そういえば大分に団子汁《だごじる》という名物があるが、「ほうちょう」といっていたらしいから、これも餺飥だ。餺飥と書かなくても、ほうとう系の団子汁は九州から長野・山梨・埼玉・群馬などにかけて日本の各地にある。

山西省由来の刀削麺というのがある。小麦粉を捏ね寝かせて、枕のような形にまとめた塊を肩に乗せ、湯が煮えている鍋に小さな瓦のように曲がった庖丁で削り入れる。麺の形も太さもさまざまで、汁と具を合わせると見た目も味も団子汁だ。

中国の拉麺も日本と違う。日本のラーメンは、中国では和食とされ、中国麺の仲間に入れてもらえない。中国に無いチャンポンが日本では中華料理になっているのと反対に。

実は、中国の拉麺は牛骨スープと牛肉のチャーシューを特徴とする。日本のラーメンは、博多の豚骨スープをはじめ、豚骨からスープを作り、豚肉のチャーシューを麺に載せる。しかし中国では豚骨スープなどありえないのだ。

もっと大きな違いがある。麺だ。中国の拉麺の麺は冷麦なのだ。冷たく冷やした冷麦を麺ツユにつけて食べる映像を、冷麦にラーメンスー

刀削麺の作り方と団子汁状の麺
（新疆ウイグル自治区托里県にて）

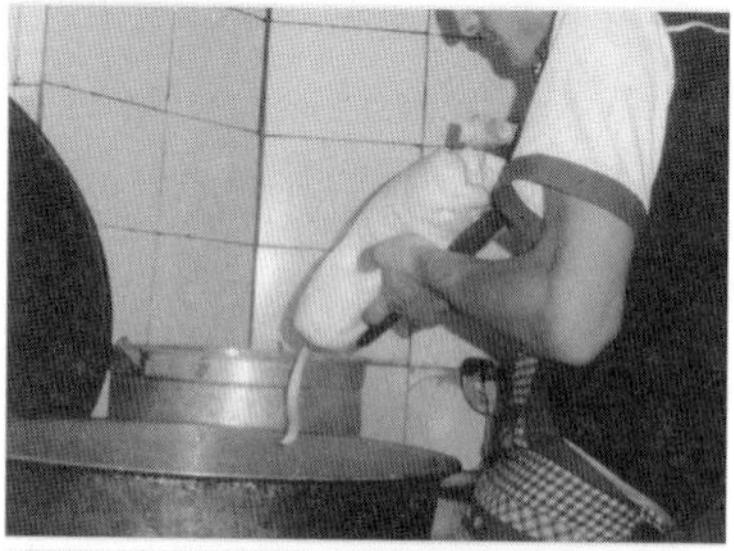

プ、それも牛に切り替えてみたらいい。あまり美味しそうではないのでは？　味に厳しい中国の人が日式拉麵に飛びつく気持ちはよくわかる。

魔除けの石敢當

道行く人、旅する人に悪さをする悪霊がいるらしい。それを魔除けし、交通の安全を守る神様がいる。道《どう》祖神《そしん》という。

私の住んでいる太宰府一帯では、道祖神として、猿田彦《さるたひこ》大神と刻んだ石碑が分かれ道や道の突き当たりに建っている。

高校生のときに、クラブ活動で筑紫地区の道祖神の分布を調べたことがあるが、ほとんどが猿田彦大神碑だった。猿田彦碑に混じってわずかだが庚申碑《こうしん》もあった。もうどこか忘れたが、庚申碑が優勢なところもあった。

福岡の猿田彦信仰の中心は、福岡市早良区藤崎の猿田彦神社になる。今でも太宰府の人は、初庚申の日になると、藤崎の猿田彦神社にお参りし、土製の猿面や布猿の付いた福笹《ふくざさ》を拝受している。ただ、道祖神としてではなく、猿の音から「災難が去る（猿）」、転じて「幸福が訪れる」としての信心だが。

猿田彦は、天孫邇邇芸命が降臨されたときに道案内したと日本神話に出てくる。だから道の神様なのだ。後に伊勢国五十鈴川の川上に祭られたというが、今でも伊勢神宮の側に猿田彦神社の本宮がある。

南九州に行くと、道祖神は塞ノ神《さいのかみ》に替わり、セノカンサァとして親しまれている。

考古学には塞ノ神《せのかん》式という縄文土器の型式名がある。これは伊佐市菱刈町にある塞之神の地名からきているが、もちろん塞ノ神に由来している。

鹿児島県の指宿に行ったときに、初めて「石敢當」と刻まれた石碑を見た。沖縄に行くと、「石敢當」や「石敢当」と刻まれた石碑をよく見る。

敢當には無敵という意味がある。一説に、街には道を行き交う魔物《マジムン》がいると信じられている。マジムンは直進する癖があり、石敢當に当たると砕け散るから、道の突き当たりや三差路などに建てるという。猿田彦とは違うが道祖神の性格をもつ。壁に嵌め込まれていることもあるから、家内安全の魔除けでもあるらしい。

最古の例は『豊後国志』に天正三（一五七五）年に建てたとされるものがある。これは明治一〇（一八七七）年に再建され、今もある。こうした古い例もあるが、多くは明治以降に広がっている。

主に沖縄県の人びとの移住先にこの風習が広がり、沖縄や鹿児島ばかりでなく、福岡でも、遠く秋田でも見たことがある。

石敢當の本場は中国の福建省で、福州市には七七〇年に福建省甫田県の知事が建てたものが現存している。福建省や浙江省南部ではどこでもみられたが、都市化の進行にともない減ってきている。しかし郊外に行くとどこにでもある。

この福建の石敢當と沖縄の石敢當の異同については調べていない。

魔除けの石敢當
（沖縄県那覇市にて）

史料を考古学する

歴史研究は、主に文献史学と考古学で進められる。両者の違いは基本に文字史料があるかどうかだ。もちろん両者を学べば何の問題もないが、高度化細分化した現在ではなかなか難しい。

延喜五（九〇五）年に作成された「観世音寺資財帳」というのがある。国費で運営された観世音寺のような寺院は、五年に一度、資財の現状を現在の会計検査院のような機関が監査した。そのための財産目録や基本台帳に相当するのが資財帳で、「延喜五年観世音寺資財帳」は観世音寺から東大寺に納められていた。明治時代の初めごろに売りに出され、紆余曲折を経て、現在は東京芸術大学に所蔵されている。

国宝に指定されている重要な史料で、保安元（一一二〇）年の東大寺文書に「一巻五十五枚」とあり、本来は五五枚の料紙を貼り合わせた一巻であったことがわかっていた。それが明治時代の流転の過程で三巻になっている。

江藤正澄という福岡県秋月出身の歴史家がいる。考古学にも業績があり、石庖丁の命名者でもある（本書9頁）。若いころに太宰府神社の神主や奈良県の丹生川上神社大宮司、広瀬神社大宮司などを歴任している。奈良で在任中に、まだ一巻だったころのこの資財帳を東大寺で筆写している。それをさらに写して観世音寺に奉納されている。

国宝資財帳を見ると、一枚は幅がかなり短いが、確かに料紙が五五枚ある。幅狭の一枚を含んで料紙は五五枚だから、これが資財帳の全文であると誰も疑わなかった。

国宝資財帳と江藤が写した資財帳を照合したところ、国宝資財帳には上巻末尾と中巻初頭の間に一九行分の脱落があった。中巻最初の「錢貳佰陸拾柒文」はそれまで仏物章の一部と思われていたが、脱落部分に灌佛章とあり、章が異なることもわかった。

料紙一枚の行数を点検すると二八行のような例もあるが、一九行・二〇行が三二枚もある。脱落部分は一九行だから料紙一枚分に相当する。これまで六行しかなかった四八枚目を一枚としていたが、これは枚数から除外されていたのだ。

資財帳の内容ではなく、料紙の行数から脱落を確認した私はこれを論文にした。それを読んだ九州大学の森哲也さんが、江戸時代の刊本に、脱落部分を含んだ資財帳が掲載されていることを発見し、私の指摘を証明してくれた。

この作業は古文書学ではなく、史料の考古学的解釈だった。

江戸時代にキリスト教は弾圧された。キリシタン（切支丹など）とよばれた信者を摘発する方策の一つとして、九州では絵踏みが行われた。

絵踏みに使う踏絵は長崎奉行所の銅版踏絵がよく知られているが、木版や紙踏絵もあったことが史料から知られている。

紙踏絵を展示している博物館がある。私が館長をしていた西南学院大学博物館もその一つで、五枚所蔵している。それを見ているうちに本物だろうかと疑問がわいた。

キリシタンの島、天草に調査に行った。所在を確認した紙踏絵の多くが天草に関係しているからだ。調べているうちに疑問が生じた。紙踏絵に天草の村名・寺院名・住職名などが記載されているにもかかわらず、福岡藩主黒田氏の下がり藤印が捺されているものが多いのだ。天草にあるのに、明治時代に大分県中津市にあった扇城吟社の印があるものも多い。

原所蔵者がわかるものが一例もない。古書店や骨董屋からの購入品ばかりだ。リヤカーで売りに来たから記念に買ったという所蔵者もいた。そこで考古学が得意とする型式分類をしてみた結果、すべて偽物と結論できた。

面白くなって美術作品のいくつかを検討してみると、型式分類が合わず、偽物と判断できるものがあった。ただ、美術館の高価な所蔵品だし、一〇〇％の自信は無いから、お知らせしていない。

考古学の方法は文献史学や美術学にも応用できる。ぜひ活用していただきたいものだ。

偽作だった紙踏絵

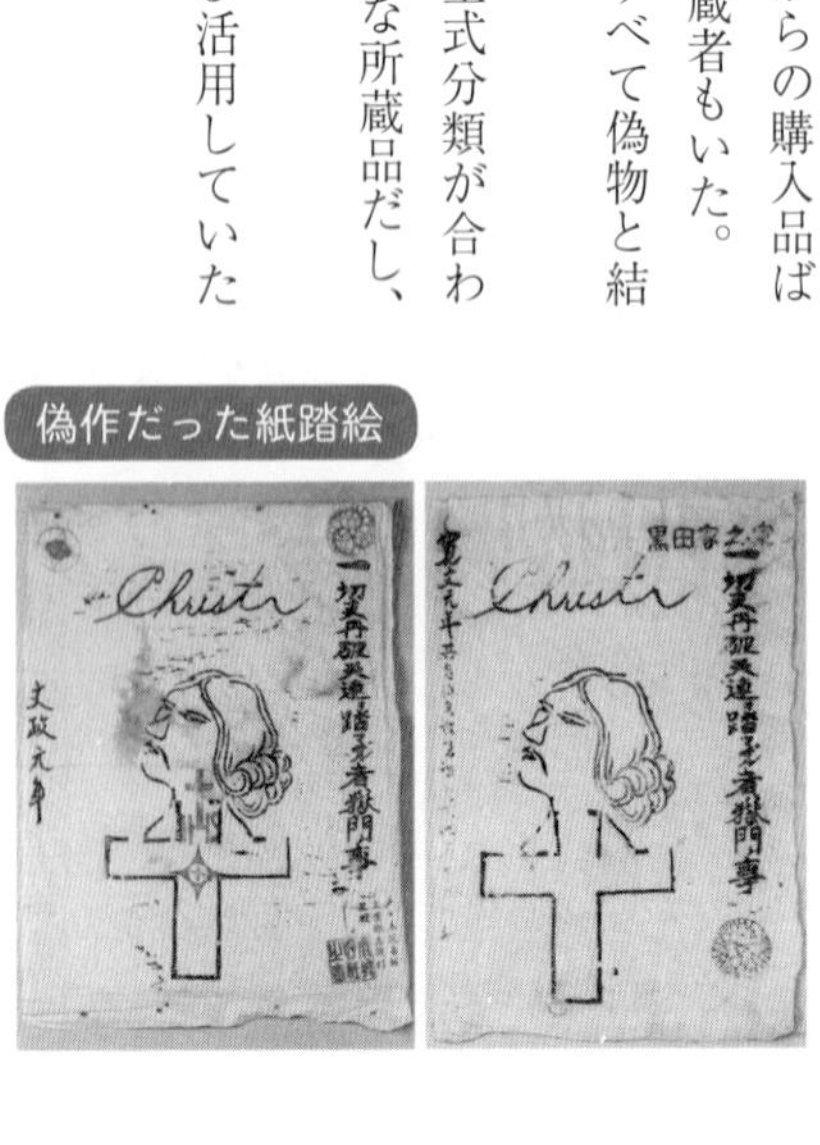

倭人の好んだ酒の味

『魏志』倭人伝に、倭人は酒好きである（人性嗜酒）と記されている。葬儀にあたって酒を飲み歌ったり踊ったりする（歌舞飲酒）とも記されている。どんな酒を飲んだのだろうか。

今飲める古式の酒に、肥後の赤酒がある。これを夏目漱石は、主人公の三四郎は熊本で赤酒ばかり飲んでいたとか、熊本の学生は皆赤酒を飲んでいたと、『三四郎』で紹介している。

肥後の赤酒は、清酒の醸造と同じように、仕込んだ米がドロドロのドブロク状の醪《モロミ》になるまで熟成し、木灰《きばい》を混ぜて酸を中和すると、微アルカリ性の酒ができあがる。火を入れて殺菌することは無いが、木灰が殺菌の役割を果たしてくれる。このような醸造法の酒を灰持酒《あくもちざけ》とよんでいる。

飲んでみるとにかく甘く、味醂のように料理用に使われている。こんな甘い酒を熊本の学生は本当に飲んだのだろうか。

この醸造法は『延喜式』にある。『万葉集』には清酒を白貴、灰持酒を黒貴、『続日本紀』には白紀・黒紀とある。白酒・黒酒とするものもあり、どれもシロキ、クロキとよむ。

もっと古い酒が、『大隅国風土記』逸文にある。男女が一所に集まり、米と水を口に含んで、噛み砕いた米を酒船に吐き入れて帰る。酒が香ってくると再び集まり、皆で飲む。これを口噛みの酒という。『古事記』仲哀天皇条にも、「この御酒を醸みけむ人はその鼓、臼に立てて歌いつつ、醸みけれかも、舞いつつ口醸みけれかも」とある。醸みを「かみ」と読んでいるから口噛み酒だ。

口噛み酒は今でも東南アジアなどで造られている。『大隅国風土記』では男女が集って口噛みしたが、東南アジアでは処女が噛むという。そうだろう、中年のオッサンが噛んで吐いて醸した酒など飲みたくもないが、うら若いお嬢さんであれば抵抗ない。

琉球文化圏の沖縄では、海神祭などの祭事にあたって、戦後間もなくまで白い神酒《ミキ》を飲んだ。雛祭りの白酒ではなく、若い女性が噛んで造った口噛み酒だ。

身を清めた若い女性が綺麗に歯を磨くなどして、炊いた米を噛み、容器に吐きだす。これに水を加え、容器に入れて醸した。これをミキやウンサク・ミチなどとよんだ。

同じ琉球文化圏の鹿児島県奄美大島に行ったときに、白い酒をペットボトルで売っていた。ミキと言うので飲んでみたところ、信じられないほどに甘かった。

著名な食物研究家の小泉武夫さん（当時・東京農業大学教授）が面白い実験をされている。口噛み酒を復原するため研究室の女子学生に米を口噛みしてもらったところ、三日目から発酵が始まり、一〇日目にアルコール濃度九・八％の口噛み酒ができたという。ヨーグルトを混ぜたような味だったと記されている。これ以上日数をかけると酸味が強くなるともいう。

小泉さんの実験は白米で行われているが、甘味の強い焼畑で栽培された赤米（山蘭）を口噛みすると、もっと甘い赤酒になるだろう。

実験は新たな知見を生んでいる。真面目に米を口噛みした女子学生は耳の上の、頭骨と下顎骨が結合する部分で、何かを食べると動く個所が痛くなってきたと訴えた。ここを顳顬《こめかみ》という。顳顬という字からは想像できないが、この痛みはおそらく米噛みからきたのだろうと小泉さんは言われるが、そうだろう。

こんな説明をしなくても、最近評判だったアニメ映画『君の名は』に、宮水神社の巫女が口噛み酒を造る場面があったのでご存知の方も多かろう。

赤酒にしろ白酒にしろ、弥生人の酒飲みは甘党だったに違いない。

運命の選択なのに、なぜ「下駄を預ける」のか？

甘味の強い「山蘭糯醴」（海南省三亜市にて）

大学で試験をしたところ、思ったよりも成績が悪かった。

学生に「何だ、この成績は。このままではDばかりだから、下駄を履かせた」と言ったところ、学生はポカンとしている。

「先生。ゲタをはかせるとおっしゃいましたが、ゲタって何ですか?」

その学生は下駄を知らなかった。あわてて皆に聞いてみたが、都市部の出身者が多いせいか、大多数はやはり知らなかった。下駄は知らなくても、「下駄を預ける」という言葉は知っているだろうと思ったが、やはり知らなかった。皆さんはご存知ですか?

まず、下駄を履かせる。

下駄は履物。足を乗せるために、足よりも少し大きめに長方形の木製の板を作り、下側に削り出したり、差し込んだりした歯というものを作って接地する。台となる平板に穴を三つ開け、鼻緒という紐を通して、先端の一孔から下端の二孔に延びる先端に、親指と人差し指の股をひっかけて履く。

下駄はもともと中国江南の呉地方の履物で、五世紀代に日本に伝わってきた。以来、日本の履物の主役になった。私の高校生時代も靴よりも下駄を履いていた。靴で登校するように高校は生徒に厳命していたが、皆下駄だった。

下駄を履くと、台と歯の分、背が高くなる。つまり試験の成績に、たとえば一〇点上乗せすることをいう。上乗せは平等にしなければいけない。人によって点数を変えれば、単なる依怙贔屓になる。

さて問題の下駄を預ける。

これは物事の選択を他人にまかせることをいう。

履物の下駄を預けると裸足になる。しかし、下駄を預けるというのは裸足になることではない。

中国の西南地方の少数民族の多くは、娘の結婚相手を親が決めていた。これらの民族は下駄を履く。その下駄は、親指と人差し指をかける鼻緒の孔が右端と左端に片寄っていた。日本の下駄も昔は左右別用だった。

婿を選ぶにあたって、候補者を挙げ、今でいうプレゼンテーションをさせる。かぐや姫の物語に似ている。その際、あらかじめ娘に下駄の片方を作らせ、婿候補者にもう片方を作らせる。左右の下駄がピッタリ合えば相性抜群、その青年が晴れて結婚相手になる。

哈尼《ハニ》族の下駄（国立民族学博物館にて）

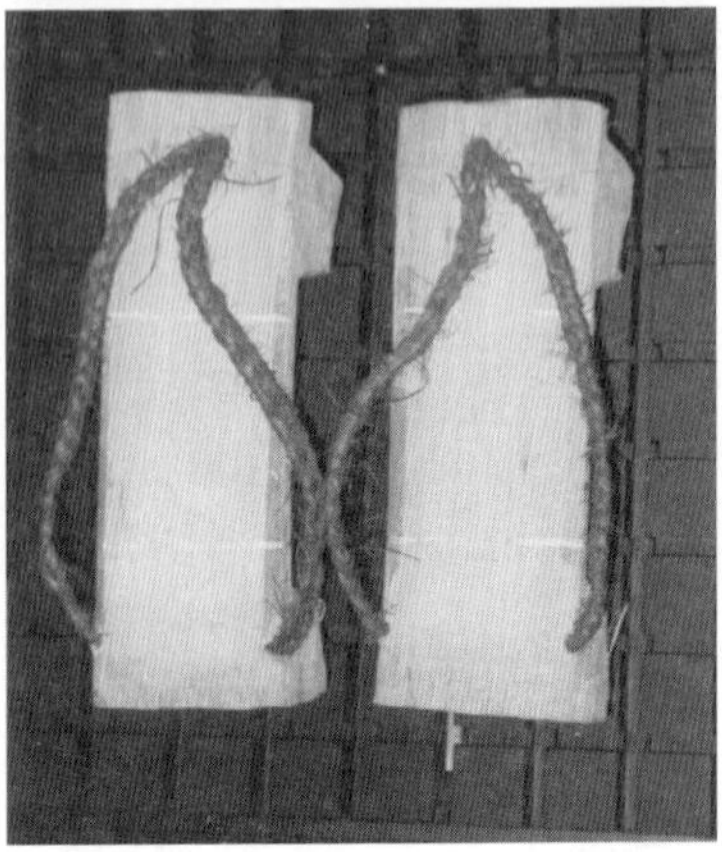

若い娘だから思いを寄せる男性がいることも多い。適齢期の青年はそんなにいないから、愛する青年も候補に入る。だから娘と青年が示し合わせれば、左右ピッタリの下駄ができる。娘は幸せな結婚ができるというもの。同じような風習は昔の日本にも各地にあった。大分県日田市の宇目《うめ》では、娘の手元にある下駄を婿候補の若者に与え、若者がそれを受け取ると婚約が成立したという。

人生の幸せの選択を下駄に委ねる。下駄を預けるはこうして出来た言葉なのだ。

この話、聞いたことありませんか。そうです、シンデレラ物語です。詳しくは金関丈夫先生の「シンデレラの靴」（『木馬と石牛』角川選書）にありますので、ご一読ください。

豚の居るトイレ

近年、トイレが綺麗になってきた。家庭への水洗式トイレの普及もいちじるしい。中国も旧来のトイレを一掃しようとしている。

日中国交回復後、修学旅行で中国に行く高校が増えた。当時、必ずのように行った万里の長城だが、トイレの便槽が横一列で、隣の人との遮蔽は無かった。だから女子高生は風呂敷が必需で、三～四人で風呂敷の端を摘み、即席の布壁を作って用を済ませたと聞いた。

かつてはどこに行ってもこのスタイルだった。横一列の足場に三角形の切り込みがあり、男だったら三角形切り込みの両端に足を置いて正面に向かって用を足し、大は反対を向いて済ませる。慣れているから誰も気にしないが、外国人（日本人）だと好奇心をもって覗く。猛烈な悪臭とうごめく回虫の蛹に往生した。

雲南省の西双版納傣《タイ》族自治州で傣族の民家を訪れたときだった。高床式の建物で、二階にある居室を案内してもらったが、トイレが無い。トイレの場所を聞くと、庭で適当に済ますと言う。しかし庭は綺麗で、脱糞の痕跡など無い。脱糞すると豚が食べるのだ。

私の子供のころは野原で平気にウンコをしていた。ノグソといった。ノグソをしてくるといえば、皆了解。しかし汚かった。雲南では汚くない。すぐに豚が食べてしまうから、衛生的なものだ。

高床の床に敷かれる板は、日本のように両端が丁寧に削られていない。だから隙間から下が覗ける。掃除は簡単で、箒で掃いて隙間から下に落とせば、塵取りもいらない。用を足すのにもその隙間を広げて利用したり、居室の傍らにトイレを設けたりする。高床を支える柱の一階部分を囲って豚小屋にし、二階で用を済ませると豚が始末してくれる家もある。

友人の話だが、雲南の民家で、催したことがあったそうだ。その家もトイレが無かった。庭の片隅で用を足していると、尻に異様な感覚。豚が用を足したばかりの尻を舐めているのだった。温水洗浄ならぬ温舌洗浄で、後始末のティッシュは不要だった。

韓国の済州島で済州道民俗自然史博物館を訪ねたとき、民俗展示として屋外に石囲いの豚小屋が造られ、豚が飼われていた。石囲いの一部はトイレとなっていて、糞を豚が食べる。

豚の居るトイレ

韓国済州道民俗自然史博物館
実際に豚が飼われている。

沖縄県中村家住宅のフールー

済州島の石囲いの豚小屋と同じものは沖縄にもある。読谷村中城の中村家住宅は一八世紀中ごろに建てられた士族屋敷で、国の重要文化財に指定されている。この家の裏手にフールーとよばれる豚小屋付きのトイレがある。丁寧に石を積んだ造りで、説明が無ければトイレとわからない。研究仲間と見学したが、大いにウンチクを傾けたものだった。

人糞には人が摂取した栄養分の大半が残っていると聞く。だから豚にとって人糞は最高の栄養食になる。人糞を食べて育った豚を人が食べ、出来た糞をまた豚が食べる。食物連鎖を実感できる。

歩いてかせいだ乾陵《けんりょう》と海棠湯《かいどうとう》の知識

犬も歩けば棒に当たるというが、人も歩くと棒に当たることがある。

中国陝西省の西安市の郊外に唐の第三代皇帝高宗李治と、その皇后で史上唯一の女帝となった武則天《ぶそくてん》（則《そく》天武后《てんぶこう》）の合葬墓、乾陵がある。梁山という山を利用して造られているが、墓室はまだわかっていない。

乾陵の参道の両側にある石造物が素晴らしい。

階段を登って参道に入ると、両翼をもつ一対の天馬がある。ペルセポリスのペガサスを思わせる出来で、ほかの石造物群とは少し離れているが、乾陵に来たらこれを見逃すわけにはいかない。

しばらく歩くと、駝鳥一対、石馬五対、文武の重臣一〇対、蕃臣合わせて六一体、獅子一対、その間に則天武后が自分の功績を後世に刻ませるとして文字を記させなかったという無字碑がある。蕃臣像は服装などから高宗の葬儀に列席したシルクロードなど辺境の国々の王や使節といわれるが、すべて首を切り取られている。それにしても、細かなことを言えば、蕃臣像だけは三二体と二九体で対になっていない。

平成九（一九九七）年に行ったところ、参道右側の蕃臣像が発掘調査されていたのに偶然出くわした。見ると、これまで知られていなかった像が一体倒れた状態で掘り出されていた。やはり首はない。おそらく蕃臣像は三二対六四体だったのだろう。この大発見は自由にみられたが、皆さん足を止めることもなく通り過ぎていた。考古学研究者には望外のプレゼントだった。

同じ西安の郊外に秦の始皇帝の墓である驪山陵《りざんりょう》がある。今では塀で囲まれているが、昭和六二（一九八七）年に初めて訪れたときは、野原の中にある、塀も何もない小山だった。自由に登れたので登ったが、驪山陵

発掘された乾陵の塼積門の遺構と新発見の蕃臣像（陝西省乾陵にて）

は一面の柿畑だった。

驪山陵から一・六キロほどはなれたところに始皇帝の兵馬俑がある。それを見学したとき、近くにある唐の玄宗皇帝と楊貴妃《ようきひ》のロマンスで知られる華清池《かせいち》に行った。華清池は今でも入浴できる温泉地で、楊貴妃の海棠湯が再現されていた。何度か訪ねたが、あるとき新聞で海棠湯が発掘されたと知った。果たして華清池に行くと発掘調査中だった。

発掘現場は高い塀で囲まれ様子をうかがうことはできなかった。ただ、手を伸ばせばカメラは入る。そこで適当にシャッターを切ったら、石造の浴槽が写っていた。

調査後、遺跡は御湯遺址博物館として公開されている。石造の浴槽も蓮華湯・海棠湯・太子湯・尚食湯・星辰湯などそれぞれに殿舎とともに復元されている。

浴槽はそれぞれ特徴的な形をしている。伸ばした手で対象物を見ることもなく写した浴槽は、何と玄宗皇帝の蓮華湯と楊貴妃の海棠湯だった。

蕃臣像にしろ、蓮華湯・海棠湯にしろ、予定を立てて訪れたわけではない。偶然のチャンスだが、現場に行かなければ偶然も生まれない。

推理小説家と考古学

通勤していたころ、行き帰りの電車の中で、小説を読んで時間をつぶした。考古学には推理力が必要なので、推理小説を好んで読んだ。

推理小説と考古学は相性が良いらしく、たびたび登場する。

　太宰府に石沢英太郎さんという作家がいた。ときたま通う居酒屋が同じだったので、親しくなった。彼は、弥生時代の南海産巻貝製腕飾り（貝輪）のうちのオニニシ製といわれていた貝種がゴホウラであることを明らかにした永井昌文先生（当時・九州大学医学部教授）に心酔していて、先生の登場に始まる『南海幻想』という作品を書いている。

　横穴式石室から発見された人骨とその腕に着けられていた貝輪から謎が始まる。だが、その人骨は殺人事件の被害者で、貝輪は沖縄の土産物という設定だ。しかし考古学研究者が、最近の人骨と古墳時代の人骨を間違えることは無い。仮に能力が無かったとしても、人骨が出ると解剖学の先生に御出馬をお願いするからだ。

　貝輪にしても形態的な特徴や時期差があり、土産を作った人がよほど専門的に研究していない限り、製作は不可能だ。作れたとしても古さが違う。これが見破れない考古学研究者などいない。

　この小説は出発点がまず間違っている。親しくなったからそろそろ意見してみようと思った矢先、石沢さんは自殺してしまったから不通のままになっている。

　内田康夫さんも考古学をよく題材にする。その一つ『箸墓幻想』は、ホケノ山古墳に副葬されていた邪馬

立岩型ゴホウラ製男性用腕輪（左）とイモガイ製女性用腕輪（右）

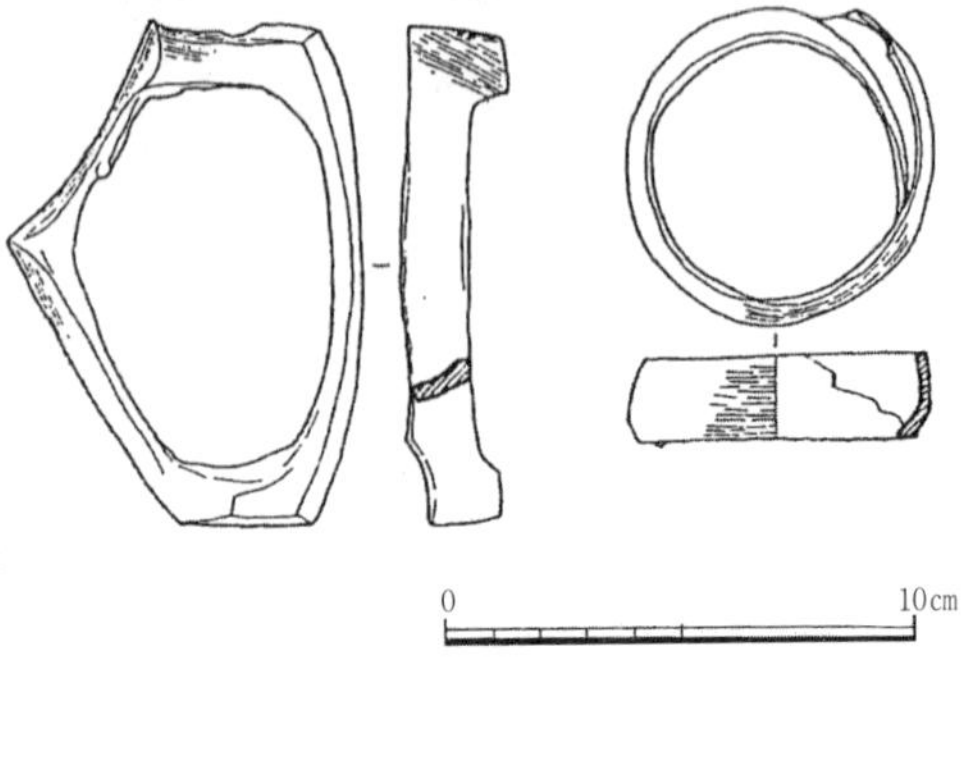

台国の所在地を確定する画文帯神獣鏡《がもんたいしんじゅうきょう》が、実は調査団関係者の一人が秘かに埋めたという設定になっている。埋めた動機が、この鏡を発見すると、発見者はたちまち学界の第一人者になるからだとされている。しかし実際は、画文帯神獣鏡の発見では邪馬台国問題は解決しないし、何であれ遺物の発見くらいで第一人者になるようであれば、考古学は学問でなくなる。

考古学を題材にする作家でもっとも作品が多いのは松本清張さんだろう。弥生時代が水稲耕作に基盤を置く農耕社会であることを提唱した異能の考古学者森本六爾の生涯を描いた「断碑」、明石原人の発見者直良信夫を主人公とした「石の骨」などの、考古学を題材とした短編から頭角をあらわしている。『古代史疑』のような専門書に近い作品もある。

「内海の輪」は、考古学研究者の遺物への執着と功名心から事件が発覚する様子を描いていて面白い。何度かシンポジウムでご一緒したが、自分に都合のよい資料を選別して築いた、確固とした考古学観をもっておられた。根拠を欠くことのある机上の考古学のように感じたが、研究者の論文よりも魅力的でもあった。「お言葉ですが」と言われそうである。「それなら旧石器時代遺跡捏造事件はどうして起きたのですか」と。そこには埋土の状況を正確に確認していないなどの、考古学研究者にはあるまじき失態がある。事実は小説より奇なりを実践してしまったのだ。

どの学問もそうだが、考古学研究者には性善説が前提にあり、疑うことをしなかった。発掘に次ぐ発掘から、研究よりも事業の処理が先立ってしまった側面もあろう。捏造事件後、遅まきながら日本考古学協会などの主だった学術団体は倫理綱領を作り、発掘調査の現場では層位の確認など発掘手順の遵守をはかっている。小説は事実より奇なりであるよう、再出発したい。

貴婦人のスカート

縄文時代の女性は、出土する土偶から、パンツ状の下衣を着けていたことがわかる。ところが弥生時代になるとわからない。数少ない絵画資料に下衣は描かれていない。上衣から脚が出ている絵が男女に共通しているから、ズボンを穿いているのかもしれない。上衣から女性器が見えているのもあるから、下衣を着けていないとも考えられる。

私は『魏志』倭人伝の服装についての記事が男女を取り違えていると判断し、女性の下衣は中国の少数民族（景頗《ジンポー》族・基諾《ジノー》族など）にみられる超ミニの横長巻きスカートだったろうと考えている（本書41頁）。しかし可能性の指摘であって、証明できていない。

古墳時代になると人物埴輪がある。

『隋書』倭国伝に婦人は「裙襦裳を衣」るとある。裙は裳、襦は短い上衣、それにもう一度裳というから、裾まで短い上衣に長い裳と短い裳を着ていたと思われる。

これを女性埴輪でみると、福岡県飯塚市の小正西古墳や大阪府高槻市の今城塚古墳などで襦と思われる麻襲《おすい》のような短めの上衣と、短めの裳をはいている。

ところが東京国立博物館に所蔵されている群馬県伊勢崎市八寸出土の貴婦人像埴輪は、上衣は変わらないが、足元を隠すスカート（裳）をはいている。裳には色分けを示すような縦縞がある。奈良県三宅町の石見《いわみ》遺跡出土の「椅坐の男」といわれる埴輪も、縦縞の裳をはいているから、女性だ。

この縦縞スカートは、鳥取市青谷横木《あおやよこぎ》遺跡出土の木板に描かれた絵にもある。七世紀末～八世紀初めとみられるこの板絵には、六人の女性が描かれているが、腰までの長さの上衣とスカート状の下衣（裳）を着けている。文様不明の一人を除いた五人の裳には、縦縞が表現されている。

これをカラフルな映像で示したのが、奈良県高松塚古墳の横口式石槨に色鮮やかに描かれた女官像である。東壁の四人を見ると、右から緑・黄・赤・白の短めの上衣を着ていて、腰のところで帯を締めている。赤色の女官は青・赤・緑・白、黄色の女官は青単色、赤色は緑単色、そして白衣の女官は緑・赤・青の縦縞の裳をはいている。西壁の女官の裳にも、同様に、赤・緑・白の縦縞、あるいは青単色の縦縞がある。

縦縞色分けの裳は、唐や五世紀代の北朝鮮の徳興里壁画古墳や水山里壁画古墳などにある。唐の七〇五年の懿徳太子李重潤墓、翌年の章懐太子李賢墓の壁画の女性にはみられないから、流行は去っている。

縦縞スカートは、農作業などで働く女性には向いていない。庶民は弥生時代に推定したような横長の巻きスカートだったろうと思っている。

縦縞スカートは、もっとも古く確認できる、東アジアを席巻したファッションなのだ。

縦縞スカートの貴婦人絵画（高句麗古墳壁画）

北朝鮮徳興里壁画古墳（403年）

水山里壁画古墳

幻の青銅製管玉

縄文時代〜古墳時代の装身具に管玉《くだたま》がある。細長い円筒の芯に孔を開け、紐を通して首飾りにする。

現在の福岡県春日市須玖《すぐ》・岡本《おかもと》で、明治時代に、偶然甕棺墓が発見された。多くの副葬品があったが、土地の人によって埋め戻されている。これを知って訪れた研究者が破片を持ち帰り、遺物は散在した。これを憂いた京都大学が、昭和四（一九二九）年に学術調査を行った。

その報告書によれば、銅鏡二七面以上、銅矛などの青銅製武器一三口などとともに、玻璃《はり》（ガラス）製璧《へき》・玻璃製勾玉《まがたま》・鹿角製勾玉・管玉が出土している。

弥生時代のもっとも豊富に副葬された墓の一つになり、王墓とよばれている。これに引けをとらない甕棺墓が、江戸時代に、現在の福岡県糸島市三雲《みくも》で偶然発見されていて、こちらも王墓とされている。須玖が奴国《なこく》王墓、三雲は伊都国《いとこく》王墓だ。

伊都国王墓を調査したのは、福岡藩士で国学者・歴史学者だった青柳種信だ。青柳は『柳園古器畧考』という調査報告書を作成しているが、その内容は現代に通じる精度がある。

青柳は、三雲の甕棺墓から銅鏡三五面以上、青銅製武器四口などとともに、「錬り物の勾玉・管玉がたくさん副葬されていたが、残りが悪くことごとく破砕していた。そして重ねた銅鏡に円形の白い土のような霰紋《あられもん》をもつ物が差し挟まれていたが、白土のような物の中に飴色をして艶のあるものがあり、硝子のようだ。硝子のような物は水土に蒸されて変質したのではないか」という内容の報告をしている。

青柳が疑った硝子のような物は昭和四九（一九七四）年の再調査でも出土し、ガラス製の璧であることが確認されている。

須玖と三雲の玻璃（ガラス）製璧・勾玉、鹿角製管玉と三雲の硝子（ガラス）製のそれは同じものだ。京都大学は腐れたガラスを鹿の角と見間違えたが、江戸時代の青柳種信は飴色の残滓があったことも幸いしたがガラスと正しく判断している。

長崎県の対馬で、佐保浦赤崎二号石棺墓を調査しているときのことだった。大学院生だった私は調査の責任者だったが、応援に来られた先生方のほうがはるかに年上だった。

夕食後、宿舎の公民館で、その日の出土品を整理していた。出土品に、径三ミリ、長さ五ミリほどの青銅製管玉の破片があった。今まで知られたことのない稀有の資料だった。

これは珍品だと興奮気味に言うと、先生方が我も我もと手に取られた。年上の先生方は「ていねいに扱ってください」という私の声を無視された。やがて管玉は消えた。青銅製といっても腐って白化しているので脆い。慎重に扱うべき管玉をふつうに摘まれたから潰れ、まさに雲散霧消してしまったのだ。

こうして青銅製管玉は幻となり、いまだに再会していない。

幻の青銅製管玉が出土した箱式石棺墓
（長崎県対馬市佐保浦赤崎２号箱式石棺墓）

日中の粽《ちまき》を比較する

端午の節句に粽を食べた経験はどなたももっておられよう。糯《もち》や粳《うるち》の米粉を笹や真菰《まこも》などの葉で包み、茅《チ》で巻いて蒸すから、茅巻《チマキ》という。粽と書く。米粉を蒸すから餅になり、白い色をしている。

中国でも端午の節句に粽を食べる。詩人であり政治家であった屈原が、滅びゆく楚を悲しみ、汨羅《べきら》に身を投じて自殺した。これを悲しんだ楚の人びとは、竹筒に米を詰めて汨羅に投じ、屈原を祀った。後に、竹筒では魚に米を食べられてしまうから、葉で包み、紐で縛って、命日の五月五日に捧げるようになったという、端午の節句に粽を食べるようになったいわれがある。

端午の節句に中国に居たことがないから、端午の粽がどんなものか知らない。中国の粽といえば中華粽がよく知られている。糯米を豚肉や椎茸・筍などとともに竹の皮で包み、蒸す。包みを開くと、飴色をした米粒がしっかりと残っている。これなら中国でも日本でも何度も食べている。

西安を旅したときだった。足を痛め、一行から外れてホテルのロビーで静養していた。するとボーイさんが、「日本語を話せる運転手さんのタクシーが来ていますが、乗られませんか」とささやく。喜んで、観光コースから外れていた前漢長安城の中心未央宮《みおうきゅう》に連れていってもらった。

当時はまだ観光開発がされていなかった。殿舎の基壇に昇り眺めると、傍らに寒村がある。行ってみる

日本と同じような余姚の粽
（浙江省余姚市にて）

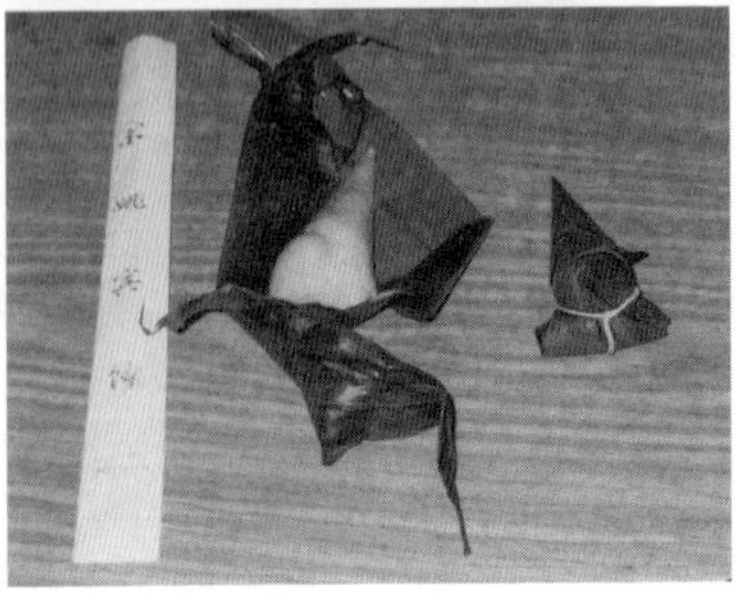

と、自転車に乗った物売りが来た。彼の商品は粽だった。

二つ買ってかぶりつくと、白い飯の間から甘い匂いのする黒い湯があふれ、白いシャツを黒斑に染めた。黒砂糖の塊を米で包んで蒸したため、液状化した黒砂糖に襲われたのだ。甘い匂いのする汚れたシャツ姿で上海行きの飛行機に乗ったが、辛党の私が満足できる美味しい粽だった。

当時、世界最古の水田遺跡だった河姆渡《かぼと》遺跡を訪ねて、浙江省余姚に行ったときだった。宿舎の余姚賓館の朝食に粽が出た。笹か真菰かわからなかったが、緑色した葉で包まれていた。葉を外すと、白い粒の無い餅があらわれた。日本の節句の粽と同じものが中国にもあった。

石川県金沢市にチャノバタケという弥生時代の遺跡があり、炭化したおにぎりが出土している。よく見ると、長二等辺三角形をしたおにぎりの各辺に少し凹みがあり、笹などで包んで三方に紐をかけて縛った痕跡とみられる。米粒の形状から蒸したと考えられる。それらからこの炭化おにぎりは粽の可能性が高い。

日中の粽に、米粒が有るものと無いものがある。食事用と端午の節句用の違いなのかもしれないが、日本の端午の粽とそっくりの余姚の粽を食べたのは一二月だった。

この二つの粽の違いをどなたか教えてくれませんか。

徐福《じょふく》伝説

秦の始皇帝の時代に徐福という方士がいた。時代のあまり変わらない司馬遷《しばせん》の『史記』に出てくるから、実在したのだろう。神仙の術を体得した行者を方士というが、徐福の行動をみるとペテン師くさい。

始皇帝は不死を願った。そこにつけこんだ徐福は、東方に三つの神山（蓬莱《ほうらい》・方丈《ほうじょう》・瀛州《えいしゅう》）があり、不老不死の霊薬を得ることができると売り込み、資金と童男童女三千人、百工（多くの技術者）、五穀の種子を授かって、東方に船出している。いったん帰国するが、言葉巧みに始皇帝を惑わし、再度出航し姿を消している。何やら詐欺師を思わせる。

ところが徐福は人気者で、出航地・到着地が各地で誘致されている。

浙江省慈渓市は越州窯系青磁の生産地で知られるが、ここも出航地に名乗りを挙げ、徐福紀念館を設けている。江蘇省連雲港市の徐阜村にいたっては徐福の出身地を名乗り、村の名前を徐福に変えて観光地になっている。

出航地のもっとも有力な候補は、万里の長城の東端山海関（河北省）に北接する遼寧省綏中県の姜女石《きょうじょせき》遺跡の辺りだろう。姜女石遺跡は綏中石碑地《すいちゅうせきひち》遺跡ともいう。始皇帝は函谷関《かんこくかん》の内側（関内）に四〇〇、関外にも四〇〇の行宮《あんぐう》を置いたといわれるが、姜女石遺跡は関外行宮の一つ碣石宮《げいせききゅう》の遺跡とみられている。砂地で遺構の残りが良く、権力の大きさを誇るように、補修用を除けば、葺かれている瓦が一種で、掘っていても面白味が無いのではと同情する面もある。

碣石宮跡から海を見ると、大きな岩が四つある。長城建設に駆り出され人柱とされた夫を捜し、始皇帝の

門のような姜女石から碣石宮を望む
（遼寧省綏中にて）

求めを拒絶して入水した孟姜女が化した岩といわれている。そのうちの二つは対をなし門にみえる。この門から徐福は東に向かったというが、宮から青い海原、そこに立つ門を見れば、その気になってくる。

韓国の済州島に行ったら、西帰浦市という妙な名前の市があった。東を目指して船出した徐福の一行が済州島東岸の正房滝近くの海岸に着き、この地の瀛州山（漢拏山《ハンナサン》）で不老草を入手し、西（中国）に帰った。そこで西帰浦というようになったと、徐福展示館にある。

徐福が目指したのは日本であったと思われる。最近の誘致運動ではなく、『後漢書』東夷伝の末尾に徐福の記事があるから、撰者の范曄《はんよう》は徐福が倭（日本）に行ったと思っていたのだろう。

到着地の日本でも佐賀市や和歌山県新宮市など、あちこちが徐福の到着地として誘致している。佐賀市で開かれた徐福研究会の講師一行が吉野ヶ里遺跡に立ち寄り、口々に重要性を語ったのが遺跡保存の契機の一つになっているからおろそかにできない。佐賀では、徐福が稲作の技術を伝えたといっているが、秦だから弥生時代前期末から中期初めになり、すでに稲作は東北にまで伝わっている。鉄製農工具の普及が始まるころだから、せめてこっちに変えないと辻褄が合わない。

徐福に関心は無いが、行き先々で出会うから、気にはなっている。

寺跡と廃寺《はいじ》

講演会で話を終えて降壇したときだった。「先生は廃寺、廃寺といわれるが、寺に対して失礼です」と抗議された。廃寺を何か良くないことがあって廃止、廃絶された寺と思っておられるらしかった。

古代の寺院跡はわかりやすい。

礎石、ことに寺特有の塔の中心柱を建てる塔心礎があれば、それは寺院の跡だ。礎石には建物の柱を乗せる。柱が動きそうだが、多数の柱を組み合わせるので、動く恐れはない。瓦を葺いてさらに重みを加えている。だから礎石が無くなっていても、瓦があればわかる。

古代の瓦は寺院と役所、それに瓦を焼いた瓦窯にあるから、寺院、役所、瓦窯を区別する必要があるが、瓦が出土すれば寺院の可能性が高い。

礎石・瓦が無くても、寺に関する文字資料や仏具の出土でわかる場合もある。

寺院の跡であることがわかれば、史料・資料で名称を調べる。

太宰府市国分に寺院の跡がある。塔の心礎が大きく七重塔と考えられることや、国分という地名、今も国分寺があることなどから、これは筑前国分寺跡と判断できる。

寺院の名称を知る手がかりの無い場合がある。その場合は地名をとることが多い。たとえば宮城県多賀城市高崎にあれば、地名をとって、高崎廃寺とよばれる。高崎廃寺の瓦は東北を守る多賀城《たがじょう》と共通するから多賀城廃寺ともよばれる。このように、寺院名がわからない寺跡が廃寺であって、故あって廃止・廃絶したのではない。

難しい場合がある。太宰府市に般若寺《はんにゃじ》という地名があり、そこに瓦積み基壇をともなう奈良時代の塔心礎が残っている。だから般若寺跡とよばれている。ややこしいことに奈良時代の大宰府に経費の一部を国が負担する定額寺の般若寺がある。この般若寺と遺跡の般若寺はおそらく同じだろうが、確証が無い。

さらにややこしいことに、筑紫大宰帥蘇我日向《そがのひむか》が大化元（六五四）年に建立した般若寺がある。この時期の寺院は九州にはほとんど無いが、近くの筑紫野市に地名をとって塔の原廃寺とよばれる塔心礎が残っている。だから、塔の原廃寺が日向の建立した般若寺と考えられている。日向は身刺（無耶志、ムサシ）ともいった。近くに武蔵寺《ぶぞうじ》＝ムサシ寺があり、般若寺の後身と考えられている。武蔵寺は九州最古の寺院と称しているが、根拠がある。

それにしても三つの般若寺はどう解決できるのであろうか。

こういう例もある。福岡県田川市に天台寺跡とよばれる寺院跡がある。弘仁七（八一六）年に建立された天台宗の寺院天台寺があり、その跡と考えられている。この寺院跡を発掘調査したところ、七世紀末に創建されたことがわかった。天台宗開創以前だから、天台寺では無い。天台寺跡とよぶと誤解を招く。そこで考古学では地名をとって上伊田廃寺とよんでいるが、今でも天台寺跡という人は多い。

東北の多賀城廃寺（高崎廃寺）は、その後、寺名が明らかになっている。二㌔ほど離れた山王遺跡から「観音寺」と墨書された土師器が出土したからだ。周辺に寺院はなく、そこで観音寺は多賀城廃寺のことと考えられるようになった。さらに、大宰府の観世音寺は観音寺と記録されることが多いことから、多賀城の観音寺も観世音寺であると考えられた。

瓦積基壇をともなう般若寺跡の塔心礎
（福岡県太宰府市）

日本の東西は大宰府・筑紫観世音寺と多賀城・陸奥観世音寺で守られていたのだ。寺跡と廃寺は考証途上の仮の名前で、陸奥観世音寺のような解明が期待できる。

紫色は高貴の目印

学園祭でにぎやかな大学構内を歩いていたら、手作りの菓子を持った女子学生から「おじさん、買ってくれませんか」と言われた。学長に話すと自分も言われたという。

奈良時代の役人は身分の相違を色であらわした。最高位の一位から三位までは、濃淡の違いはあるが、紫色だった。大学でも、ネクタイの色を学長は紫色、教員は茜色、最近は教員よりも年上の社会人学生がいるので学生は緑色などと決めておけば、学生も学長をおじさんと言わずにすんだ。

大宰府政庁跡の南に不丁という地名がある。不＝府、丁＝庁で府庁、つまり大宰府の庁舎があったのではと大宰府研究の先達者鏡山猛先生（当時・九州大学教授）は考えられたが、それが発掘調査で確認された。

不丁地区では、政庁前面に広場があった。広場の西に不丁地区官衙《かんが》、東に日吉地区官衙と名付けた官庁群があったのだ。広場と不丁地区官衙は南北溝で区切られている。広場と日吉地区官衙の境界には民家があって調査できていないが、延長上に石組溝があるのでやはり境界に南北溝があると想定できる。

不丁地区の南北溝は木簡の宝庫だった。ことに九州の各地から大宰府に貢納された租税に付けられた荷札の木簡が多かった。

なかでも紫草についての木簡が目立った。「怡土郡紫草も廿根」「糟屋郡紫草廿根」のように墨書され、根二〇本を単位として整理されている。「岡郡全」、裏に「一編十根」とするものがあり、正しくは一〇根でいったんまとめ（一編）、二編二〇根で一単位としている。

「合志郡紫草大根四百五十編」と記す例もある。合志郡からの紫草は四五〇編だから四五〇〇根の多さになる。

「進上豊後国海部郡真紫草……」の例は頭に国名があるから発送地で書かれたことがわかる。国名を欠く怡土郡・糟屋郡などの例は、木簡の形状や墨書の内容が統一されているので、大宰府で整理されたのであろう。

紫草の根は高官の着る衣服を紫色に染める染料や薬になる。『延喜式』によると、大宰府は染料としての紫草の根と、紫色に染めた布帛《ふはく》類を朝廷に貢納する義務があった。染色のために貢上染物所《こうじょうそめものじょ》という役所が置かれていた。


大宰府は紫草栽培のために各地に紫草園を置いている。「豊後国正税帳」によれば、国守が自ら年に三度各郡を巡回して生育状況を視察している。そのうちの一度は大宰府の役人が同行する。これらは種植えさせている。種植えされたことは長屋王家木簡に「筑紫大宰進上肥後国託麻郡殖種子紫

大宰府出土の紫草木簡

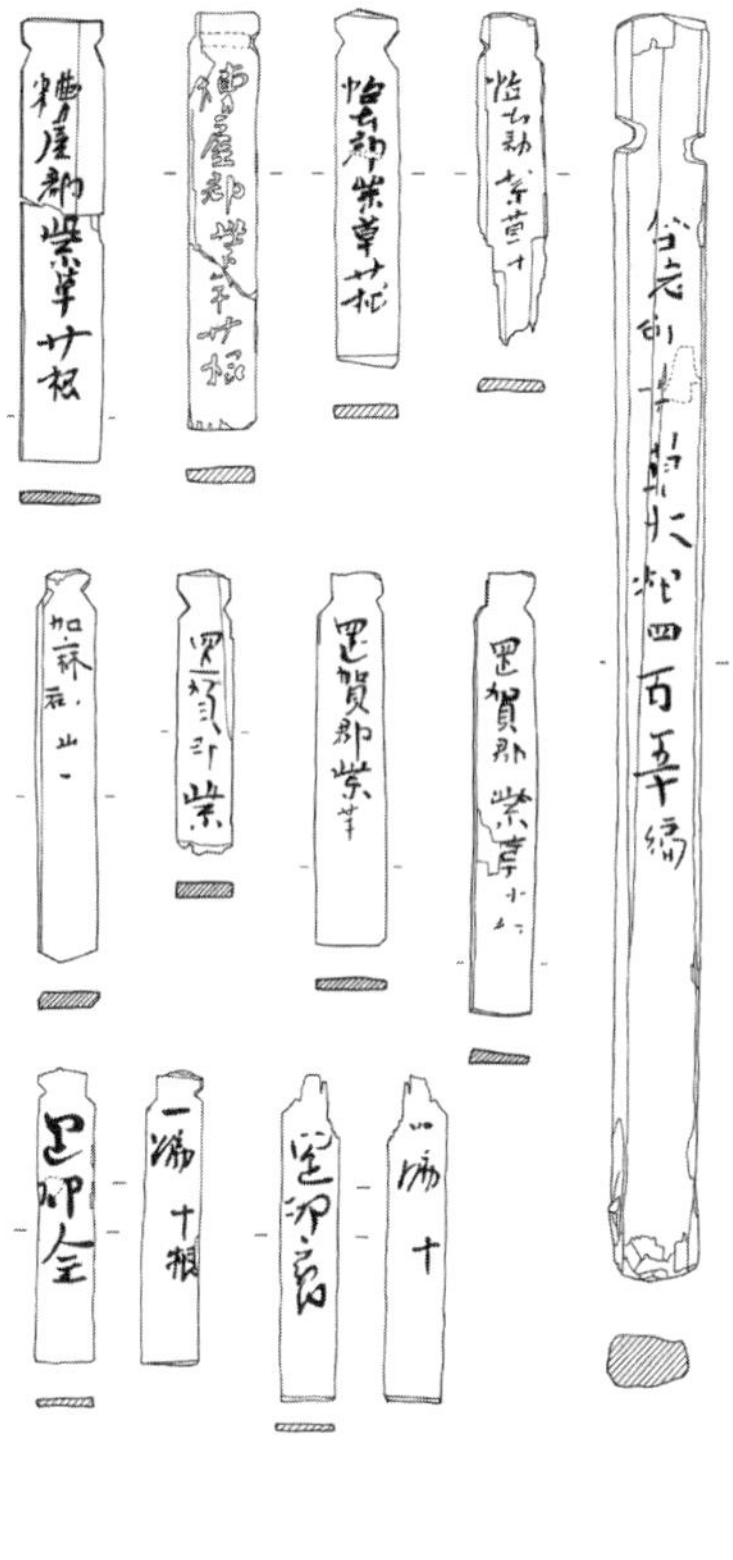

……」『……麻郡殖種子紫草伍拾斤□□」など「殖」えるとあることからもわかる。ただし、隼人が住む郡は種植えでなく野生の紫草の根でよかった。

紫草について、幸いに専門家の長田武正さん（当時・山梨県立女子短期大学教授）が政庁の前にお住まいだったので、おうかがいして尋ねた。「もう九州には二ヵ所しか自生していない」と言われる。「どこですか」とうかがうと、「教えると採りに行くだろう」と心中を見透かされた。見せていただいた紫草に関する本によると、明治以降に栽培に成功した人は一〇指に満たないという。

栽培は困難だが、「日本紫草の種子をもっているので挑戦しなさい」と分けていただいた。発掘調査事務所で鉢に植え、成長を見守った。やがて芽が吹き、少しずつ成長する。そんなに難しくないではないかと思っていると、芽は紫草と似ても似つかぬ雑草に育った。

今では大分県竹田市などで栽培に成功している。

オランダ東インド会社のコイン

九州国立博物館の設立に関係しているときだった。展示資料で何か役に立つことはないかと考えていた。そのころ、長崎市教育委員会が発掘調査している出島の見学に行った。資料館の展示を見ていると、ＶＯＣ銘入りの陶磁器製大皿やＶＯＣコインなどのオランダ東インド会社に関する資料があった。

大航海時代に東南アジアに進出したイギリス、フランス、オランダは東インド会社を置いた。紋章にDe Vereenigde Nederlandsche Geoctrorjeerde Oost-Indische Compagnie の頭文字ＶＯＣを入れたオランダ東インド会社は慶長七（一六〇二）年に創立された。バタビアに総督府を置き、条約の締結、自衛のための戦争の遂行、独自の貨幣の発行など、事実上国家としてインドネシアを支配していた。出島に置かれたオランダ商館はオランダ東インド会社の日本支店だった。寛政一〇（一七九八）年に解散するが、出島の商館はオランダ本国に引き継がれている。

当時私は、九州国立博物館（仮称）展示構想専門委員会主査をしていた。構想を進める上で荒削りな展示品のリストがあったが、ＶＯＣコインは無かった。長崎県・市で長崎歴史文化博物館の建設が進んでおり、出品の可能性も薄かった。

たまたま冷やかしで寄った骨董市でＶＯＣコインが売っていた。銅貨だが高かった。一枚一枚と買ったが、どういうわけか急に安くなり、収集は容易になった。結果的に銀貨一枚を含めて四九枚を収集した。

不思議なことに、九州国立博物館開館後に、ＶＯＣコインを骨董市で見ることはなくなった。

出島資料館で学芸員の高田美由紀さんにうかがうと、ＶＯＣコインは享保二〇（一七三五）年、元文四（一七三九）年それに製造年不明の二枚、計四

出島和蘭商館跡出土のオランダ東インド会社（VOC）コイン（長崎市出島遺跡）

枚が出土しているとのこと。私の収集したコインは延享元（一七四四）年から寛政二（一七九〇）年にかけての銅貨と、出土例に無い銀貨がある。銀貨はオランダ本国で使用されていたものに、VOCの紋章を追加している。銅貨を割って変造したものもある。完全な銅貨に比べると厚みが異なるから単なる変造ではなく、粒銭的な用途をもつのかもしれない。

VOCコインは、出島以外でも、長崎市興善町《こうぜんまち》遺跡と、積み重ねた資料にまぎれて出てこないのではっきりと思い出せないが南西諸島で出土している。とはいえ流通していたとは考えられない。

VOCコインは現在の日本の一〇円・一〇〇円・五〇〇円硬貨のように中央に孔が開いていない。江戸時代の銅貨は、中央の孔に紐を通して、さし銭として使用した。孔のないコインはバラ銭としか使えないが大きさが違う。人びとには文字が読めないから銅銭と意識されることもなかろうが、珍品ではあった。

初めて銅貨を見たのは弥生人だった。流入してきた五銖や貨泉を手にしたとき、弥生人は何と思っただろう。その意識を考える参考になる。

大野城の遠賀門《おんがもん》

天智二（六六三）年の白村江の戦いに敗れた日本は国防の危機に襲われた。

そこで急拠、天智三（六六四）年に水城、天智四（六六五）年に大野城・椽（基肄）城を造り、大宰府の防御を固めた。近年、阿志岐《あしき》山城や前畑土塁《まえはたどるい》が調査され、大宰府は四周をこれらの城と自然地形で厳重に警護されていたことが明らかになっている。

大野城は、憶礼福留や四比福夫などの亡命百済貴族の指揮で造られた。城周を土塁で囲み、太宰府口、坂本口、宇美口などとよばれる城門が五ヵ所で知られている。土塁は城門や谷の部分では石塁・石垣になる。

太宰府口城門は二列に礎石がある。柱を立てるための孔、扉を開閉させる軸の回転のための地摺孔《じくずり》、扉を支える柱と石塁の隙間を覆う方立《ほうだて》孔を設けた門礎一対、その東西の柱孔のみの礎石二つが前列にある。後列にも礎石四個があるが、こちらには地摺孔のあるものを欠いている。二列八個で立てられた八脚をもつ櫓門で、前列に扉が付く。堂々とした八脚門になる。

延喜五（九〇五）年にできた「観世音寺資財帳」山章に、観世音寺の四至が書かれていて、寺域の北辺は「北限大野南牖邊遠賀門下道」とある。牖は城壁を意味するから、北辺は大野南牖邊、すなわち大野城壁の南辺であり、そこに遠賀門があったことになる。

ほかの城門の門礎は二個一対だから、太宰府口城門が大野城の主門になる。

太宰府市教育委員会が作成した案内図を見ると、坂本口城門を遠賀門としているが、これは違うだろう。

観世音寺伽藍《がらん》の中軸を北に延ばすと、太宰府口城門になる。坂本口城門は観世音寺の西端、学校院との境界にある松埼小溝の北延長上にある。寺域の北辺を示すのだから西端の延長をいうこと

遠賀門だった大野城太宰府口城門
（内側から、福岡県太宰府市）

はない。中軸延長をいうだろうから、そこにある太宰府口城門が遠賀門になる。

遠賀門の「遠賀」は北九州市の西に今もある遠賀郡に由来するのだろう。「おんが」とよんでいるが、大宰府から出土した木簡に岡郡・岡賀郡・遠賀郡の三様があり、当時は「おか」郡と発音したと思われる。

平城宮の城門は佐伯門《さえきもん》、伊福部門《いふくべもん》、海犬養門《あまいぬかいもん》、多治比門《たじひもん》などとよばれていたが、佐伯氏が守備するから佐伯門、伊福部氏が守備すれば伊福部門というように、そこを警護する氏族の名からきている。これを参考にすると遠賀門は遠賀氏が守備したから遠賀門となりそうだが、遠賀氏は聞かない。

太宰府市の水城小学校校庭でかつて「遠賀團印」、近くで「御笠團印」と彫った銅印が出土している。筑前国には四つの軍団が置かれていた。大宰府出土木簡にも「三團兵士……」と墨書したものがある。この四団のうちの二団が遠賀軍団と御笠軍団であろう。

遠賀門は遠賀軍団によって警護されていた主門の太宰府口城門なのだ。

上京龍泉府《じょうけいりゅうせんふ》（東京城《とうけいじょう》）の体験

平安時代、日本は新羅・唐・渤海と使節を交わしていた。やがて新羅・唐と没交渉になると、唐情報の収集源として、また新羅を北から牽制する存在として渤海を重視した。

反面、経済活動優先の姿勢に商旅の客と揶揄したように、渤海使は外交使節でありながら商売熱心だった。主な商品は毛皮で、平安貴族は競って求め、真夏に毛皮を重ね着する始末だった。

渤海は上京龍泉府・中京顕徳府《ちゅうけいけんとくふ》・東京龍原府《とうけいりゅうげんふ》・西京鴨緑府《さいけいおうりょくふ》・南京南海府《なんけいなんかいふ》の五つの都をもつ五京制をとっ

た。その一つ、東京城ともよばれる上京龍泉府が首都であり、かつて和同開珎《わどうかいちん》が出土している。現在の黒龍江省牡丹江市の南郊外、渤海鎮に遺跡がある。

平成一四（二〇〇二）年に交換研究員として吉林大学に行ったときに機会があり、遺構の残りが良いという渤海鎮に行った。渤海鎮はハングルの村だった。住民のほとんどは朝鮮族で、道行くタクシーも、商店名もすべてハングル。遣渤海使として派遣された遣渤海大使小野朝臣田守《おののあそんたもり》らが天平宝字二（七五八）年に帰国したので、功を讃えて大使らを特別に昇進させたときの木簡が平城宮で出土しているが、「遣高麗使」とある。高麗は高句麗のことで、日本は渤海を高句麗の後継国とみており、渤海自身も後継と称していた。その後裔であればハングルもうなずける。

黒龍江省文物考古研究所の李陳奇所長は國學院大学に留学された方で、巧みな日本語を話される。伊豆の島嶼で発掘調査に加わられたということで、「日本に留学した中国人は変で、刺身や天婦羅が美味しいというが、本当に美味しいのはクサヤだ」と言う、面白い人だ。王巍中国社会科学院考古研究所所長や私が指導した滕銘予さん（現・吉林大学教授）が吉林大学の同級生ということで、親切にしてもらった。

上京龍泉府の遺構を省研究所が派遣した調査団が発掘している。李所長から趙虹光調査主任に連絡が行っており、歓迎された。

一四時過ぎに到着したが、「昼休み中だから昼寝をどうぞ、その後案内します」と言われた。配置図を指さしながら、「眠くないなら散歩でもどうぞ。ここから北は立入禁止ですから、入ってはいけません。写真撮影も禁止です」と言われ、「皆昼寝をしていますから、入っても誰にもわかりません」と付け加えられた。立入禁止区域を見せようとする親切からの時間外れの昼寝だった。ありがたく見学した。

昼休みが終わり、趙主任が案内してくれた。宮城の入口にあたる南門は五鳳楼《ごほうろう》とよばれるが、豪壮だった。その北に五重殿といわれる五基の殿舎の石積基壇、基壇の上の礎石、回廊の礎石などほぼ完全に残っている。

宮城南側の皇城の調査はこれからのようだった。

宮城を囲む城壁は三メートルばかりの高さで残っていた。

「辺鄙なところですからホテルはありません。ここに泊まってください」と言われる。調査事務所に宿泊施設があり、調査団はここに泊まっている。そこは大極殿に相当する第二殿舎のすぐ傍ら。同行の陳国慶さん（吉林大学教授）は私に牡丹江まで戻ってホテルに泊まることを勧められたが、遣渤海使だって大極殿の傍らに泊まることはできなかった。喜んで泊まった。

帰りの長距離バスのテレビで、「我的野蛮女友」という韓国映画が上映されていた。中国語の字幕を読みながら見たが、面白かった。主人公役の全《チョン》智賢《チヒョン》が可愛く、長春でDVDを買った。韓流ブームのはしりとなった「猟奇的な彼女」で、日本で上映されたのはそれから二年くらい後だった。

残りの良い殿舎の基壇（黒龍江省渤海鎮にて）

島流しされた貝鮒崎《かいふなさき》古墳

対馬に初めていったのは学部生のころだった。長崎県教育委員会と九州大学考古学研究室が共同して実施した、浅茅湾とその周辺の考古学調査に動員されてのことだった。

対馬調査は長崎国民体育大会を挟んで、昭和四三（一九六八）年と昭和四五（一九七〇）年に実施されたが良い体験だった。

博多から乗った船は陸にいる人の顔が見えるくらいの近さで岸辺に沿って進み、佐賀県呼子で北進して壱岐、さらに対馬に向かった。半日かかった。

当時の船は小さく、上部甲板で昼寝していたら波を浴び、ずぶ濡れになったこともあった。

国体のボート競技の見学に皇太子がみえるということで、対馬便にフェリーが導入された。船は博多から壱岐に直行するようになり、時間が大幅に短縮された。

初めての対馬の道は狭かった。『魏志』倭人伝にある「土地は山険しく、深林多く、道路は禽鹿の径の如し」の光景がそのままあった。主要な交通路は船で、児童・生徒も船で通学していた。これも国体で対馬縦貫道が整備され、日常の交通路は道に代わったが、対馬調査の初年度は倭人伝状態だった。

私の担当した遺跡に豊玉町の貝鮒崎古墳があった。岬の突端にあり、陸路は無く、船で運ばれて現場に立つと、夕方迎えが来るまで誰も来ないし、どこへも行けなかった。

楽しみの弁当を開けるとおにぎり。おかずもおにぎりだった。とな

貝鮒崎積石塚の調査を担当（長崎県対馬にて）

ると、ほかの班も事情は同じだから、主食が塩昆布でおかずも塩昆布の、可哀そうな人がいたことになる。おにぎりで良かった。

貝鮒崎古墳は角礫を無造作に積み上げた積石塚で、埋葬主体は箱式石棺だった。墳丘を簡単に掃除をするだけで、発掘はあまり必要なかった。

石棺は盗掘されていたが、鉄剣・鉄矛・鉄刀子各一口、勾玉や棗玉《なつめだま》などの装身具があった。墳丘からは杯身・杯蓋・壺などの須恵器、高杯や小形丸底壺などの土師器が出土した。土器から六世紀前半ごろの築造とみられた。

積石塚は九州では珍しい。だが対馬では上県の白岳積石塚群、豊玉の曽蒙古塚古墳、美津島の前方後円墳を含む根曽古墳群などの積石塚がある。盛り土の絶対量が不足していて、墳丘の造成に角礫を用いるのは必然なのだ。

実測を終了し帰ろうとしたが、迎えの船が来ない。五時を過ぎると焦りが出てきた。すると訝った漁船が近づいてきて「どうしたのか」と問う。事情を話すと「それならこれを食べて待っていなさい」と釣ったばかりの太刀魚を焼いてくれた。それを食べていると、日没が迫ってきた。「忘れていた」と迎えの船が来たときはもう暮れていた。

たった一日だが、鬼界ヶ島に島流しされた俊寛《しゅんかん》の心境だった。

犬の味は蜜の味

我が家ではチワワを飼っている。そのチワワが、ご主人がこういう文章を書いていることを知ると、激怒するのではと心配している。

ソウルオリンピックで騒がれたが、韓国では今でも犬が食べられている。ポシンタン（哺身湯）が有名で、滋養強壮になると信じられている。食用と愛玩用の犬が隣同士で売られているのを見ると、運命の厳しさを思う。

中国では犬を狗といい、よく食べている。街を歩くとファストフードの店が多くあるが、必ずのように熱狗が置かれている。熱した狗である。実は狗肉ではない。熱はhot、狗はdogの直訳で、熱狗はHotdogのこと。狗は関係ない。日本でもホットドッグに犬を連想する人はいない。

だが狗肉は食べる。中国には朝鮮族、あるいは韓国人などの朝鮮民族の人が多いから、当初は彼らの食文化と考えていた。

事実、遼寧省大連で同僚の韓景旭さん（西南学院大学教授）から彼の出身地吉林省延辺朝鮮族自治州の郷土料理屋に案内されたが、「延辺狗大王」の店名通り、狗料理しかなかった。嫌々食べたが、それは気分で、美味しかった。

江南の浙江省杭州でも狗を食べていた。一五頭前後の犬を連れた人を何度も見た。彼は犬を撲殺し、肉と皮に分けて売る。冷蔵庫が普及していないころだった。売れない狗肉は腐る。運ぶのも大変だ。しかし生きている犬は腐らないし、自分で歩くから、売れなければ連れて帰ればよい。食べている光景は見ていないが、確実に食べている。

美味しそうなポシンタン（補身湯）

中国南部の貴州省盤江は狗食の街として知られている。通ったが、丸焼きされた狗肉を店頭に並べた店が連続し、良い気分ではなかった。

初めて犬を食べたのは広西壮《チワン》族自治区の合浦鎮だった。目の前に豚肉料理があり、脂身の少ない豚のようで、美味しかった。食後、一二月なのにやたら汗が出るのでなぜかなと思っていると、同行の黄啓善さん（広西壮族自治区博物館副館長）に狗肉の食べ過ぎと言われ、やっと気付いた。

初めての犬肉は美味しく、抵抗感から愛犬の顔が浮かぶが、以後も食べている。

日本では食べない。弥生時代の銅鐸絵画に犬を鋳出すものがある。兵庫県神戸市桜ケ丘四・五号銅鐸などには、猪を狩る人びとに交じって吠えている犬が描かれている。猟犬として役立つ犬は人の友なのだと思っていたら食べていた。長崎県壱岐島の原の辻遺跡の発掘調査で、五〇頭分くらいの犬の骨が出た。大切に埋葬されたような状態ではなく、ナタのような道具で叩き切られたような状態にある。骨も脆く、薄紫色をしていた。これは煮たときの特徴だ。この犬骨は煮込まれ食べられた犬肉の残滓だった。弥生人は犬を食べていた。

その後も犬肉は食べられていたが、幕末に西洋人が来るようになり、食べなくなったのだ。

私が受験生のころ、受験雑誌に九州大学田島寮の近くには赤犬がいない、九大生が食べてしまうからだと書かれていたことがある。本当だろうか。本当とすれば新たな食文化が始まっていたのかもしれない。

土器は器である

博物館で展示を見ると、「この甕の形の土器は板付Ⅰ式で夜臼式から変化しました」、「この青銅製の武器は細形銅剣でやがて中細銅剣に変化します」のような説明はあるが、なぜ変化したのか、変化したことによってどうなるのかについては触れられることが少ない。

弥生時代に導入された水稲耕作によって、米食が始まる。今でも私たちの主食は米だから、ありがたいことだ。米は炊かないと食べられない。それを前提に読んでいただきたい。

米は甕形の土器で炊いて食べる。本書24頁にそのことを書いたが、少し繰り返しておこう。

私の高校生のころの教科書には、甕に似ているが底に孔が一つ空いている甑という土器で蒸して食べたと教わった。餅搗きのときの蒸籠と同じ機能をもっている。甕に入れた水を沸騰させ、甕の上に隙間の無いように乗せた甑の底孔から入る湯気（蒸気）で蒸すというのだ。確かにこの方法もある。しかし時間がかかり過ぎて間尺に合わない。それに甑の出土は少ないし、甕の内側に焼け焦げた米が付着していたり、吹きこぼれが焼けて煤になっている例がある。そこで今では甕で炊いたと考えられている。

米を炊くための甕は、伝わって以来、図のように変化する。この変化は、甕を炊飯のための道具であると考えると、次のように説明できる。

煮沸具としての甕の形態変化

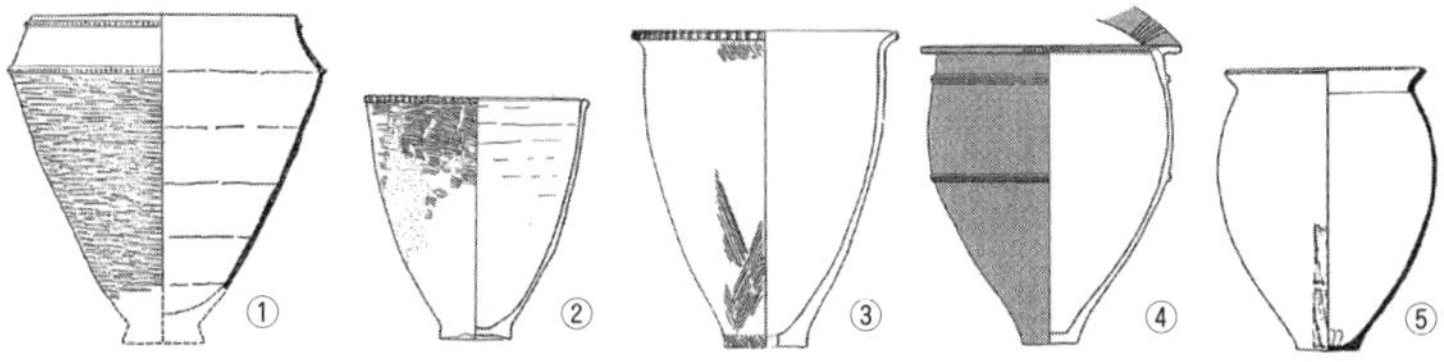

長崎県原山遺跡　福岡県板付遺跡　福岡県鶴町遺跡　福岡県宝台遺跡　福岡県鹿部遺跡

①は米を知らなかった縄文人の深鉢にヒントを得て作った甕の最初の姿で、胴部に屈曲があり、炊飯のときに水分の蒸発を損なっている。

そこで水分の蒸発をうながすために屈曲部から上を欠いて②を作る。①②には口縁部に帯状の突帯を付けて補強している。その面倒を取り除いて、直立する胴の上部を外に折り曲げたのが③だ。

この当時の甕はロクロを使わないから口が正円にならない。①〜③だと甕の身と蓋がピッタリとせず、湯気が無駄に蒸発する。そこで口縁部をT字状の平坦に作って、蓋の密閉度を高めたのが④になる。しかしそれよりも口縁部を傾斜させ落とし蓋にしたほうが簡単と気付いたのが⑤だ。

甕が煮沸に用いられたのに対し、壺は貯蔵のための器だ。米粒は小さく、そのままでは保存も移動も難しい。だから、大きな甕やまだ実例は無いが木製の米櫃のようなものに保存しただろう。だが毎度の炊飯に大甕や米櫃は使いにくい。中国の少数民族は一回の炊飯ごとに、小さな容器にその分の籾を入れて、小さな棒で点いて脱穀し、炊いている。その小さな容器が小壺だろう。胴部に横方向に穴の空いた擦り傷があり、ネズミが齧った痕という研究があるから、小壺は毎日の炊飯用に取り分けた米粒の容器なのだ。

小壺も甕の①〜⑤の変化にしたがって、すぼまった筒状の口縁から次第に広がる。米の保存容器だから、こぼれにくい細首から広口への変化は、広口でもこぼれなくなったということだろう。それには底の安定がある。

文献史学には年表があるが、考古学には無い。そこで年表の役割を果たすのが土器編年だ。土器が形を変化させていく過程を丹念に追い、順序を確立して土器を編年する。

その作業は厳しさをともなう。その研究成果として博物館の展示で、夜臼式土器・板付Ⅰ式土器という型式名称が紹介されるが、入館者にはわかりづらく土器が器であることが忘れられている。土器は器であることを自覚したい。

受け容れなかった同姓不婚制

中国雲南省の麗江に世界遺産の麗江《れいこう》古城がある。麗江は東巴《トンパ》文化で知られる納西族の街だ。麗江を支配した土司（王）は木氏だ。治所の麗江古城には城壁が無いが、それは城壁で木氏を□形に囲むと「困」になるからだといわれている。

土司の木氏に対して一般民は和氏。これは木氏に対して頭を下げるように、木の上に「ノ」を加えて和にしたためという。門の敷居を高くしたり、鴨居を低くしたりして、必ず低頭させたという。

麗江市郊外の玉龍県拉市海の指雲寺《しうんじ》を見学したら、近くの納西族の村に校倉造りの倉庫があった。訪ねると、和氏ばかりだったが、同姓不婚だという。

同姓不婚とは同じ先祖をもつ同姓の者同士は結婚できない婚姻制度のことだ。和氏ばかりでは結婚できないではないかと問うと、村が違えば構わないという。同じ先祖の和氏ではないということだろうが紛

寄贈者の名前は「和」氏ばかり
（雲南省麗江にて）

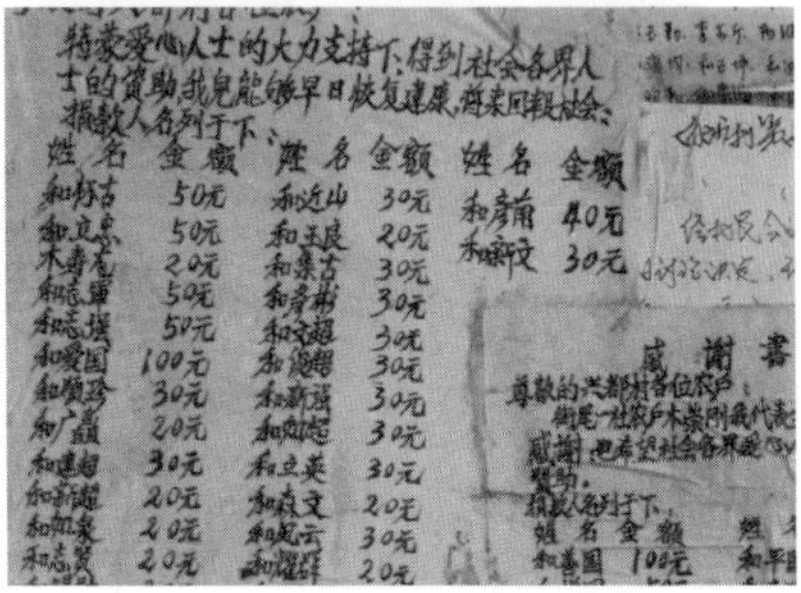

らわしい。彼らもそう思っているらしく、最近は李とか劉とか、別の姓に変える傾向にあるそうだ。

今では違うが、漢民族も韓民族も同姓不婚だ。

韓国には金さんが多い。もっとも多いのは釜山近くの金海を先祖の本籍地（本貫）とする金海金氏で国民の四人に一人くらいを占めているとみられ、金海金氏だらけだ。慶州を本貫とする慶州金氏など本貫の違う金氏とは結婚できるが、多数派の金海金氏同士では結婚できないために、気付かずに交際すると悲劇が生じる。そこで近年は解禁されている。

ここまで木・和・李・劉・金という姓を挙げたが、皆、一字だ。諸葛や独狐・欧陽など二字姓が無いではないが、一字姓は漢民族の特徴だ。

白村江の戦いに敗れた百済貴族をみると、鬼室福信《きしつふくしん》・答㶱春初《とうほんしゅんそ》・四比福夫・憶礼福留・黒歯常之《こくしじょうし》などがいるが、鬼室・答㶱・四比・憶礼・黒歯が姓だから、韓国も昔は二字姓だったことがわかる。唐に拉致され、唐水軍の将軍として戦いに臨んだ元百済皇太子の扶余隆《ふよりゅう》も扶余の二字姓だ。

勝った新羅は唐化して金春秋《きんしゅんじゅう》（武烈王）や金庾信など一字姓を名乗っている。だから韓国の人びとが一字姓になったのは七世紀後半で、中国唐の影響だ。

それまで同姓でも通婚しているから、このときに同姓不婚も受け入れられたのだろう。

昔の日本では同姓の近親者であっても結婚できた。異母姉妹とでも結婚できた。現在の韓国では直系の血族であっても、八親等内の近親者は禁じられているが、それに該当しなければ結婚できるから悲劇は起きない。

姓もそうだ。二字姓が多い。九州歴史資料館時代、済州島からの一行を案内していたら、その中の高さんから「貴男は私と同じ一族だ」と言われた。朝鮮を統治していた時代の悪名高い創氏改名で、高姓の人は高山・高村などの高を含む二字に改姓したそうだ。高倉もそうだといわれた。高田・高久・高橋・高倉のように高の付く姓がやたらに多く、同姓でも結婚できる日本では同姓不婚は起きそうにない。

奈良時代の日本は何でも唐の制度や文化を取り入れた。隣の韓国もそうだったが、しかし韓国と違って一字姓と同姓不婚制は受け入れなかった。それが自由に結婚できる今を生んでいる。奈良朝政府の英断に感謝しなければなるまい。

唐明皇遊月宮鏡《とうのめいこうげつぐうにあそぶ》の図像を読む

宋鏡には鏡の背面を神仙故事文様で飾る例が多い。神仙人物故事鏡に大別され、故事の内容で仙人亀鶴鏡・仙人駕鶴鏡・人物楼閣鏡・蹴鞠文鏡・海船鏡などに細別されている。

『中国銅鏡図典』の人物楼閣鏡は、参考に掲載した鏡と比べて簡略化されており、左右が逆になっているが、鏡の背面の文様を次のように説明している。

「鈕《ちゅう》の右には岩山の上に楼閣の半分があり、扉が開いている。楼閣の表現は鴟物・屋根瓦・斗拱《ときょう》など真に迫っている。鈕の左には岩山に大樹があり、枝葉が繁茂している。樹の下には長い橋があり、橋の端に三人、橋の中央に座った一人の両側には宝扇を持った侍者と幡物《はたもの》を持った侍者がいる。橋の反対側の端には戴冠し腰を曲げて挙手した人がいる。」

その通りだが、もっと意味があろう。この説明では神仙人物故事鏡なのに、神仙は登場していないし、人物の故事が何なのかもわからない。

この鏡の文様は簡略化されている。出土鏡のなかでもっとも正確な文様表現は平成一〇（一九九八）年に中国黒龍江省哈爾濱《ハルピン》市で発見された唐明皇遊月宮鏡である。これを含め、人物楼閣鏡や海船鏡は中国東北部から朝鮮にかけて出土することが多いから、金鏡や高麗鏡といわれることもある。哈爾濱鏡は唐鏡とされるから、こうした唐の神仙人物故事鏡がモデルになり、宋鏡・金鏡・高麗鏡を生み出したと考えている。

哈爾濱鏡と同巧の鏡が観世音寺に所蔵されている。写真を示したが、これを元に絵解きしよう。

唐明皇遊月宮鏡

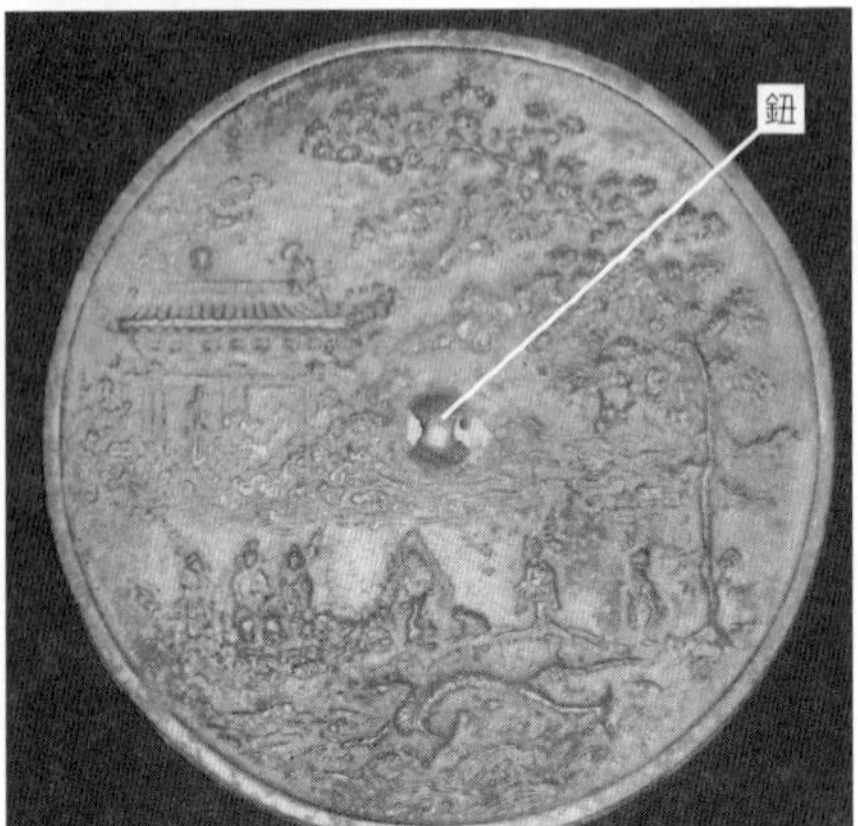

この文様は、唐の明皇（玄宗皇帝）が道士の羅公遠《らこうえん》にともなわれて夢の中で月に遊び、西王母に会ったという説話を題材にしているのだ。

鈕の下方に、波涛飛び散る大海から飛翔する龍を描く。龍の上部が主題になる。鈕の左のたなびく雲の上に楼閣があるが、これが月宮になる。月宮の下に三人の男性がいるが、その中央が主役の唐の第六代皇帝玄宗李隆基になる。残りのどちらかが羅公遠だ。玄宗の視線の先に、仙薬を搗く玉兎《ぎょくと》と蛙（蟾蜍《せんじょ》、ガマガエル）にされた仙女の嫦娥《じょうが》、橋の上に宝塔状のものを持つ神仙の西王母《せいおうぼ》がいる。橋の右の桂樹の下には戴冠した仙人が控えている。

この主題は宋鏡に多いが、観世音寺鏡は銅質が唐鏡に近いから、宋初の作であろう。

直径一八・二センチの大きさの円鏡で、類例と比べても鋳上がりが良く、主題が読みやすい。

鏡は顔を映す道具だから面が大事だが、平たいばかりで面白くもない。しかし背面を飾る文様には流行があり、その時々の世相や思想をあらわす。博物館で意味を考え楽しんでほしい。

外国旅行にはビザが必要

私は韓国と中国に行くことが多いが、恥ずかしい失敗がある。

平成二三（二〇一一）年に西南学院大学から吉林大学への六五日間の短期在外研究を命ぜられた。出発当日、何の心配もなく福岡空港で搭乗手続きに向かった。「ビザ（査証）は？」と聞かれた。

韓国・中国を旅行するのに、宿泊が一五日以内ならビザはいらない。それを超える旅には必要だが、不必要な一五日以内の旅を繰り返していた。長期旅行は久しぶりで、ビザが必要であることを失念していた。

困っていると、空港職員が「とりあえず中国に行ってください。中国でビザを取れますから。取れなかったら一五日後にソウルに出国し、数日して長春に戻ってください。これを繰り返せば何とかなります」と知恵を授けてくれた。

慌てて機中で『地球の歩き方』を読むと、取れる可能性はあるが難しいとあった。

迂闊さを嘆きながら、北京の中国社会科学院考古研究所で白雪松さんに相談した。大笑いした白さんはテキパキと書類を作ってくれ、北京市公安局出入境庁出入境管理処に持っていき、手続きをとった。一週間後にビザが交付されたが、係官に「次からはお国で取ってきてください」と流暢な日本語で言われたから、同類の旅人が多いのだろう。

同じようにビザをもたずに苦労した僧が平安時代にいた。三代目の天台座主《てんだいざす》になる円仁《えんにん》には『入唐求法巡礼行記《にっとうぐほうじゅんれいこうき》』という旅行記がある。アメリカの歴史研究家で、駐日大使を務めたエドウィン・O・ライシャワーの研究で知られている。

円仁は入唐請益僧《しょうやくそう》という短期留学生として唐に向かった。遣唐使に同行しての渡唐であったが、目的の天台山巡礼を可能にするビザが得られなかった。ビザが無いと唐に入国できないし、入国しないと目的は達せられない。

天台山巡礼を果たしていない円仁は、無許可で留まった。山東半島の赤山碇泊所から遣唐使船が帰国のため出港した後、円仁は文登県の官憲に逮捕される。遣唐使に置き去りにされたと弁明し、県当局の管轄が及ばない天台山巡礼をあきらめ五台山巡礼を訴える。この間、赤山朝鮮僧院に滞在し、朝鮮の人びとの援助を受け、文登県から正式の通行証を交付されている。以後は役所の保護を受けながら都の長安に到っている。

このスリリングな日々を記録したのが『入唐求法巡礼行記』で、会昌の廃仏という仏教弾圧の体験や、記録に残りにくい庶民の姿などが書き留められ、唐研究の貴重な史料になっている。

唐では出入国にビザが必要だったのだ。

国宝円珍福州公験

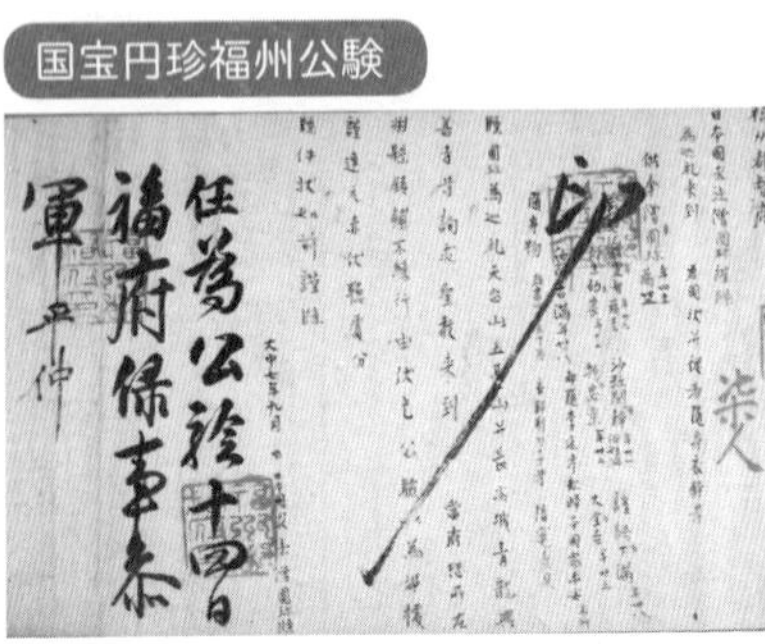

物的証拠がある。東京国立博物館が所蔵する円珍公験《えんちんくげん》だ。大宰府公験や福州公験などがある。

円珍は五代目の天台座主になった高僧だが、新羅の商船に乗って唐に向かい、学んでいる。延暦寺僧円珍が札聖求法の目的で大唐商人王超等とともに唐に行くことを証明する円珍大宰府公験はパスポートであり、日本国求法僧円珍が天台山に行くことを福州都督府が認めた円珍福州公験はビザに相当する。

唐だけでなく、平安時代の日本でもパスポート（旅券）を持たずに出国すると、それは密出国で、捕まると死刑が原則だった。

養老律令の前身である大宝律令は唐の法律唐律《とうりつ》をモデルに作成された。ところが出入国に関する規定が無い。この場合唐律が援用されたらしく、死刑になる。

ビザを忘れて上海に飛んだ私は、世が世であれば、中国で危うく死刑になるところだった。

矛の用途

弥生時代の前期末（およそ紀元前二〇〇年前後ごろ）に、朝鮮半島から銅剣・銅矛・銅戈の三種の青銅製武器が倭（日本）に伝わってきた。剣は人を突き刺して殺す武器。銅矛は人を刺す、あるいは切る武器だが、こちらは木の柄を着けて槍として使う。戈も柄を着けるが、柄を着けると鎌のような形になる。人の首や手足を薙ぐ武器だ。

これらの武器は実用された。福岡県筑紫野市の永岡遺跡で調査された甕棺墓から、人骨に突き刺さったままの状態で剣先が検出されている。

長崎県平戸市の根獅子《ねしこ》遺跡では、女性の頭頂部に剣先が刺さっていた。樹に登って潜み、通りかかった女性を樹上から襲ったという、まるで見ていたような解釈がある。

甕棺墓から出土する銅製あるいは石製の剣先は多い。これは刺殺されたものの人骨が残らない例であろう。

刺殺を考えたとき、木製の柄を着ける銅矛はもっとも有効な殺人用武器になる。

青銅製武器を掌中に収めた首長層は地域をクニとして一体化し、オウとして民衆を支配した。中期後半（およそ紀元前一世紀後半）になると、より強力な鉄製武器となった。

鉄製武器に取って代わられた青銅製武器は武器としての役割を終え、祭祀の道具に変身する。これを武器形祭器とよんでいる。

祭器となった銅矛は矛形祭器とよばれる。祭器だから祭祀の道具だが、何の祭祀に用いられたのだろうか。

矛形祭器は製作地の福岡に次いで対馬に多い。その先の韓国でも出土する。そこで航海安全を祈願する祭器とする説が生じ、一般的となっている。九州本島では海に面しないところからも出土するが、道祖神的な、村の交通安全を祀る道具と考えられる傾向にある。

そうかもしれない。しかしどうして殺人の道具がそう転身できたのか、説明を聞いたことがない。

石棺床石の下に埋納されていた広形銅矛と壺
（長崎県対馬市ハロウ５号箱式石棺墓）

矛形祭器は九州北半に多い。兵庫県は分布圏から外れているが、兵庫県の昔を知る史料『播磨国風土記』に矛に関する記述がある。『播磨国風土記』は常陸国・出雲国・豊後国・肥前国の風土記とともに残りが良い。それでも脱落があるが、次の内容の逸文を見てみよう。

息長帯日女命《おきながたらしひめのみこと》（神功皇后）が新羅に出兵しようとしたとき、赤土を天の逆鉾に塗り、神の船の艫舳《へ》に立てて進んだという。これは霊力のある赤土を撒いて波を鎮め、船の舳先と艫《とも》に赤土を塗った矛を立ててモーゼのように波を切って進んだということだろう。

矛は波切りの祭器となる。

時代も分布地域も違うが、この記述は矛の「切る」機能が、銅矛という殺人用の武器を航海・行路の安全を守る波切りの矛形祭器に変身させたと考える一助となるのではないだろうか。

筑紫君磐井《つくしのきみいわい》の復権

福岡県八女市の八女丘陵に、西の石人山《せきじんさん》古墳から東の童男山《どうなんざん》古墳へと連なる、筑紫君氏の奥津城《おくつき》、八女《やめ》古墳群がある。

直弧文《ちょっこもん》という直線と円弧を組み合わせた文様の彫刻で蓋を飾った家形石棺を武装した石人が守護する石人山古墳、装飾古墳の弘化谷《こうかだに》古墳・乗場《のりば》古墳、最大の岩戸山《いわとやま》古墳、巨石横穴式古墳で徐福伝説の童男童女にちなむという童男山古墳など、有名な古墳が多い。

岩戸山古墳は全長一三五メートル、周堤を含む総長一七〇メートルをはかる規模の大きな前方後円墳。墳丘をめぐる段を埴輪と石人・石馬で飾る。墳丘を囲む周堤の、後円部の斜め前方に別区とよばれる方形区画があり、石猪(石造の猪)が出土している。

『筑後国風土記』は一部が逸文として残っているが、興味ある記述がある。

「上妻県に筑紫君磐井の墓墳があり、石人・石盾を交互に各六〇枚並べている。墓の東北角に衙頭とよぶ別区がある。立っている解部という石人の前に裸の偸人(盗人)が地に伏している。傍らに盗んだ石猪が四頭ある。裁判の場面である。そのほかにも石馬・石殿・石蔵がある。古老は雄大迹の天皇(継体天皇)の世に反乱を起こした筑紫君磐井の墓と伝えている。」

この逸文と岩戸山古墳の現状はよく似ている。

森貞次郎先生が、逸文の伝える墓の規模を「延喜五年観世音寺資財帳」と対比して解釈され、岩戸山古墳との一致を証明されている。裁判場面にある石猪も出土している。

空からみた岩戸山古墳(福岡県八女市)

岩戸山古墳をみて創作した話を『筑後国風土記』が取り上げた可能性が無いわけではないが、素直に信じると、被葬者の名前がわかる稀有の古墳になる。

大学院生のとき、岩戸山古墳の発掘調査に参加した。

後円部に崩壊部があったのでそこを掘り下げて、盛り土の厚さを測ろうとした。古墳が大規模で、もともとあった自然丘を利用して墳丘を盛り土した可能性があるからだ。

掘り下げていくうちに、発掘坑は狭くなる。一人立つのがやっとだ。掘り出した土をバケツで吊り上げたが、こぼれて落ちてくる土は消しゴム程度でも痛い。苦労しながら掘り下げると、墳頂から一一・七メートルで地山になった。そこは墳丘の裾と同じ高さだった。

墳丘はすべて盛り土された可能性が高まった。磐井の権力を身体で感じたものだ。

筑紫君磐井は、『日本書紀』に新羅から賄賂をもらって乱を起こしたとある。

歴史は勝者によって書き留められる。悪が正義を打ち負かすこともあろうが、歴史を書く勝者は自分を悪とは認めない。だから磐井の乱も反乱だったのかどうかわからない。そこで近年は磐井の乱ではなく磐井戦争といわれる傾向にある。

この復権を磐井は喜んでいるだろう。

『柳園《りゅうえん》古《こ》器《き》畧考《りゃくこう》』異聞

江戸時代後期、福岡藩に青柳種信という藩士がいた。身分は低かったが本居宣長の教えを受けるなど国学者として知られる一方で、地誌『筑前国続風土記拾遺』を監修するなど、有能な歴史・地理学者でもあった。

青柳に『柳園古器畧考』という書がある。「怡土郡三雲村所掘出古器図考」「同郡井原村所掘出古鏡図考」「志摩郡誓願寺蔵呉越王塔考」が収められている。

前二編は、弥生時代の王墓と考えられる八墓のうちの、三雲南《みくもみなみ》小路《しょうじ》甕棺墓、井原鑓溝《いわらやりみぞ》甕棺墓に関する調査の報告および考察になる。後一編では五代十国時代の呉越国王銭弘淑《せんこうしゅく》がインドのアショカ王（阿育王）に学んで作成した八万四千塔の一例を紹介している。

『柳園古園畧考』、とりわけ「怡土郡三雲村所掘出古器図考」は、現在の遺跡発掘調査報告書に相当するが、記述の内容や考察は鋭い。この貴重な書の原本は福岡県立博物館に保管されていたが、第二次世界大戦時の福岡空襲で博物館とともに焼失した。

ところが幸いなことに同書は、昭和五（一九三〇）年に、これに筑紫野市二日市峰《ふつかいちみね》遺跡から出土した内行花文星雲鏡と細形銅剣副葬甕棺墓の報告である鹿島九平次の「鉾之記」を加え、森本六爾の解題を付け、福岡市の東西文化社有吉憲彰さんが復刻されていた。

わずか五〇部の予約販売だったが、四七部売れている。巻末に購入者名簿が付けられていて、京都大学・九州大学・東北大学・國學院大学・慶応義塾大学、森本六爾・梅原末治・藤田亮策・大場磐雄・樋口清之ら

青柳種信が描いた有柄式銅剣と銅戈の図

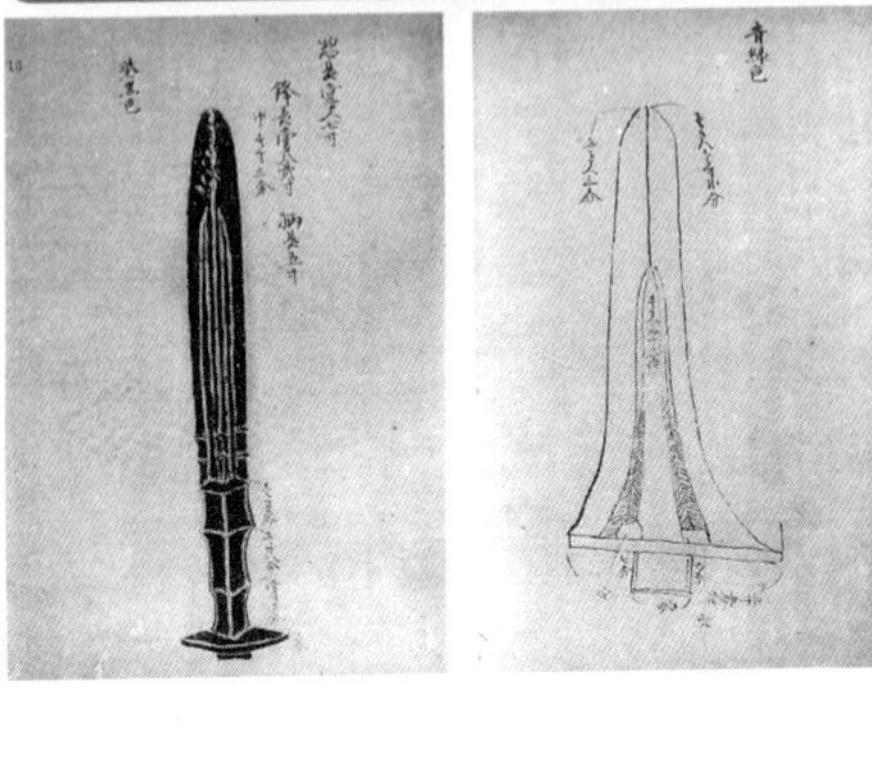

の購入がわかる。

売れた四七部に九州帝国大学法文学部国史研究室と附属図書館があるが、在学中に国史学研究室本を利用していた。全国的に何部残っているかわからないが、希覯本になっている。

弥生王墓の記録であるし、漢鏡研究にも欠かせないこの本に対する要望は高く、今度は東西文化社本を底本として、岡崎敬先生（当時・九州大学教授）の解題を加えて昭和五一（一九七六）年に東京の文献出版社から再復刻された。購入者番号四を復刻しているが、先の購入者名簿によれば四番は福岡県図書館だから、県立図書館に残っていたのであろう。

文献出版社本は当時としては高額の一万五〇〇〇円だった。しばらくして東京の日本文学に力点を置く店の古書目録を見ていると、「柳園古器畧考　矛之記　昭五　四〇〇〇円」とあった。まさか、文献出版本の「昭五一」の間違いだろうと思ったが、申し込んでみると購入できた。間違いなく東西文化社本だった。

購入者の番号がなく、代わりに憲彰と読める朱印が捺してある。所蔵者の名前はインク消しで消えていたが、何とか努力して読むと刊行者の有吉憲彰だった。

こうして、原本が戦災によって失われ、新たな原本となった東西文化社本が私の書架に収まった。時々、博物館から展示したいと出陳の希望が来る。

考古学研究者の常として、自宅は膨大な書籍で埋もれている。もし何かが有ったとき、これだけは抱いて逃げようと思っている。

弥生人の寿命

『魏志』倭人伝を書いた陳寿《ちんじゅ》は倭（日本）に来ていない。だから倭に行ったことのある使節などからの、いわばまた聞きになる。

誤りもあろう。私は服装について男女を取り違えていると考えているが、ほかにもあろう。

倭人伝は倭人の寿命を「その人寿考、あるいは百年、あるいは八、九十年」というが、寿命が八〇～一〇〇歳など、どうみても怪しい情報だ。

首を刎ねられ天寿をまっとうできなかった弥生人
（福岡市西新町遺跡）

福岡空港の近くにある金隈《かねのくま》遺跡は、弥生時代の甕棺墓を発掘した状態で展示している。三四八基の甕棺墓が調査されているが、埋葬された人骨の残りが良かった。永井昌文先生と後に九州大学教授になられた中橋孝博さんの分析がある。

それによれば、成人九九体、未成人三七体、合わせて一三六体の人骨が検出されている。その平均年齢は一八・三歳。ずいぶん若死にしている。

ちなみに福岡県小郡市の横隈狐塚《よこくまきつねづか》遺跡でも甕棺墓一七四基に一一五体が残っており、平均年齢は二八・三歳だった。この二遺跡を含んで、北部九州で得られた弥生人骨六四八体の平均年齢は二二・八歳になる。

若すぎる感がある。中世は、戦闘で死ぬ武士のように自然死でない人がいるから、その可能性の薄い山口県下関市の中世漁村集落吉母浜《よしもはま》遺跡でみると、一〇七体で二〇・六歳、明治時代日本人は三六・一歳だから不思議ではない。

寿命が短いのは小児の死亡率が高いからだ。金隈遺跡では、甕棺の口縁部の直径が四五㌢《チセン》を越えると成人、下回ると小児だった。その小児棺が全体の六一・五％に達した。小児人骨の残りも良く、平均を下げてしまった。このように、小児の死亡率の高さが平均寿命に大きく関わっている。

現代日本人の平均寿命は平成二八（二〇一六）年度で女性八七・一四歳、男性八〇・九八歳になっている。医療技術の進歩で小児の死亡率が低下し、老人も元気だからだ。

平均寿命が二二・八歳といっても、弥生人が若死にしたわけではない。乳幼児期を無事生き延びれば長生きできる。金隈遺跡でみると、六〇歳以上の人が四人いる。この四人はすべて女性だから、女性の長生きは昔からだったのだろう。

私の家系では、長男は六〇歳になる前に死亡している。七〇歳を越えた私は異例になる。今後節制して、我が家の平均寿命の高まりに貢献することにしようと思っている。

美しかった武則天

中国では、第七代皇帝玄宗李隆基の妃であった楊貴妃が美人の誉れが高い。玄宗の寵をもっぱらにしたが、安史の乱のときに馬嵬坡《ばかいは》で切られ亡くなっている。西安郊外の馬嵬坡に墓があり、参拝したが、墓前の階段で持病の痛風が発症したからあまり歓迎されなかったのだろう。

第三代皇帝高宗李治の后であり、中国史上唯一の女帝として周（武周）を建国した武則天も、美人であったと伝えられている。

高宗と武則天が合葬された乾陵《けんりょう》は西安郊外の乾県にあるが、陵の周りに二人の子供である懿徳《いとく》太子李重潤と永泰公主李恵仙、孫の章懐太子李賢の墓がある。三墓ともに鮮明に残る壁画で有名だ。いずれも武則天に死を賜ったため、死亡のときは違うが、武則天の死後、復権した中宗李顕が太子らの死を憐れんで七〇六年に改葬したのだ。

子と孫に目の無い私には、子や孫を死に追いやるとは考えられない。美人でもこんな苛酷な人は願い下げる。

唐の都は長安（今の陝西省西安）だが、洛陽も都だった。古都洛陽を今に伝える河南省洛陽では、龍門石窟《りゅうもんせっくつ》の見学をお薦めする。

北魏の孝文帝によって開かれた龍門石窟は、伊水の両岸に、宋代まで彫り続けられた。一三五二窟が現存しており、大小合わせて九万七三〇六体の仏像があるという。数多い西山で賓陽洞《ひんようどう》、万仏洞《まんぶつどう》、蓮華洞《れんげどう》などの洞内の仏像を愛でていると、龍門最大の奉先寺洞《ほうせんじどう》に到る。洞といっても開けていて力士像をともなう本尊の奉先寺盧舎那仏がある。高さ約一七メートルをはかる磨崖の大仏で、尊顔の美しさに疲れを忘れる。

武則天の容貌を写したという
龍門石窟奉先寺洞大仏
（河南省洛陽市にて）

武則天に戻ろう。武則天は六九〇年から七〇六年にかけて在位したが、ほぼ同じ六九〇年〜六九七年に、日本でも女帝の持統天皇が藤原京の造営や飛鳥浄御原令《あすかきよみはらりょう》の制定など強力な政治を行っている。持統天皇の前後にも女帝が輩出している。少し前には新羅でも善徳女王《ぜんとく》、真徳女王《しんとく》が誕生しているから、このころの東アジアは女帝の時代だった。

七世紀の日本は、日本を自称していたものの、唐から倭とよばれていた。唐に日本という国号を認めさせる。そんな大任を帯びて、遣唐執節使粟田真人《あわたのまひと》が唐に向かったのは大宝二(七〇二)年だった。唐の人は真人を「好く経史を読み、属文を解し、容止温雅なり」と評し歓迎した。博学で眉目秀麗といわれたのである。この学術優秀な好男子は武則天のお気に入りだったらしく、司膳員外郎に任じられている。

もちろん日本への国号変更は認められた。美男好きという世評を受け、好男子を派遣したのは日本の策かもしれない。それにしても武則天は「日本」の恩人なのだ。

龍門石窟の奉先寺洞大仏の尊顔は端正で、その容姿は人の心を惹きつける気品と美しさをもっている。奉先寺洞大仏を拝顔すると、詣でる人の疲れは吹き飛ばされる。

その尊顔は武則天の顔を写したとされる。苛酷であった実績も、男好きの世評も、信じられなくなる。

前方後円墳起源論の現地を訪ねる

古墳時代を象徴する前方後円墳のルーツが韓国にある、いや中国だと論議が盛んになった時期がある。

韓国の慶尚南道固城にある松鶴洞《ソハクドン》一号墳が日本独特の前方後円墳であるという。森浩一さん（当時・同志社大学教授）は前方後円墳に間違いないと太鼓判を押され、墳形の源流が韓国にあることを示す有力な証拠だという研究者も出てきた。

これは見ておこうと固城に出かけた。固城に近づくと、問題の松鶴洞一号墳が見えてきた。遠くに見える古墳の墳丘はどうみても見慣れた前方後円墳。期待が高まった。

発掘調査された松鶴洞古墳群の石室
（慶尚南道固城にて）

現地に着くと期待はさらに高まった。それまで写真で見た前方部には樹木が繁茂していたが、綺麗に伐採されていたからだ。さっそく後円部に登り前方部を見ると丸い。並び立つ二つの円墳に見えた。同行した白木原和美さん（当時・熊本大学教授）も同じ意見だった。

その後、松鶴洞一号墳は、固城出身の沈奉謹さん（当時・東亜大学校教授）によって発掘調査された。調査中に韓国の嶺南考古学会と九州考古学会の合同学会が開かれ、エクスカーションで現場を訪ねた。そこには、五世紀後半から六世紀前半と推定される三基の円墳があった。

発掘調査は正直だ。前方後円墳説も起源説も綺麗に吹き飛んだ。

現在、韓国の前方後円墳は全羅南道でいくつも確認されているが、日本のそれの源流になるようなものはなく、むしろ倭人の墓である可能性が指摘されている。

中国河南省の密県打虎亭漢墓《だこていかんぼ》も源流として取り沙汰された。

河南省新密市にある打虎亭漢墓では二つの墓室が知られていた。一号墓は墓室の壁を綺麗に彫刻した画像石墓で、後漢の弘農太守だった張伯雅《ちょうはくが》の墓であることが確認されている。もう一つの二号墓は壁画で装飾された伯雅夫人の墓。中国では夫婦の墓が並べて造られることは珍しくない。だから松鶴洞一号墳とは違い、並立した円墳と予測でき、期待していなかった。

さっそく墳丘に登った。予測と違って明瞭な前方後円形をしていた。

源流か否かは別にして、これは前方後円墳に違いない、と思った。

後円部の裾をよく見ると、列石があり、前方部に食い込んでいる。張伯雅墓は円墳なのだ。係員に、河南省文物研究所が発掘調査したところ、後円部と思われている墳丘をめぐるように列石が配され、それに前方部が乗っていたと説明された。

帰って調査報告書を読むと確かにそう書いてある。やはり並んで造られた二つの円墳が重なっていたのだった。

外国に源流を求めなくても、弥生時代の墳丘墓から前方後円形をした不定型の古墳時代初期の墓、そして定型化した前方後円墳への展開は見えているから、不毛な論議だった。

それでも、なかなか足の向かない松鶴洞一号墳へ、打虎亭漢墓へと誘ってくれたから、源流論議に感謝しておこう。

韓国の銀粧刀

韓国の博物館で民俗展示を見ると、たいていのところに「銀粧刀」あるいは「粧刀」と表示された資料がある。

銀粧刀の語感から化粧用のナイフという印象を受ける。確かに綺麗な房飾りを付けているものがあり、化粧用の感はある。しかしナイフの刃は鉄だから、銀が何を指すかわからなくなる。鞘の飾りをいうわけでもなさそうだ。どれもが銀装ではないのだから。

銀粧刀は一つの鞘に小刀と箸がセットで収められているのが基本で、箸が銀製なのだ。

箸といっても食事用ではない。一〇《センチ》前後と短いし、ピタッと対にさせるためにピン止めと飾りがあって食事の邪魔になる。

「チャングムの誓い」などの朝鮮王朝時代の韓国ドラマを見ると、サムジャクノリゲという装身具を着けた女性が出てくる。三種類の道具をあしらったノリゲを三本まとめて装身具とし、懐に入れて垂れ房飾りにする。少女時代のチャングムが父からもらったのは、筆・墨入れ・銀粧刀だった。

銀粧刀の箸は食事用ではない。これから食事をする御主人（主君や夫など）の食卓に揃えられた料理に銀箸を突き刺し、毒が盛られていないことを確かめるのだ。毒に触れると黒変する銀の特性を応用したのだ。小

朝鮮王朝の銀粧刀

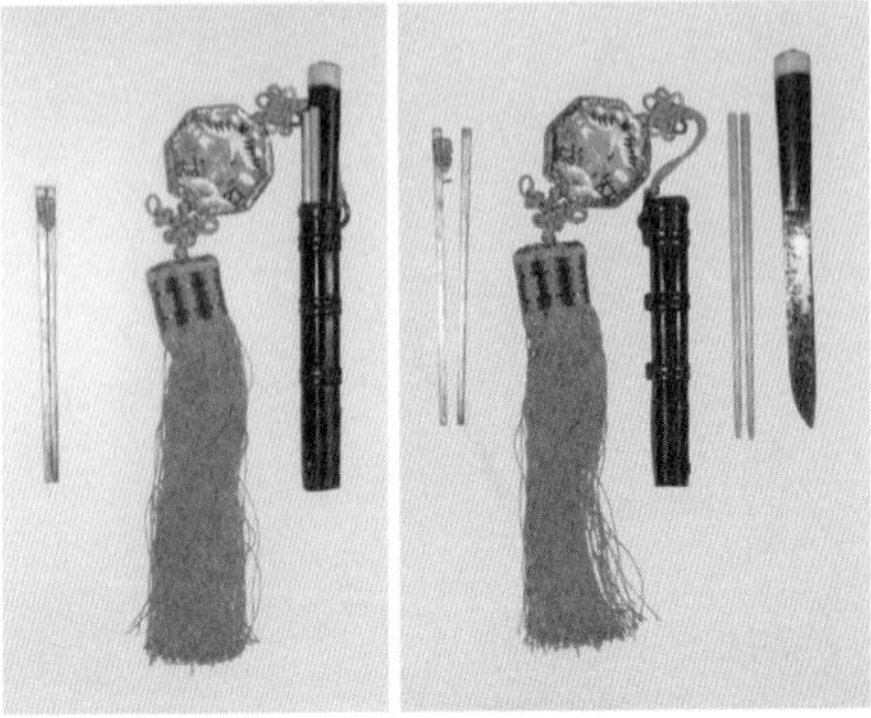

セットされた状態　　組み合わせの状態

刀は何らかの事情で女性に凌辱される危機が迫ったときに、これで自害する。

銀粧刀は装身具とされているし、サムジャクノリゲは装身具だ。しかし実際は装身具風の護身具だった。

この護身具が誕生した由来はわかっていない。

中国の稲作地帯と非稲作地帯の境界で生活する少数民族は、かつて、刀箸《とうちょ》を携帯していた。蒙古刀とよばれることが多いが、モンゴル族以外にも満族・ホジェン族・オロチョン族・エヴェンキ族・ダフール族・シボ族・チベット族などが携帯するから、蒙古刀は適切でなく、刀箸といっておこう。

刀箸は、文字通り、一つの鞘に小刀と箸がセットで収められている。銀粧刀と同じだ。しかし大きさと用途が違う。

刀箸の刀は、狩猟で得た動物や、シルクロードなどの沙漠で野営するときに食べる羊など、食材となる動物を解体するのに用いる。つまり庖丁だ。箸は切り分けた肉を摘み、食卓では口に運ぶ。定住生活がふつうになった現在、肉は店で買い、食卓には箸とナイフが配膳されるようになったから、刀箸は姿を消している。

刀箸使用民族であった満族は清朝を興し、中国を支配するようになった。彼らはいち早く刀箸を食卓に持ち込んだが、かつての狩猟用・野営用だった過去は忘れられ、形態を維持したものの、装飾性の高いナイフと箸に変化させている。

満族と朝鮮族は居住区域が隣り合っている。満族における刀箸の変容と同じように、朝鮮族は刀箸を小形化させ護身用に変化させた。

これが私の推論である。

中国の各地で刀箸を収集した。飛行機に乗るため、キャリーバッグを託送した。係官がよぶ。X線に写ったバッグにはナイフが一〇本入っている。不審者扱いだった。箸の研究者であると釈明して何とか解放されたが、以後は少しずつの収集を心がけている。

中国で読まれる『金印国家群の時代』

拙著『金印国家群の時代』が、上海古書籍店から滕銘予さんの翻訳で刊行されることになった。

中国との本格的な交流が開始した弥生時代を切り拓いた倭（古代日本）の人びとの英知と努力、それに漢代中国が大きく関わっていることを、中国の皆様に理解していただけるようになったことを喜んでいる。

古くから日本は中国から多くを学び発展してきた。

たとえば、奈良時代（八世紀）の日本はいちじるしく中国化していた。唐の長安城に学んだ平城京の建設、唐律を基礎とした大宝律令の制定、首都と地方を結ぶ交通網の整備としての駅制の導入、開元通宝をモデルとした和同開珎の鋳造による貨幣経済の導入、『古事記』『日本書紀』などの国史編纂、唐服を制服とする服制や官位制の制定など、まるで日本はミニ中国だった。

弥生時代（近年異なる説もあるが、おおよそ紀元前四世紀から紀元三世紀初頭）は、最初の中国化の時代だった。

『金印国家群の時代』日本語版

最初の中国化は水稲耕作技術の導入だった。この技術は、中国と領域を接し先に中国化していた朝鮮半島から、間接的に伝来した。しかし初夏に水田を整え、秋になると黄金色に彩って稔った稲を刈り取る光景がもたらされた。それは東アジア世界（中国・朝鮮・日本）の景観を同じものとした。景観そして米食の習俗の受容から中国化が始まった。

稲作社会は非等質性をともない、階層差をもたらす。階層はやがて階級に変質し、首長層を出現させる。前漢（中国では前漢・後漢を西漢・東漢という）の武帝の馬弩関制の廃止を契機として、日本（倭）に鉄製武器や前漢鏡など、漢の文物が流入するようになる。首長たちは前漢からもたらされた鉄製武器を帯び、前漢鏡やガラス璧などを権威の象徴とするようになる。

さらに首長たちは漢に使節を派遣し、漢字・漢文を学ぶ。学ばなければ交流が不可能だからである。こうした努力が交流を盛んにするとともに、「漢委奴国王」金印のような印綬を受け、漢の傘下に入るようになる。印綬の授与によって成立した漢を宗主とする冊封体制的な関係、これを私は金印国家群とよぶが、その一員になっていく。

弥生時代の約六〇〇年は、前期・中期・後期の各約二〇〇年に三分される。それは中国の戦国・前漢・後漢の三期と対応している。つまり中国の画期が影響し、弥生時代を分期させている。後に経験する奈良時代の中国化の先駆けがここにある。

それまでの縄文時代は、朝鮮半島と直接的・間接的に交流し、中国文化は朝鮮半島から間接的に伝わってきた。日本の視点は朝鮮にあり、水稲耕作技術体系や鉄製農工具の受容においても、背後の中国を意識したことはないだろう。日本の対外認識は朝鮮に限られていたが、知らず知らずに中国文化の恩恵に授かっていた。

ところが弥生時代中期になると前漢との直接交流が始まり、日本は急速に近代化していく。具体的な資料は無いが、前漢の朝廷で倭の使節は漢字漢文を巧みに操り中央アジアや東南アジアの使節と話す機会もあったろう。少なくともその条件は整えていた。

倭の視点は、朝鮮半島から東アジア、東アジアから金印国家群と枠を広げていく。それは遣唐使の派遣によって唐化を進め制度・文物を整えた奈良時代、あるいは欧米の知識を積極的に取り入れて近代化を図った明治時代を彷彿とさせる。

積極的に先進文化を取り込み、その時々の近代化を遂げる日本の原風景と、それを促進させる中国の影響が弥生時代にはある。

漢の影響を論じた書は中国にあるが、影響を受けた日本の発展はあまり知られていない。『金印国家群の時代』中国語版の刊行が日中の相互理解に寄与できればありがたい。

切手は文化財の宝庫

整備された大宰府政庁跡の傍らに大宰府展示館がある。発掘された石組溝をそのまま展示し、周りに出土遺物を陳列しながら大宰府の概要を紹介している。

この展示館から開館一周年記念展の相談をされたことがある。予算を聞いて驚いた。わずか二万円だった。これでは何もできないと思ったが、勤務先の九州歴史資料館から資料を持ち込むとともに、「古代の食卓」と「身近な文化財・切手」を考えた。

食卓は、福岡市にある博多曲物屋さんに行き、格安で膳をこしらえていただいた。さらに筑紫野市にある高取焼《たかとりやき》の窯に大宰府出土の土師器を持参し、事情を話してタダで再現していただいた。その再現土師器を持って食物サンプルの店に行き、大宰府で食べたであろう食物を盛り付けていただいた。事情を理解してご協力いただいたご好意で、官人の食卓と庶民の食卓が約一万円で再現できた。残りの一万円で大きな額と切手を少々買った。

切手には文化財をデザインしたものが多く、私たちが親しむ身近な文化財案内になっている。幸い切手収集が趣味の職員がいたので借り、いくつか買い足した。額と合わせて一万円ほどしかなく、不足したのでそこは私費で補った。

展示は好評だった。

復元食卓は、その後、九州歴史資料館の展示に活用されている。額入りの切手は、貸してくれた職員がバラバラにするのは惜しいといって寄贈してくれたので、資料館の副館長室で飾りにしていた。新築移転したので今はどうなっているのだろうか。

大学に移ると、大学入学試験の問題を出題する機会が多くなった。あるとき、文化財切手を図示し、建築物の築造年や絵画作品の作者名を問う問題を考えた。

菱川師宣に「見返り美人」という作品があり、切手になってい

復原した大宰府の上級官人の食卓

る。これを図に示し、作者の菱川師宣を問うことにした。しかし、先の展示のときに個人的に文化財切手を買っていたが、高額な見返り美人はもっていなかった。切手カタログをみると、未使用が一万八〇〇〇円、使用済みでも九〇〇〇円した。

東京に出かけた折りに、見返り美人を求めて古切手の店に寄った。使用済みが何枚もあったので、見比べた。入試問題に使うので、消印で図像が見難いのは困るからだ。

その様子を見ていたご主人が「何かに使うのですか」と聞かれた。こちらのことはまったくわかっていないので、正直に「試験の問題に使おうと思っているのです。だからできるだけ鮮明なものを探しています」と答えた。「そういうことに使ってもらえるなら切手も喜びます」と言われるご主人は、未使用の切手を使用済みの値段で売ってくれた。

問題に使用した後、私のストックブックに収まっている。切手を見るたびに、この一件を思い出している。

ヒスイの勾玉

近くを流れる御笠川《みかさがわ》は川岸の桜が美しく、よく散策する。川面にはさまざまな鳥が群れている。なかでも緑色、青緑色、栗色で身体を飾るカワセミ（川蝉）は飛ぶ宝石といわれるように美しい。ヒスイともよび、翡翠と書く。空を飛ばない宝石にもヒスイがある。やはり翡翠と書く。

ヒスイは火山由来のオフィオライト帯で蛇紋岩《じゃもんがん》が変成されてできた硬玉だ。著名な台湾ヒスイは軟玉ヒスイで、硬玉ヒスイとは別物になる。

ヒスイの産地はミャンマー・グァテマラ・アメリカなどが知られている。ミャンマーに接する中国雲南省でも採れるらしく、省都の昆明には翡翠宝石商が多い。

日本では、新潟県糸魚川《いといがわ》市一帯の産出が知られている。知られているといっても戦後のことだ。大珠などのヒスイ製品が縄文時代の遺跡から出土することは、戦前から知られていた。当時、日本で産出することは考えられていなかったので、縄文時代に日本とミャンマーとの壮大な交流を考察することもあった。

ヒスイが日本でも産出するであろうことは、昭和一五（一九四〇）年前後に糸魚川市小滝川でヒスイの原石が発見され、わかってきた。さらに、昭和二九（一九五四）年、糸魚川市で長者《ちょうじゃ》ケ《が》原《はら》遺跡が発掘調査され、ヒスイ原石の採取と玉作りが実証された。縄文時代中期の竪穴住居はヒスイ製品の製作工房だった。遺跡は整備され、近くのフォッサマグナ博物館でヒスイが展示されている。

現在では、熊本・長崎・岡山・鳥取・兵庫・静岡・埼玉・群馬・北海道で産地が知られている。それぞれ成分が違うが、出土するヒスイ製品のほとんどは糸魚

貴州省博物館で購入したヒスイ付装飾品

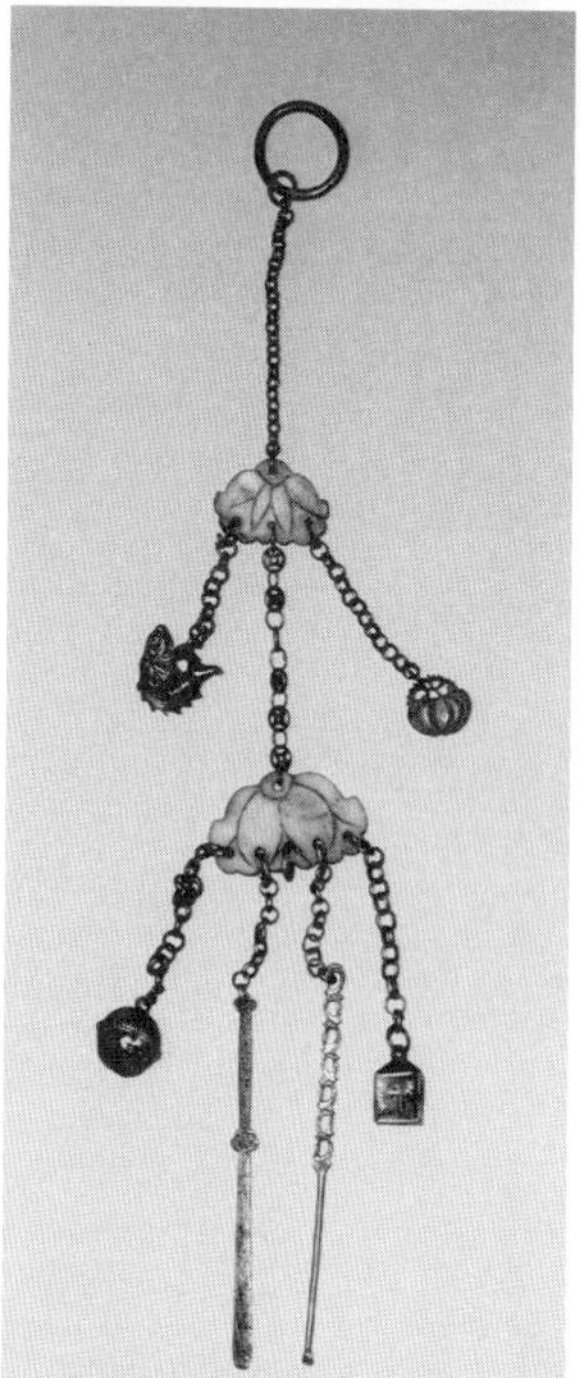

川産で、沖縄県にまで及んでいる。産地と出土地を結ぶ縄文時代の壮大な流通網が想定できる。

糸魚川産のヒスイとミャンマーのそれは成分が似ていると聞いたので、参考に買おうと昆明で宝石店を覗いたが、高価すぎて手が出ない。ところが、貴州省博物館の売店で骨董の首飾りを安く売っており、ヒスイがあしらわれていたから購入した。成分はわからないが、見た目は確かに似ている。

富山県北の宮崎海岸でヒスイが採れる。糸魚川産地の西端なのだ。

富山県埋蔵文化財センターの酒井重洋さんに案内していただき、一時間ほど探してみた。綺麗な石が多く、ヒスイまがいもあった。拾っても拾ってもヒスイは無く、結局ゼロだった。酒井さんがあらかじめここに来て、一センチくらいのヒスイの塊を拾っており、それをいただいた。ヒスイまがいの石と違い、加工されていなくとも綺麗だった。何よりもヒスイの特徴である透光性があった。

弥生時代の遺跡からヒスイの勾玉が出土することがある。その数は青銅製武器を副葬する墓よりも少ない。勾玉は装身具だ。青銅製武器を帯びる人のなかでも選ばれた、きらびやかな他を圧する衣服を身に着けた首長層の襟元を飾ったのである。

ヒスイの勾玉の優品は北部九州に多い。彼らは産地が遙か彼方であることを知っていた。そこで、ダイヤモンドがないから人造ダイヤを作ったように、弥生人も人造ヒスイを作った。それがガラスなのだ。

風呂と湯

温泉国の日本は各地に湯が噴き出ているから湯は昔からある。風呂はどうだろうか。

一般に風呂は、身を浄くして仏に仕えるために、仏教とともに伝来したといわれている。確かに古代寺院には浴堂があったが、蒸し風呂だったらしい。「延喜五年観世音寺資財帳」温室物章をみると、長六メートル、幅五メートルほどの草葺の建物がある。鉄釜が一口あるというから、これで湯を沸かし、湯気で蒸したのだろうか。しかし釜の尻に穴があいていると注記されているから蒸せなかった。

平安時代末期に後白河上皇が撰んだ今様歌詞集の『梁塵秘抄《りょうじんひしょう》』に、「次田の御湯の次第は、一官二丁三安楽寺、四には四王寺五侍、六膳夫、七九八丈九傔杖、十には国分の武蔵寺、夜は過去の諸衆生」と、次田《すいた》の湯（現在の筑紫野市二日市温泉）の入浴順が示されている。二の丁は寺、七の次の九は大の誤りで大山寺を指す。寺の一字でわかる寺は安楽寺・四王寺・大山寺・国分寺・武蔵寺の上位にある観世音寺を意味する。武蔵寺は温泉道場の異称があった。

面白い記録がある。寛治六（一〇九二）年に観世音寺領黒島荘の作人が大宰府湯打板役を免除されている。黒島荘は朝倉市甘木にあり、原鶴《はらづる》温泉に近い。しかも原鶴温泉の辺りは観世音寺領杷木《はき》荘に含まれる。しかし大宰府湯打板役とあるからこれは次田の湯（二日市温泉）であろう。湯打板役がどのような仕事であるかもわからないが、群馬県草津温泉の湯もみを思わせる。次田の湯であれば直線で約一七

今でも湯治客の多い次田湯（二日市温泉）
（福岡県筑紫野市）

キロ歩かなければいけないから、大変な労苦であり、その免除は大歓迎であったろう。

観世音寺が湯打板役を引き受けるなど、大宰府の諸寺が風呂よりも湯（温泉）を好んだことが偲ばれる。

江戸時代になると家に設ける内風呂が始まった。据風呂《すえふろ》といい、風呂に張った湯に首まで浸かって疲れを癒した。しかし内風呂は普及するまではいかず、大衆は公衆浴場を利用した。戸棚風呂とよばれたが、焼いて熱した小石に水をかけて湯気を出し、上半身を蒸した。下半身は浴槽に張った湯に浸かった。ふつう混浴だった。

大学院生のときに大牟田市古城山古墳の発掘調査を行った。事前調査で泊まった旅館の隣の風呂屋に入って、驚いた。入口は男女が分かれていた。浴室に入ると、浮世絵でみるような木製の浴槽があった。男女を分ける仕切り板が入口から浴槽に延びていたが、途中で終わる。だから浴槽は混浴だった。

久留米市吉木下馬場《よしきしもばば》古墳の石室と装飾壁画を調査したときは、もっと強烈だった。食事しくつろぐ居間は土間に面していて遮るものがない。土間には竈や炊事場がある。料理する奥さんやお嬢さんの目の前に風呂がある。居間からも炊事場からも丸見えだった。

入浴するのが恥ずかしかったが、これはお嬢さんも同様に風呂をつかうのだと気付いた。そのうち入浴されたが、慣れているから堂々とされていて、こちらが恥ずかしかった。戸棚風呂の混浴もこんなものだろう。

弥生時代と弥生文化

弥生時代といい、弥生文化という。

弥生時代は水稲耕作が定着した農耕社会をいう。水稲耕作の定着だからコメ（米）、大陸系磨製石器など稲作にともなう資料の出土と広がりが重視される。

考古学は年表の代わりに、土器の出現を順序立てた土器編年を時間の尺度にする。北部九州でいえば縄文時代の最後の土器は夜臼式で、弥生時代最初の土器は板付Ⅰ式になる。

稲作しないはずの縄文時代、夜臼式の段階の稲作遺跡が増え、炭化米の出土も続いた。

そこで佐原真さんが、縄文時代末期は水稲耕作をしているから、これを弥生時代早期とよぼうと提案された。多くの研究者が同調され、定着している。

しかしこれは間違っている。日本列島の大部分は縄文社会であり、弥生時代早期とよべるのは佐賀県と福岡県の玄界灘に面した平野部くらいなのだから。日本列島の九九％以上が縄文社会なのに、弥生時代などとよぶのは僭越だろう。

日本の時代は、旧石器・縄文・弥生・古墳時代は文化の特徴、飛鳥・奈良時代から江戸時代までは政権の所在地、明治時代以降は天皇の在位期間で画期を決めている。そうであるならば九九％以上の縄文社会と、一％に満たない新たな弥生早期社会が並立すれば、それは縄文時代だ。

この誤りは佐原さんが時代と文化を混同したことにある。

最古の水田の構造（福岡市板付遺跡）

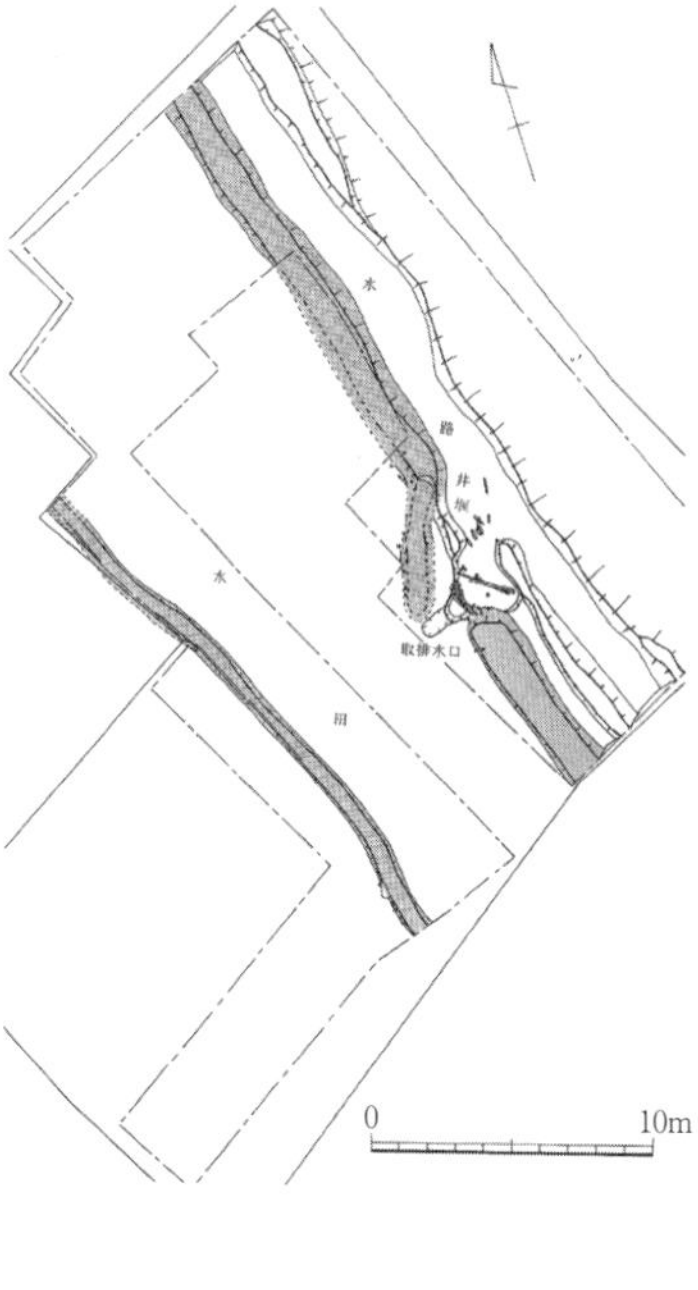

縄文時代の北部九州に朝鮮半島から新たな文化、無文土器文化が伝わり、縄文社会を変えていく。この新たに渡来した列島版朝鮮無文土器文化を弥生文化という。ごく限られた地域であってもそこに弥生文化が誕生したのだ。それを弥生文化早期というのは正しい。

岡崎敬の黒船論というのがある。

江戸時代末期の嘉永六（一八五三）年、ペリー提督が率いる黒船（軍艦）四隻が浦賀にあらわれ、以後急速に文明開化が進む。政治にも及び、江戸幕府の倒壊をもたらし、明治維新となる。この場合、歴史の画期は黒船来航ではなく、明治維新になる。

岡崎敬先生は、これを例えに、水稲耕作の伝播が黒船来航、その定着は明治維新とされ、板付Ⅰ式期からを弥生時代とされた。これが黒船論で、傾聴すべき卓見だ。

弥生文化の時代が弥生時代なのだろうか。弥生文化が到達しなかった北海道の文化を続縄文文化というからそう思えないこともない。青銅器文化の時代を青銅器時代ということもある。しかし弥生時代＝弥生文化ではない。安土桃山時代にキリスト教文化、南蛮文化が入ってきたが、キリスト教時代、南蛮時代といわないように文化と時代は必ずしも一致しない。だから縄文時代末期に弥生文化があってもおかしくない。

私は弥生時代早期を踏絵にしている。弥生時代早期という研究者がいると、まず、不勉強な研究者ではないかと学識を疑っている。

邪馬台国所在地論解決の決め手

邪馬台国がどこにあるのか、興味ある謎だ。

これを解決する方法が一つある。

邪馬台国の女王卑弥呼は「親魏倭王」金印を下賜された。だから親魏倭王印が出土すれば決まるのだろうか。否である。印は持ち運びできるから、邪馬台国から持ち出されたかもしれないからである。同じように話題の三角縁神獣鏡も移動できるから駄目だ。

しかし移動しないものが一つある。

卑弥呼に金印を下賜したのは魏三代皇帝の少帝芳だ。下賜された金印は帯方太守弓遵にいったん預けられる。絳地交龍錦・絳地縐粟罽や五尺刀・銅鏡などの下賜品は難升米・牛利らの使節に見せ、実物を確認させた後に、笥（竹製行李などの箱物）に入れて梱包する。使節は下賜品の目録を受け取るのみなのだ。これは『魏志』倭人伝に、「今汝を親魏倭王となし、金印紫綬を仮し、装封して帯方太守に付し仮授せしむ」、「皆装封して難升米・牛利に付す。還り到らば録受し」とあることからわかる。金印と下賜品は翌年帯方太守弓遵が倭に派遣した建中校尉梯儁に持参させる。

これについては先に「金印をどう使ったのか」で述べたが、視点を変えて再説しよう。

日本に到着した梯儁は、倭国に入国するにあたって、港で入国審査と税関審査を受ける。遺物の出土状況からみて、伊都国の港にあたる糸島市の御床《みとこ》・新町《しんまち》遺跡でのことだろう。

ともあれ梯儁は運んできた下賜品を港で提出し、難升米らは先に受け取っていた目録と対照し、下賜品の異同・過不足を照合する。「録受」である。録受を倭人伝は「王、使を遣わして京都・帯方郡・諸韓国に詣り、および郡の倭国に使するや、皆津に臨みて捜露し、文書・賜遺の物を伝送して女王に詣らしめ、差錯するを得ず」と具体的に述べる。

このとき笥は開梱される。しかし金印を収めた笥は開梱されない。

邪馬台国に運ばれた下賜品（賜遺の物）は卑弥呼に届けられるが、金印は帯方太守によって派遣された少帝の代理である梯儁から直接卑弥呼に渡される。だから金印の梱包はここで開けられる。

書かなかったが、梱包された包・笥は誰にも開けられないように仕掛けがある。

笥（箱）を一本の紐・縄で縛る。紐の交差部を凹状に細工した板を当て、粘土で紐を詰め、印を捺す。現在使われている印鑑は文字が彫りだされているが、「漢委奴国王」金印など漢魏の官印は文字が彫り込まれていた。それは粘土に捺した印を読みやすくする工夫だった。これを封泥という。

下賜品を収納した笥は伊都国の港で開かれたが、金印のそれは卑弥呼の元で行う。包を開く際に封泥はこわれるが、ただのゴミだから、捨てられる。中国の皇帝は六種類の印を使うが、外国の王を封ずるのに使われるのは「天子之璽」印だ。

そうであっても割れた封泥はゴミでしかない。だから「天子之璽」の文字のある封泥が出土したところが邪馬台国なのだ。

中国の官印は一辺一寸に造られるが、皇帝・皇后は例外の一・二倍大。一寸

皇帝・太守印の捺された封泥

皇帝信璽　漁陽太守　右北太守　玄兔太守

は二・三四センチくらいだから、皇帝印の一辺は二・八センチくらいになる。封泥はそれより一回り大きいが、開封の際に割れている公算が大きい。しかしこれが決め手。

封泥のかけらが見つかるまで、邪馬台国探しを楽しもう。

漢委奴国王金印の偽物

交流している吉林大学から開学五〇周年行事に招待されたのは平成八（一九九六）年だった。行事を終えた帰途、田中輝雄西南学院大学学長、古屋靖二国際センター所長とともに北京に寄った。建国飯店に宿泊したが、近くに小さな骨董屋があった。

時間つぶしに見ていると亀鈕印があり、印面に「漢委奴国王」とあったが、福岡市博物館蔵の金印とは似ても似つかなかった。こんな下手な偽物と思ったが、真贋論争のある志賀島出土の金印とかけ離れた造りに、実物を知らない人が偽造するとこうなるのかと見入ってしまった。

何かに使えそうで買おうかと迷った。一二〇元。当時のレートは一元一三・五円だったから約一六〇〇円。安いものだと思ったが、値切った。ところが一〇〇元にしかまけてくれない。ふつう六〇～八〇元くらいまではまけてくれるのに。

迷っていると、偶然、田中学長が通られた。「授業で一回使えば元を取りますよ」と言われるので、買った。

授業で使った。漢の印の制度を講義し、福岡市博物館の売店から買ってきた本物の忠実なレプリカの金印と偽印を並べ、さらに『秦漢南北朝官印徴存』などの官印の写真・拓影集をゼミ生に見せて、違いを観察させた。どこに違いがあるかを、翌週答えさせた。

あまりに違う。まず偽造印は金印でない。亀鈕の甲羅を金色の象嵌で飾るが、甲羅自体は金でも金メッキでもない。

福岡市博物館の印は蛇鈕なのに亀鈕であるのも違う。正確にいえば、亀に角があり、甲羅も亀甲文で無いから、類例のない贔屓鈕なのだが。ともかく学生は鈕の違いを指摘した。前漢に定まった「漢旧儀」にしたがえば王は亀の形、諸侯王はラクダ（駱駝）の形をした鈕を使うことになる。今は、多数の例から駱駝鈕は北方少数民族の諸侯王に下賜する印の鈕形ということがわかっているが、それにしても「漢旧儀」に蛇鈕は無い。

大きさが違うという指摘も全員がした。漢の官印は「漢旧儀」で一辺を一寸にするよう規定されている。後漢の一寸は二・三四センチくらいだが、この偽造印の一辺は四・六センチもある。一辺一寸の制度も漢代の一寸の長さもこの偽造者は知らないのだ。

偽造印は漢委奴国王の五文字を、現在の印と同じ、文字部分が印字される陽刻になっている。しかし当時は、官印の主要な用途に、文書や梱包物の不正な開封防止用に緊縛する紐の交差部分を粘土で閉じた封泥に捺すことがあったから、文字を彫った陰刻のはずだ。実際、『秦漢南北朝官印徴存』に膨大な数の官印が載っているが、すべて陰刻されているという意見も多かった。

套印《とういん》になっている。ゼミ生は套印の言葉は知らなかったが、贔屓鈕の顔の下の側面に入れ子のように二つ

北京で買った「漢委奴国王」金印の偽物
左上の印は福岡市博物館蔵金印の精巧なレプリカ

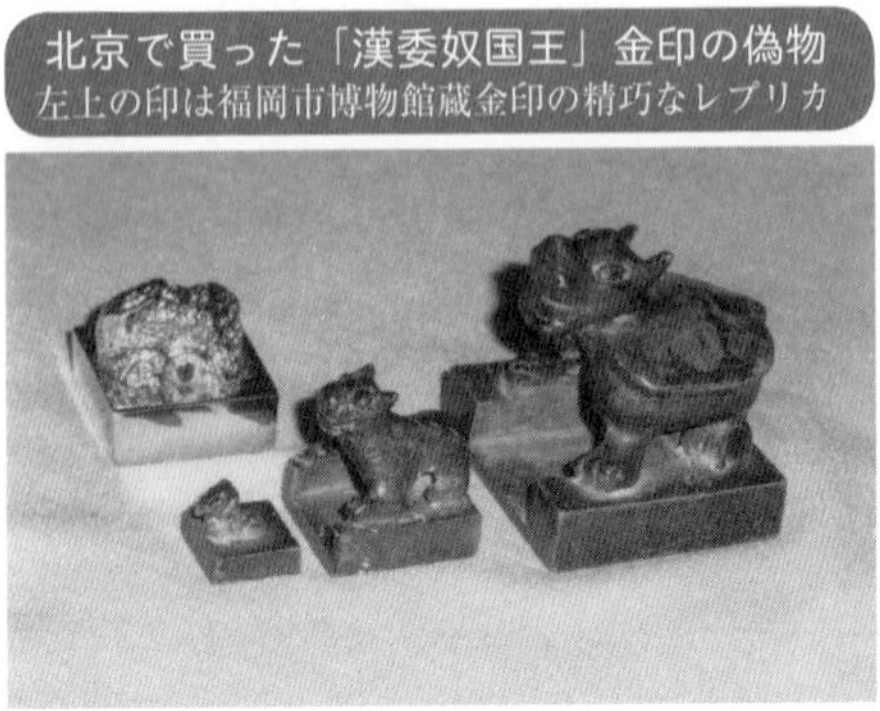

の印が収められている。これは私印にあるが官印には無い。

学生はさまざまに違いを指摘した。福岡市博物館が所蔵する志賀島出土「漢委奴国王」金印も「漢旧儀」と整合していない。漢の印制のままであれば奴国王に下賜した印は王用の亀鈕か、諸侯用の駱駝鈕でなければならない。しかし現在知られている資料では、倭が含まれていた西南少数民族には蛇鈕印が下賜されている。偽造者はそれを知らなかった。志賀島印を偽造するとしたら、「漢旧儀」にしたがって亀鈕か駱駝鈕にすべきだったが、蛇鈕にしている。偽造者に卓越した知識があったにしても蛇鈕は無理なのに。近年の考古学研究の成果がもたらした知識なのだから。

「漢旧儀」には合わない部分があり、近年の成果には合う。それはなぜだろうか。金印が本物だからだ。

北京で買った偽造印は私の宝物。購入を勧めてくれた今は亡き田中学長に感謝したい。

考古学エレジー再び

作家の澤宮優さんに『「考古学エレジー」の唄が聞こえる』という作品がある。副題に「発掘にかけた青春哀歌」とあるように、考古学に憧れ発掘に汗を流す高校生と、大学で考古学を学ぶものの就職のみえない大学生が主人公だ。

私の高校生時代の前後、考古学に憧れる高校生がたくさんいた。彼らを考古ボーイという。澤宮さんは考古ボーイを、「受験勉強もせずに山野を駆け巡って土器や石器を採集して楽しみ学ぶ若者のことです」と紹介している。取材で語った私の言葉の引用だが、こんなものだろう。受験勉強をしなかったのは私のことだけど。

当時、各地で遺跡の発掘が盛んになっていた。行政が担当するが、行政には考古学の知識・経験のある担当者はほとんどおらず、発掘の予算も計上されていなかった。そこに考古ボーイの活躍の場が生じた。母校の筑紫丘高校では考古ボーイは郷土研究部の部室に集った。遺跡の発掘が始まるとそこに考古ボーイが行く。作業員賃金など計上されていない時代なので、高校生の若い力で発掘は進んだ。ボランティアの走りだった。

行政に調査体制が完備した現在、発掘調査の現場は調査関係者以外立入禁止になり、考古ボーイの立ち入る余地は無くなった。

こうして考古ボーイは絶滅危惧種になってしまった。

人力頼りだった昔の発掘（大牟田市古城山古墳にて）

考古ボーイが活躍した時代、大学で考古学を学ぶ学生は少なかった。学べる大学そのものが少なかったからだ。数少ない大学で考古学を学んでも職は無かった。

九州大学で考古学を学んだ私にも職は無かった。鏡山猛・岡崎敬両先生の「考古学を学んで職の無い人でも、飢え死にした人はいません」という過酷な激励で大学院に進んだ。このころに酒の席で歌われたのが考古学エレジーだ。

「街を離れて野に山に、遺跡求めて俺達は」で始まる歌詞は、「あの娘は良家のお嬢さん、おいらはしがない考古学徒、どうせ叶わぬ恋ならば」と将来への展望の開けない境遇を哀しく歌う。

この歌は熊本県教育委員会に勤めた島津義昭さんと宮崎大学の教授になった柳沢一男さんが國學院大学の

学生時代に作詞されている。私の大学院生のころ、島津さん、柳沢さんは福岡市教育委員会に勤めておられ、酒の席でよく一緒に歌った。

今、考古学エレジーは歌われない。

一九七〇年ごろから、行政に埋蔵文化財担当職員が採用されるようになってきた。池田勇人首相や田中角栄首相が声高に叫ぶ日本列島改造の嵐が遺跡の発掘調査を激増させ、担当職員の増加をうながしたのだった。

担当職員の必要性は考古学を学べる大学を、そして学生を育成する大学教員を増加させた。担当職員は公務員。公務員職員と大学教員になった考古学徒は、考古学エレジーの世界を一変させた。汚れた服で現場に立っていた姿が支給された綺麗な服に変わり、皆、エリートになった。

発掘調査に参加する機会を失った考古ボーイは、受験戦争の激化、行政・大学考古学の繁栄の陰で絶滅が危惧されている。

考古学研究者の重要な補給源であった考古ボーイの減少は、考古学研究を希望する学生を減らしている。考古ボーイを発掘の現場から締め出し、貴重な後継者の供給源を自ら絶った考古学は、今、希望者が減少している。考古ボーイでなく、考古学そのものが絶滅危惧種にならないよう、祈っている。

漢字漢文を駆使する倭人

奈良国立文化財研究所（現・奈良文化財研究所）を訪れたところ、旧知の町田章さんから「チョット付いておいで」と誘われた。車で行った先は元興寺文化財研究所の研究棟だった。
鉄剣の錆を落とす作業がていねいに行われていたが、金で象嵌された文字が鮮やかによみがえっていた。辛亥年銘《しんがいねんめい》稲荷山《いなりやま》古墳出土鉄剣だった。

埼玉県行田市の稲荷山古墳が発掘されたのは昭和四三（一九六八）年のことだったが、二〇年後に副葬された鉄剣から銘文が発見されたのだった。銘文には、この地を支配する乎獲居臣の系譜と、乎獲居臣が獲加多支鹵大王（雄略《ゆうりゃく》天皇）の斯鬼宮に出仕し、杖刀人の首（武官の長）を代々務めたという内容が万葉仮名混じりで象嵌されていた。

辛亥年は古墳の年代からみて四七一年。倭人の漢字使用のもっとも古い例になった。しかし倭人の漢字使用はもっと古いと私は考えていた。『魏志』倭人伝に「文書」や「倭王、使に因って上表し」など漢字漢文を理解している内容があるからだ。

そこで『考古学ジャーナル』誌の巻頭言で、弥生時代に文字資料が存在する可能性があるから、発掘に際して注意するよう喚起した。反応は多かったが、大半は否定だった。

九州国立博物館誘致運動の一環として、福岡で『ミュージアム九州』という雑誌が刊行されていた。編集を担当していた私に、懇意にしていただいていた西嶋定生さん（当時・東京大学教授）が「文字をテーマにした特集を組みませんか。応援しますから」とおっしゃる。そこで「文字と国家」を特集した。

約束通り、西嶋さんは「漢字の伝来」と題する一文を寄せてくださった。そこには外国の王の使者が漢帝と会うには上表が必要なこと、その上表はかねて授与していた印で封印されていることが必要であったと書かれている。封印された表という文書が必要なのだ。それは漢が文書外交を原則としていたことを示している。倭が漢字を学ぶのは必然だった。

資料が追っかけてきた。三重県津市の安濃大城《あんのうおおしろ》遺跡出土の二世紀半ばの高杯には奉・幸・年などと読みは一定しないが、漢字が刻まれていた。近くの松阪市貝蔵《かいぞう》遺跡からも田字を墨書した壺が出土している。何で墨書したかはわからないが、同じ貝蔵遺跡で出土した三世紀初頭の壺には人の顔が墨と筆で描かれている。倭の北岸狗邪韓国《くやかんこく》の王墓茶戸里一号木棺墓は紀元前一世紀後半の墓だが、毛筆が副葬されていた。墨・筆、そして文字はあるのだ。

平成二九（二〇一七）年度の九州考古学会で柳田康雄さん（國學院大学教授）から福岡県筑前町薬師ノ上《やくしのうえ》遺跡出土の石製硯の報告があった。類例が楽浪漢墓や島根県松江市田和山《たわやま》遺跡、福岡県糸島市三雲番上《みくもばんじょう》遺跡などで出土している。

筆記に必要な文机が、福岡市の雀居《ささい》遺跡や今宿五郎江《いまじゅくごろうえ》遺跡など九州各地で出土している。そこに石硯、毛筆の使用痕、そして墨書土器。

弥生人に漢との交流に必須の漢字漢文を習得していた者がいたことは間違いない。

最初期の文字と筆で描かれた人面墨書土器（三重県松阪市貝蔵遺跡出土）

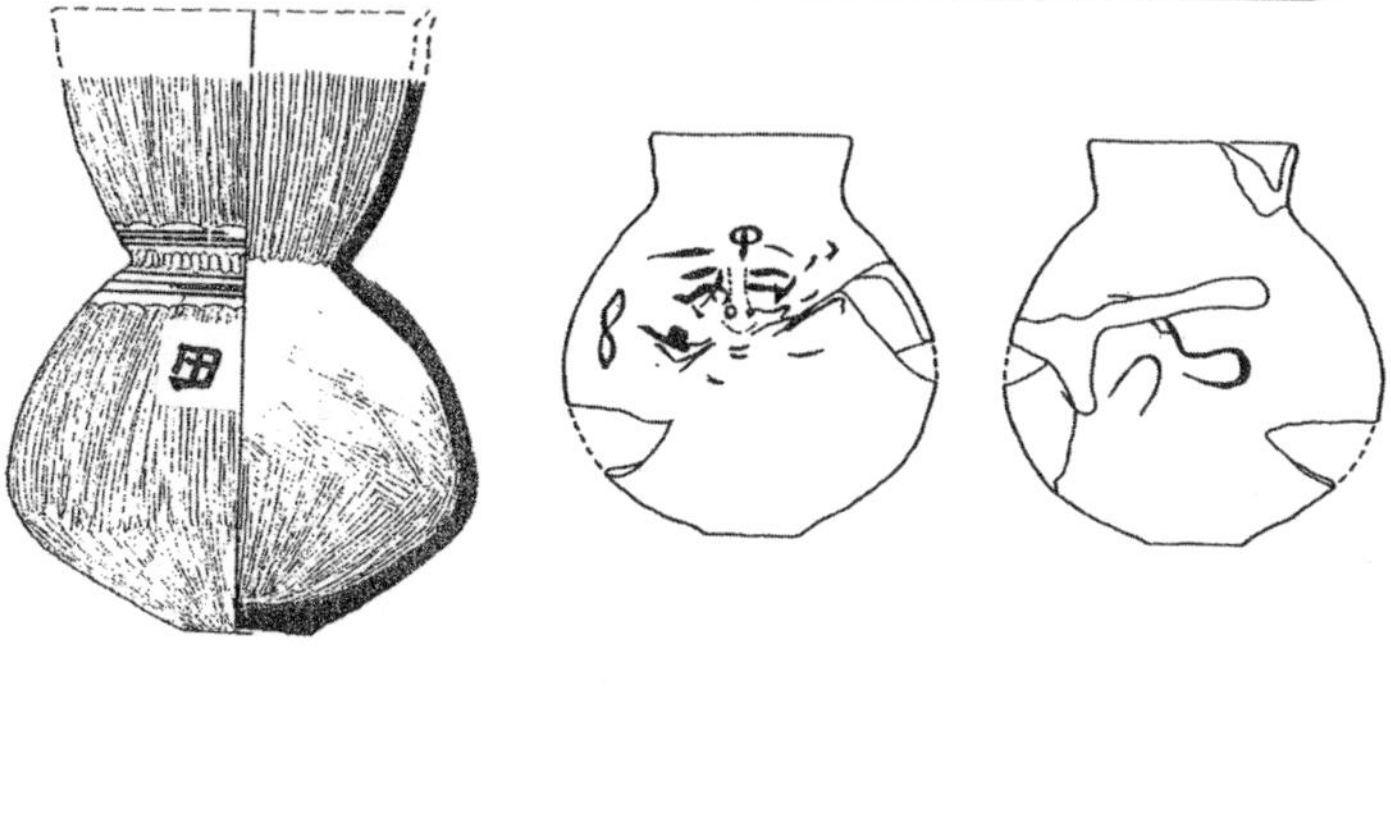

工芸箸の美

箸を収集している。

箸は食事に実用するから本来装飾性はない。

福岡では正月の雑煮を栗箸で祝う習慣があった。栗の木の枝を二本揃え、箸先と頭部を削って作る。箸軸の握る部分は皮付きのままで、飾り気はまったくない。

この素朴な箸は栗箸ばかりでなく、梅箸や桑箸・梨箸などいろいろとある。そこらに生えている木の枝を切って先を削れば簡単にできる。現在もっとも古いと考えている福岡県古賀市の鹿部東町《ししぶとうのまち》遺跡から出土した弥生時代の箸も、樹種はわかっていないが、同じ作りになっている。これが日本の箸の祖型だろう。

この系譜にあるから、食事用の箸は木や竹を削っただけのものが多い。もともと一回だけの使い捨てだったらしく、装飾性はない。やがて繰り返し使うようになると漆を塗った塗箸があらわれる。黒漆塗りの簡素なものから螺鈿仕上げ、蒔絵仕上げへと装飾性が増してくる。こうして工芸箸への道が開ける。

工芸箸は中国にもある。河南省南陽市は漢代の画像石（墓室の壁に組み込む画像を彫刻した長方形の石）で有名な街だ。ここを訪れたときに名産の土産として天下第一筷というのを売っていた。筷・筷子は箸のこと。南陽烙画筷といい、ケースに一〇組二〇本の箸を並べたものを買った。烙印を捺すというが、箸を並べたキャンバスに焼け焦がした印面を押し当て細密な絵を描いている。

旅の途中だから二〇本入りにしたが、五〇本入りの見事な作品もあった。しかしこの箸、使うと図柄が崩れてしまう。食事用ではなく飾りなのだ。

烙画ほどではないが、木や竹に図柄や文字を彫ったりして描いたものがある。木・竹製ばかりでなく、軟玉製・陶製・ガラス製、銀や銅・真鍮などの金属製、象牙や鹿角などの骨角製などもある。食事用なのだけれども装飾される。紫檀の、一本は鶴、もう一本には亀を彫った夫婦箸をもっているが、目出度い。

これらは装飾された箸だが、工芸品もある。

北海道土産に箸の軸に彫刻を施している蝦夷箸を買った。頭部を刳り抜き、鎖形の鈴を付けているのもある。軸と鈴は一本作りで鎖彫箸という。一位（オンコ）の木で作るからオンコ箸ともいう。チラシにアイヌ民族のみがもつ独特の箸とあった。

象牙箸には芸術的な箸が多い。頭部を土筆《つくし》形に削り、胴部に茎の袴をあしらった写実的な姿の箸がある。一対の鳩や船の櫂になっているものもある。開花せんばかりの椿を削り出している箸は私の所蔵品の白眉だ。使ってみたら使いにくく、実用品ではないことを体感した。

中国でも象牙箸は高い。にもかかわらずホテルのバイキングでも象牙箸を使うところが多い。聞いてみると像牙という。象牙でなく像牙。箸屋でも像牙筷、像骨王などとして売っている。

像はプラスチックのことだ。実用的工芸品かもしれない。雲南省では高地に棲む多毛のウシ科の動物ヤクの骨で作った箸を売っている。よく見ると日本製が多い。箸の軸にかすかな凸線があり、型の合わせ目がわかる。ヤクの骨でなく、これも像牙だった。

さまざまな工芸象牙箸

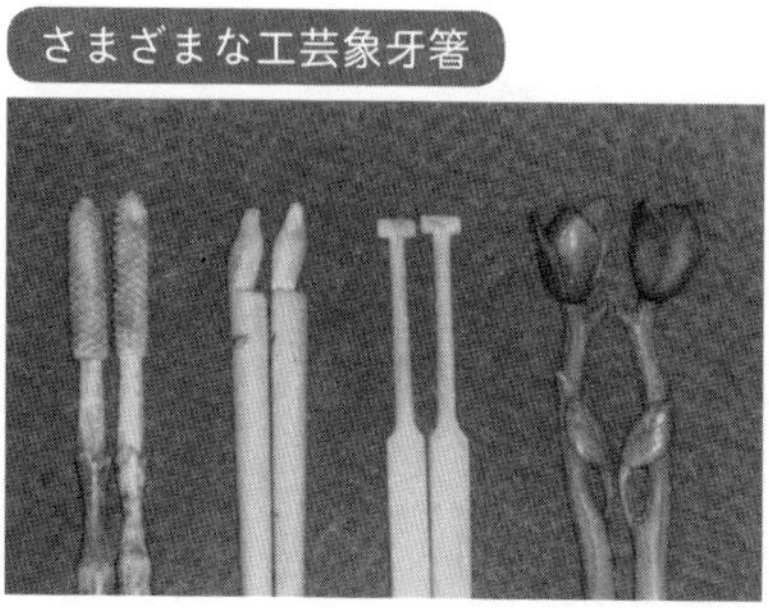

柱時計の針に箸を使うような応用になると工芸は無限に広がるから、箸の収集には限りがない。

魔除けの鏡

今、鏡は姿見、ことに顔を映すのに使われる。

ところが姿見とまったく違う使い方がある。

権威の象徴だ。ことに弥生時代の九州はそうで、円形に反射する鏡面が太陽に、鏡をもつ人が太陽の化身にみられたのだろう。

漢代の中国でも、面径が一八センチを超えるような大きな鏡は皇族や高級官人の墓からしか出土しないので、権威の象徴であったと考えられるし、唐代の盤龍鏡《ばんりゅうきょう》は権威を象徴した。たとえば玄宗の「千秋節賜群臣鏡」という詩に千秋節に皇帝が群臣に千秋鏡を下賜するしきたりがあったことが詠まれているが、この千秋鏡は千秋を鋳出した盤龍鏡の例や席豫の「奉和勅賜公主鏡」に「令節頒龍鏡　仙輝下鳳台」とあることなどから盤龍鏡であることがわかる。

姿見でも権威の象徴でもない用途がある。よく目にしているが、気付かれていない。

御神輿は、京都八坂神社の祇園祭や太宰府天満宮の神幸式など、各地の神社の祭礼でよくみる。外に円板を垂れ下げた御神輿はキラキラ光っている。円板そのものもあるが、本来は円形の銅鏡を下げる。磨きあげられた鏡の面で光を反射しきらめく様が、邪悪をも跳ね返す威力と連想され、魔除けになると信じられたのであろう。

魔除けの鏡に関心をもったのは、雲南省の勐海県にあるタイ族仏教のクラチャタン寺の景真八角亭で壁に魔除けのように鏡が飾られていたので気になってからだ。

浙江省の上虞市上浦鎮で越州窯系の小仙壇窯跡を踏査したときに、いくつかの家の二階に、鏡と鋏を結びつけた笊《ざる》が飾られている光景を目にした。

もしやこれは魔除けではと考えた私はさっそく村人に聞いてみると果たして魔除けで、鏡は魔物を照り返し、鋏はそれを切断する役割を果たすという。だから鋏はナイフなどの刃物に替わっても構わない。文化大革命の前はふつうの風習だったと語ってくれた。

雲南省楚雄彝族《そゆういぞく》自治州の楚雄にもあった。昼食を摂った店の奥に、手形や呪文などを墨書した赤い布地の前に円形の鏡（ガラス鏡）が垂れ下げられている。店主に聞いてみると、魔除けという。楚雄は彝族の街だが、店主はこの辺りの漢族のふつうの習慣だという。

上浦鎮と楚雄では魔除けの方法がまったく違ったが、鏡を使う点は共通する。

私自身はこの二例しか確認できていないが、金縄初美さん（西南学院大学教授）から湖南省湘西土家族苗族自治州永順県芙蓉鎮・江西省永新県井崗山・福建省寧徳市金涵畲《ショ》族郷の例を教えていただいた。写真で見ると、芙蓉鎮と井崗山では赤い横幕に飾りの組紐を垂らし、鏡を下げている。鋏などの刃物はないが、姿見でないことは一見してわかる。金涵畲族郷

昭恵廟の魔除けの鏡（福建省泉州市にて）

の例は丸いザルに鏡と鋏を八卦文などとともに飾っている。畲族の習俗か。

雲南省勐海県・浙江省上虞市・雲南省楚雄市・湖南省芙蓉鎮・江西省永新県・福建省寧徳市での知見は魔除けの鏡の習俗の広がりを考えさせる。

福建省泉州市で名所の洛陽橋を訪れたときだった。

橋の傍ら、洛陽鎮万安村に、洛陽橋を造った宋代の泉州太守蔡襄を祀る道教寺院の昭恵廟があったので、訪れた。廟には信心深いご老人が集って、祭りの準備をされていた。日本から来た旅人を、これを食べなさい、これも飲みなさいと歓待してくれた。

廟堂を見ると、蔡公を祀る祭壇があり、その上の壁に鏡と鋏を描いた図が飾られ、「中央戊巳土勾陳勝蛇鎮〼」と印字した御札が貼られている。さらに右壁に「東方甲乙木青龍星官鎮〼」「南方丙丁火朱雀星官鎮〼」、左壁にも「北方壬癸玄武星官鎮〼」「西方庚辛白虎星官鎮〼」の御札が貼られていた。毎年一二月一六日に貼り替えるという。

銅鏡は実物から図に変わっているが、道教信仰で鏡が魔除けの役割を果たしていることを初めて確認できた。

道教思想は日本の神道や仏教に染み込んでいる。日本固有の神道だが、御神輿の魔除けの鏡は道教に由来するのではと、今のところ、考えている。

仙厓《せんがい》が眺めた観世音寺

観世音寺に、細かなことにとらわれない洒脱な画風で知られる、仙厓義梵の軸物がある。

「荒れはてし　西の都に　来てみれば　観世音寺の　入合の鐘」と、達筆で書かれている。

観世音寺の鐘を詠った軸物が観世音寺にあれば、ふつう、仙厓が寺に贈りそれが伝来したと思うだろう。しかしこれは古書店で私が購入したものだ。仙厓の研究者として知られる富田渓仙画伯のコレクションで、昭和六（一九三一）年に恩賜京都博物館（現・京都国立博物館）で開催された仙厓禅師展のカタログ『仙厓禅師墨林冊』に掲載されている。元の所有者と来歴がしっかりしているので偽物の怖れはないと思う。

出光美術館に「西都府懐古画賛」と題される軸物が五枚ある。特に内容のある「西都府古基」には、「荒れはてし　西の都に……」の歌と、観世音寺の講堂と戒壇院が稲田に浮かぶ都府楼の礎石の背景に収まる画、鐘の音を聴いたという内容の賛が書かれている。

政庁中門・南門から観世音寺にかけての眺めで、観世音寺講堂が戒壇院の左になるから、大宰府政庁の南、御笠川辺りからの景色になる。

天保四（一八三三）年、仙厓八四歳の作になる。六〇代後半に宝満山登山を繰り返し、太宰府天満宮に詣でているから、そのころを懐古しての作だろう。博多から宝満山に登り太宰府天満宮に参るには観世音寺の前を通らなければならない。だから理にかなった画である。

仙厓の「西都府古基」図

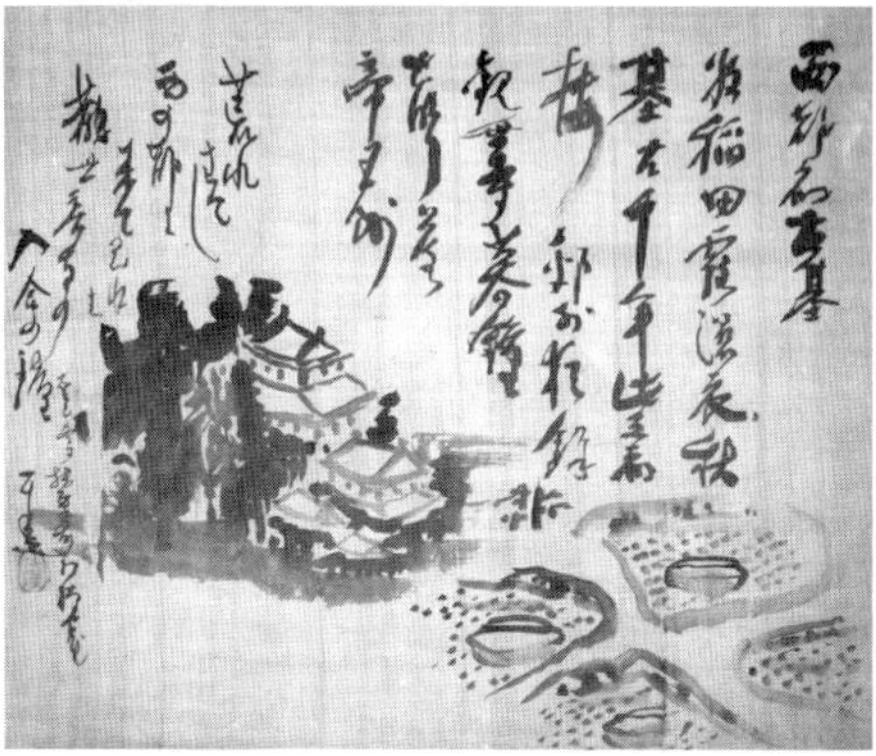

しかし仙厓は観世音寺に寄っていない。

仙厓は観世音寺の入合の鐘を聴いたというが、それは不可能だった。当時、観世音寺には鐘が無かったからだ。

寛永七（一六三〇）年、観世音寺は大風暴雨に襲われ、講堂が大破する。それまでに金堂や戒壇院が破損するなど境内は荒廃していた。復興は進まなかったが、藩主から御笠夜須両郡の村民にいたるまでの協力で、寛永八（一六三一）年に金堂、元禄元（一六八八）年に講堂が再建され、寺容を整えている。この再建途上に、荒廃を危惧した福岡藩の命令で安楽寺（現・太宰府天満宮）に鐘は預けられていて、明治初年に返還されている。文政四（一八二一）年ころに奥村玉蘭が作成した『筑前名所図会』などの地誌をみても確かに観世音寺には鐘楼が描かれていない。

日本最古の銅鐘として知られる国宝観世音寺鐘は、仙厓が太宰府に来たときには無かったのだ。では仙厓は何を聴いたのだろうか。おそらく隣の戒壇院の鐘だろう。戒壇院には元禄一四（一七〇一）年に博多鋳物師の磯野七兵衛正慶によって造られたすばらしい音色の名鐘があり、仙厓の太宰府行のときにもあったからだ。

観世音寺に鐘が無く、戒壇院にはある。つまり仙厓が聴いた入合の鐘は戒壇院の鐘だった。これは立ち寄ればすぐにわかることで、仙厓は観世音寺に寄らなかったことがわかる。

私の数世代後になると、観世音寺に仙厓自筆の入合の鐘の歌があることに疑問が無くなり、仙厓奉納の伝来品と誤解されかねない。記録を残して混乱を避けることにしよう。

多能の画師、黄文連本実

大学院生のころ、岡崎敬先生に連れられて、東中洲で飲んでいた。そこに新聞記者から電話があった。奈良県高松塚《たかまつづか》古墳で壁画が発見された第一報だった。酔った頭にはそれよりも飲んでいる小さな居酒屋を探しあてた新聞記者のすごさを感じた。

悠揚として飲まれていた岡崎先生は、一言、「明日すぐに黄文連本実《きぶみのむらじほんじつ》を調べなさい」と言われ、飲み続けられた。

翌朝、研究室で『古代史人名事典』を引きながら調べると、黄文連本実の多彩な人物像がわかってきた。高句麗からの渡来人の子孫で、天智一〇（六七一）年に水臬《みずばかり》（水準器）を献上したことから経歴が始まるが、鋳銭司、持統天皇の作殯宮司、文武天皇の殯宮への奉仕、御装司などを歴任した多能な実務家官僚だった。

黄文は黄書とも書く。奈良県薬師寺に「釈迦牟尼仏跡図」という国宝仏足石があるが、書写の由来がわかっている。それには、唐の王玄索がインドの

永泰公主墓の壁画に描かれた官女
（陝西省乾県）

鹿野園で写し持ち帰った仏足跡石が長安の普光寺にあり、それを黄書本実が写して帰国し、平城京の右京四条一坊にあった禅院に伝えたなどとある。

これから黄文連本実が唐に行っていることがわかる。実務家官僚の履歴からすれば、天智一〇（六七一）年以降は無理で、天智八（六六九）年の遣唐使に随行した可能性を考えられている。岡崎先生は、倭の国号を日本に変更することを唐に認めさせる大役をもった大宝二（七〇二）年の遣唐執節使粟田真人に同行した可能性を考えられていた。

黄文連は、百済系の河内画師とともに推古一二（六〇四）年に定められた高句麗系の黄文画師の統率者の家で、本実はここの出だ。本実自身は画師ではないが、仏足石の一件からして画心はあったのだろう。

近代絵画が発展するまで、絵画は画稿を組み合わせて描いていた。画稿は下書き原稿を指す。たとえば、陝西省西安郊外の永泰公主墓の壁画に描かれた官人像・官女像と高松塚古墳のそれは、裏返しになるがピッタリと一致するといわれている。それは永泰公主墓の壁画と共通する画稿を誰かが持ち帰り、裏返しに描線を写し取って、画を完成させたからと考えられる。

画稿は、ふつう、師匠が腕を認めた弟子に伝える。素人が望んでも入手できるものではない。そこで岡崎先生は、遣唐使の一員として唐に渡った画師が画稿を手に入れたに違いない。その候補は、画師ではないが、黄文画師を率いる黄文氏の出である本実以外にいない。仏足石を写し取った本実にはその能力がある。そう見通されていた。七〇六年築造の永泰公主墓の時期を考えると、本実は大宝二（七〇二）年の遣唐執節使粟田真人に随行したのだろう。

岡崎先生は高松塚古墳壁画の第一報を、アルコールの入った頭でここまで考えておられた。

翌朝、黄文連本実について調べた情報と、関連した書籍をまとめるよう指示された。それを大きな風呂敷に包み、「風呂敷で運ぶから、岡崎の大風呂敷と言われるんだよ」と言われながら、高松塚古墳の現場に向かわれた。

現在、黄文連本実は高松塚古墳壁画研究において制作者の一人と考えられている。壁画を見るたびに岡崎先生の該博な知識と先見性を思い出している。

ナイトの顔した鬼瓦

昔は瓦葺きされた役所・城や寺院の建物は、大棟や降り棟の端を鬼瓦で飾った。

鬼瓦といっても鬼面とは限らないが、鋭く眼光を発するように見開かれた目、怒りで膨らむ鼻と頬、歯牙を剥きだしにした口を深く彫った鬼面の大宰府政庁の鬼瓦は、きわめて写実的で政庁を守護するにふさわしい。新羅に源流をもつと考えられている。

同じ笵型で造った鬼瓦が、完全な姿を保って、大野城太宰府口城門（遠賀門）から四面出土している。大宰府の鬼瓦の本家ともいうべき存在の鎮護国家の寺であった観世音寺からも、同じ型の鬼瓦が出土する。

現在の観世音寺の金堂は寛永八（一六三一）年に福岡藩主黒田忠之によって再建されている。講堂も元禄元（一六八八）年の福岡藩主黒田光之や天王寺屋浦了夢一族によって再建された。だから、両堂に葺かれている瓦はこのときのものが基本になる。両堂ともに福岡県文化財に指定されている。

両堂の瓦は昭和二五（一九五〇）年に破損部を葺き替えている。さらに金堂の瓦は、破砕やズレが生じたため、福岡県や太宰府市の助成を受けて平成二七（二〇一五）年に葺き替えている。割れているものは新調した瓦に差し替え、傷の無いものは洗浄して再び葺いた。

観世音寺の鬼瓦は古代の流れを受け継いだ鬼面文で、角を尖らした怒りの鬼面が寺を守護している。鬼瓦を洗浄していた作業員さんの手が止まった。何か違うという。見ると鬼面二面がまるで違う。

ナイトの顔した鬼瓦（太宰府市観世音寺にて）

阿吽形の般若面のように造形されているが、ことに阿形は般若面というよりもむしろ西洋のナイトを想起させる風貌をしていた。これはと思い裏面を見ると「一千九百五十年六月」に「観世音寺金堂修築」のために製造したこと、製造者が「現住　石田琳樹」「彫刻家　豊福知徳」「窯元　太宰府　平井　明」であることが刻まれていた。

石田琳樹は、観世音寺の復興に偉大な足跡を残した先々代の住職。豊福知徳さんはイタリアで活躍された著名な彫刻家で、師匠の富永朝堂さんとともに観世音寺に寄宿されていた。

窯元の平井明さんは、古瓦に「平井瓦屋」の銘を印する奈良時代以来の伝統をもち、中世には九州総鋳物師を称した千年企業平井家の後裔（本書34頁）で、観世音寺宝蔵の瓦を葺かれた後に廃業されている。

瓦の葺き替えが終わるころ、豊福鬼瓦の措置に困った。この素晴らしい芸術作品を元の位置に戻したら、見難くなってもったいないからだ。戻さずに宝蔵で展示することを考えた。しかしそうすると、この鬼瓦で観世音寺に害する邪悪を退散させようとされた豊福さんのご意思に背くことになる。考え込んだが、結局、戻した。

さて、ナイト鬼瓦はどこにあるでしょうか。探してください。

カシボノを考える

長崎県の対馬でカシボノという遺構が発掘調査されている。カシボノは、カシ(ドングリ)を貯蔵するために掘った大きな穴のことだ。同じ形態のドングリ貯蔵の方法は、縄文時代や弥生時代にある。ところがカシボノは明治以後に掘られた穴で、古老の記憶にあるのだ。

縄文時代の例を佐賀県西有田町坂の下遺跡でみると、豊富に湧水するところに穴を掘り込み、イチイガシ・アカカシなどのブナ科のドングリを貯蔵していた。出土した実から発芽したカシが、佐賀県立博物館で大きな木に成長している。

縄文時代には磨石《すりいし》や叩石《たたきいし》などの木の実を砕く石器があり、粉にして食べたのであろう。実際、縄文クッキーとよばれるドングリのクッキーが出土している。肉片や砕いた骨片が混じるものがあり、こちらは縄文ハンバーグだ。

弥生時代になってもドングリピットはある。弥生時代にはコメなどを保管する袋状ピットとよばれる貯蔵穴があるが、終末期の春日市門田《もんでん》遺跡の谷地区のように低湿地に貯蔵穴を掘ることがある。イチイガシが貯蔵されていたが、形態はカシボノや坂の下の貯蔵穴と変わらない。ただ、磨石などの道具がなく、どのようにして食べたのかはわからない。

ドングリ（団栗）は、カシ・ナラ・クヌギなどの俗称で、球形あるいはやや細長いサッカーボールのような形をした実を、堅い殻が包んでいる。実にはタンニンという毒素を含んでいて渋くて食べられないが、水溶性がある。だからドングリピットは、貯蔵と水にさらしてタンニン（渋味）を抜く脱タンニンを兼ねたアク抜きの装置なのだ。

ドングリのアク抜きをしてみた。秋になると観世音寺の境内にたくさんのドングリが落ちるので、バケツ一杯を集め、水に浸した。翌朝、水は真っ黒になっている。水を替えたが、夕刻には真っ黒。これを一〇日間繰り返したが、少しは薄くなったもののまだ黒水。ここでアク抜きをあきらめた。地下水の流れを利用した英知を感じた。

古代にもドングリを食べた。『常陸国風土記《ひたちのくにふどき》』には椎《しい》を山の珍味として食べたとある。『万葉集』には椎、『和名抄』は菓類に椎子を挙げているし、『延喜式』大膳式によると河内・伊勢・越前・因幡ほかの国々から貢進させている。

平城宮出土木簡に「伊知比古」とあるが、これは櫟子、つまりイチイガシのことで、『常陸国風土記』は山

胡麻豆腐のようなトトリムッ
（慶尚北道大邱市にて）

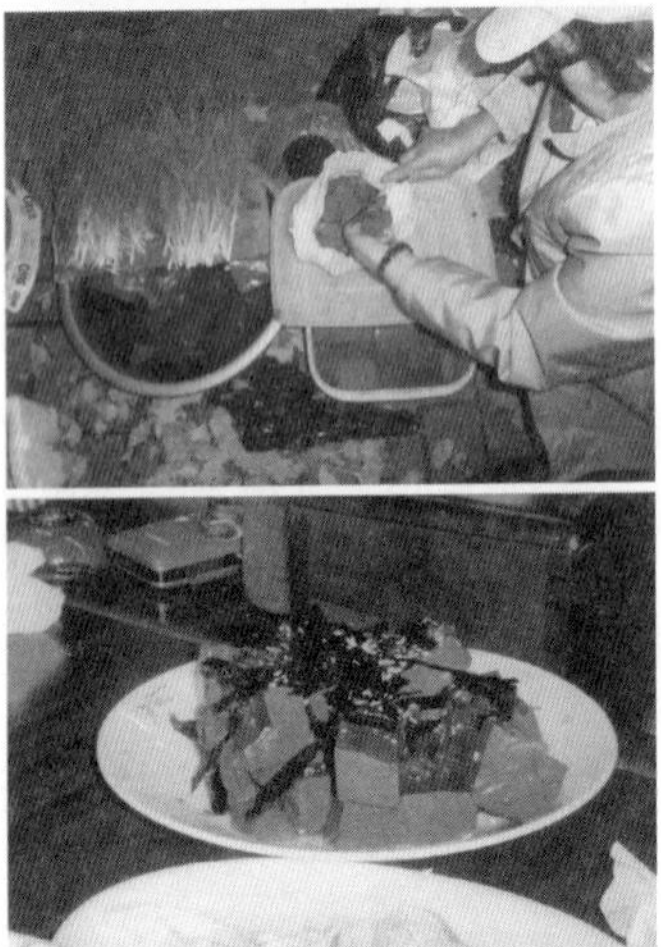

海の珍味として好んで食べたと伝える。

『出雲国風土記《いずものくにふどき》』には榧《かや》がやはり山の珍味として好まれている。

椎の実はドングリ類では珍しくタンニンを含んでおらず、そのまま食べられる。私の子供のころは椎の実を集め、焙烙《ほうろく》で炒っておやつに食べた。今でも博多の箱崎八幡宮の放生会で炒ったものを売っている。カヤやイチイガシはタンニンを抜いて食べたのだろう。おやつに食べる山の珍味だったろうが、アク抜きの技術は知られていない。

では縄文・弥生のドングリピットは菓子の素材作りのためなのだろうか。

話は変わるが、韓国にトトリムッという豆腐がある。形は豆腐だが、コーヒーのような色をしている。韓国に大学博物館の調査に行ったとき、慶尚北道大邱市の下町を歩いていると、おばあさんが路端でトトリムッを売っていた。豆腐三個分くらいを買い、夕食のときに出してもらった。木耳《きくらげ》を載せ、コチュジャンで味付けされていたが、見かけも味も日本の胡麻豆腐のようで、学生も美味しいと言って皆よく食べていた。

日本ではドングリ豆腐は食べない。しかし菓子とも思えない。

釜山の市場でドングリの粉を買った。縄文クッキーを作ってみようと、粉を水で溶いたがまとまらない。粉をいくら足してもだだ。型に入れて時間をかければよいのだろうが、面倒になり、煮えていた味噌汁に垂らしてみた。即座にドングリ麺ができた。大きな塊は団子になる。食べてみると、味は忘れたが、美味しかった。

耳学問で、どこで誰に聞いたか思い出せないが、飢饉に備えてドングリを備蓄したという話を聞いたことがある。ドングリはナッツだから栄養がある。食物が尽きようとしたとき、わずかな穀類に無毒化したドングリを足して炊く。つまりドングリはご飯の増量剤だというのだ。『聞き書長崎の食事』（一九八五年）の救荒食の項にドングリ食は出てこないが、これだったらわかる。弥生時代になってもドングリピットがあるのは増量剤としての必要性だろうし、明治のころに掘られたカシボノが忘れられたままになったのは、それなりに食の確保がされた裏返しであろう。そう考えている。

古代寺院の伽藍配置の意味

古代寺院の伽藍配置は、飛鳥寺式伽藍配置や川原寺式伽藍配置のようにいくつかの類型に分けることができる。ただ類型といっても、飛鳥寺式や川原寺式の伽藍配置は飛鳥寺および川原寺の一寺に限られる。これに対し、法隆寺式・法起寺式・薬師寺式・四天王寺式の各伽藍配置は各地の寺院に多くみられる。同じ類型をとる寺院は、おそらく教義的な理由で、共通項をもっていると考えられるが、明らかでない。

類型の基本は、一塔三金堂式の飛鳥寺式伽藍配置に求められる。

飛鳥寺式伽藍配置は飛鳥寺（法興寺）に始まるのではなく、朝鮮民主主義人民共和国平壌市にある高句麗の清岩里廃寺・定陵寺や韓国扶餘市の百済寺院である軍守里廃寺・王興寺などに祖型がある。飛鳥寺の創建にあたって、百済から仏舎利・僧・寺工・露盤博士・瓦博士・画工などが渡来しているから、直接には五七七年の王興寺建立の知識や技術が可能にした伽藍配置であろう。

飛鳥寺式伽藍配置のうち、中軸線上にある講堂・金堂（中金堂）・塔・中門だけを取り出したのが一塔一金堂式の四天王寺式伽藍配置になる。扶餘定林寺や金剛寺・益山弥勒寺などの百済の寺院に特徴的な伽藍配置で、百済式伽藍配置といえる。

慶州市にある新羅の創建期皇龍寺は四天王寺式伽藍配置をとっているが、重建するにしたがって四天王寺式伽藍配置を三列に並べた形態の益山弥勒寺に近づき、統一新羅期になると感恩寺・四天王寺・千軍里廃寺・仏国寺のような、飛鳥寺式の東西の金堂の位置に中央の塔を移した二塔一金堂式の薬師寺式伽藍配置に統一されていく。したがって薬師寺式伽藍配置は新羅式の伽藍配置といえる。

飛鳥寺式・四天王寺式・薬

伽藍配置の展開

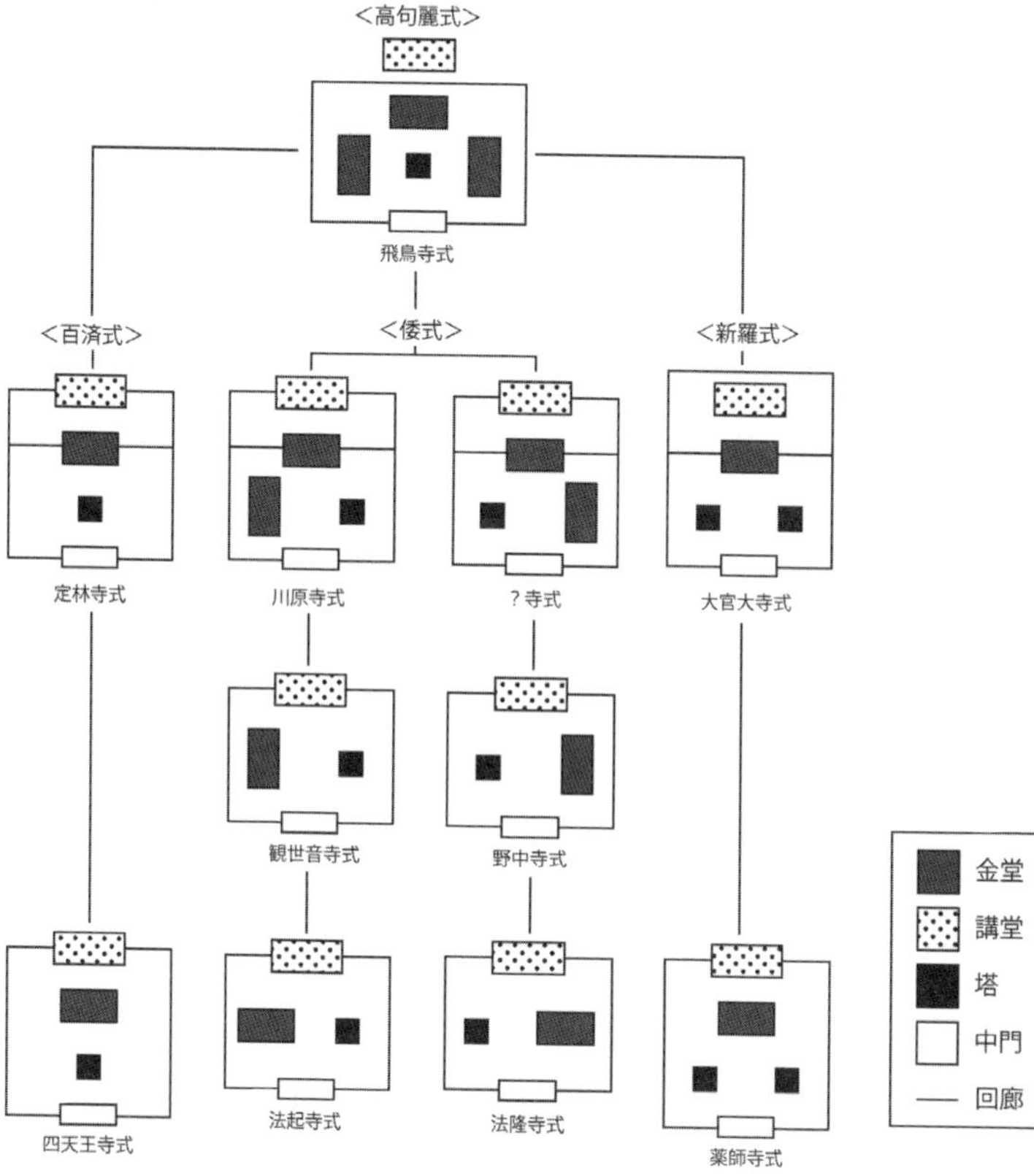

師寺式の伽藍配置が朝鮮半島で成立した高句麗式・百済式・新羅式であるのに対し、川原寺式伽藍配置は飛鳥寺式伽藍配置のうちの東金堂の位置に塔を移した簡略形として飛鳥で考案された倭式である。

川原寺式の中金堂の位置に講堂を移したのが観世音寺式で、その東面する金堂の向きを九〇度変え南面させたのが法起寺式伽藍配置になる。

川原寺式伽藍配置とは反対の、西金堂の位置に塔を移した簡略形も存在するはずだが、まだ遺跡は知られていない。しかし、観世音寺式伽藍配置と逆の、中金堂の位置に講堂を移し、西面する金堂と西側に塔を配する野中寺式伽藍配置があるから、その祖型として逆川原寺式は存在するはずである。野中寺式の金堂を南面させた簡略形が法隆寺式伽藍配置になる。

法起寺式伽藍配置と法隆寺式伽藍配置は倭式伽藍配置の完成形とみられる。

以上を図にまとめたが、古代寺院の伽藍配置の完成形は多数の例がある四天王寺式・法起寺式・法隆寺式・薬師寺式ということになる。変遷の途中にある伽藍配置は一例程度しか無いが、ただ観世音寺式伽藍配置のみは一五例の多くを数える。

類型の共通には何らかの意味があろうが、その意味は解明されていない。

ところがこれもまた例外的に、川原寺式伽藍配置から法起寺式伽藍配置への変遷過程の途中にある観世音寺式伽藍配置だけは、鎮護国家のための官寺特有の伽藍配置という類型の共通因子を明らかにできる。

ほかの類型の共通因子は何か、解明が待たれる。

率善中郎将難升米の実像

『魏志』倭人伝をよく読むと、中心人物は卑弥呼ではなく難升米になっている。難升米は、年表にまとめると、次の七回登場していて、

① 二三九年　倭の女王、大夫難升米を遣わす。
② 使を遣わしし汝の大夫難升米・牛利を送り、
③ 汝が来使難升米・牛利遠きを渉り、道路勤労す。
④ 今難升米を以て率善中郎将となし、
⑤ 皆封装し難升米・牛利に付す。
⑥ 二四五年　詔して倭の難升米に黄幢を賜い、郡に付して仮授せしむ。
⑦ 二四七年　因って詔書・黄幢をもたらし、難升米に拝受せしめ、檄を為りてこれを告喩す。

となる。

まず難升米の身分が倭の大夫（大臣）で、魏の率善中郎将（正しくは魏率善倭中郎将）という、いわば客員ながら秩二〇〇〇石の郡の太守級の武官に任命されていることがわかる。

重要なのは魏から黄幢を仮授されたことである。

黄幢は進軍する軍隊の先頭に掲げる旗で、黄幢をもって魏軍であることを示す。それを二四五年に賜るが、実際には二四七年に檄し告喩して

「晋鮮卑率善中郎将」
駝鈕銀印の印面

1字民族の倭の場合は
「晋率善倭中郎将」になる。

武官に任じた難升米に仮授している。檄は檄文の檄だから、カツを入れて渡されている。

肝心なのは黄幢が卑弥呼ではなく、難升米に仮授されたことだ。

黄幢は軍隊の先頭に掲げるから、卑弥呼軍ではなく、難升米軍が魏軍として先頭に立つことになる。

魏の戦いの相手は韓だ。近攻遠交の策といって、隣国同士は争うが遠国とは仲良くするという戦術がある。この場合、隣国の韓と戦争状態にある魏は、その先の倭とは仲良くしようということになる。つまり韓を、北から魏軍、南から魏軍と連携した難升米軍が挟み撃ちにする軍事行動の作戦になる。

この作戦に適合するのは遠地の邪馬台国ではなく、九州北岸の奴国になる。

ここで気付くことがある。奴国の地は記紀では儺県《なのあがた》と書かれる。奴と儺。儺と難。難升米は奴升米ではないだろうか。

中国は、他国の王の姓を国名や首都名から取ることがある。高句麗王の高氏、シルクロード諸国の安国・石国・康国の王は安氏・石氏・康氏だ。新羅は首都の金城から金氏、百済も同じで扶余から余氏。

日本の王家（天皇家）には姓がないが、『宋書』倭国伝は倭の五王の初代を倭讃とよんでいる。王以外に倭隋の名があるが、これは王族であろう。倭国の王は倭姓なのだ。

難升米を奴升米とすると、奴国の奴を姓とする王ということになる。黄幢が難升米に仮授された理由がこれで納得できる。

邪馬台国の女王卑弥呼は諸王に共立されて倭国の王になっている。共立した諸王の中の有力者に奴国王がおり、使節として魏に行くが、大夫すなわち大臣を称したことは誇張ではなかった。

以上は客観的証拠のない仮説だ。しかしこの仮説は根も葉もないことではなく、倭人伝からこう読み取ることも可能なのだ。仮説を立ててこそ研究は進む。

今しばらく仮説を楽しもう。

大宰府ニセ金造り事件

中国吉林省長春市の薄暗い市場で買い物のお釣りをもらった。その足で食事をして代金を払ったら、一〇元札の受け取りを拒否された。一〇〇元札で支払い、ホテルに戻って調べると、三枚の一〇元札の番号が同じ偽札だった。

一〇〇元札の偽札はよく聞くので用心したが、小額の一〇元札までとは考えてもおらず、迂闊だった。資料というか記念というか、あまり機会がないと思うので持ち帰ろうとしたが、偽札の持ち込みは犯罪になるので破り捨てた。

大宰府で起きたニセ金造り事件を思い出した。

近年、奈良県明日香村の飛鳥池遺跡で「富本」銭の実物と枝銭などの鋳造に関係する資料が出土している。和同開珎の鋳造以前、『日本書紀』は天武一二（六八三）年に銅銭の使用を命じ、銀銭の使用を禁じた詔を載せている。滋賀県大津市の崇福寺跡などからの出土で秤量貨幣の無文銀銭があることは知られていた。この詔は、無文銀銭などの秤量貨幣の使用を禁止し、唐の開元通宝と同じ形態の富本銭の普及をはかったとみられる。飛鳥池遺跡の調査は、「銅銭」の鋳造が事実であることを明らかにした。

開元通寶（左）・富本（中）・和同開珎（右）

しかし流通するのは次の、和銅元（七〇八）年に初鋳された「和同開珎」をはじめとする皇朝十二銭とか本朝十二銭とよばれる銅貨で、近畿を中心に流通したといわれている。

それを裏書きするかのように本朝十二銭は九州ではあまり出土しなかった。

ところが近年、平成五（一九九三）年の櫻木晋一さん（下関市立大学教授）の調査では、四二遺跡から一六七枚が出土していたが、その後福岡県宗像市の三郎丸《さぶろうまる》今井城《いまいじょう》遺跡から神功開宝を主とする約一〇〇枚が出土するなど出土例が増加していて、流通の実態が徐々に明らかになってきている。

和同開珎が初鋳されたのは和銅元年。そのすぐ後の和銅三年に、大宰府は中央に銅銭を献上している。献上された銅銭が、先行して鋳造された富本銭の回収銭なのか、大宰府で鋳造した和同開珎の献上なのか、ほかの理由があるのかわからない。鋳銭司の設置されていない大宰府で鋳銭することもなかろうし、回収して献上するほど富本銭が流通していたとも考えにくい。

霊亀二（七一六）年に大宰府が、百姓が銅銭の鋳造に必要な白鑞（錫と鉛の合金と思われる）を私有したり、鋳銭悪党が思いのままにしている、だから禁制を厳重にし、白鑞を私有しているものは官司に納めさせるよう命じた記録がある。白鑞私有や鋳銭悪党の存在は和同開珎のニセ金造りが行われていた可能性をうかがわせる。

流通しない和同開珎のニセ金を造ってもムダというもの。ニセ金造りの一件は、九州でも和同開珎が流通していたことを意味しているとみるのは、考え過ぎだろうか。

風土記の土蜘蛛を考える

子供のころ、庭石や植木から地中に延びる袋を見つけると、ていねいに引き上げ、中の虫を取って遊んだ。袋越しに虫などを捕らえ、袋に取り入れて食べる蜘蛛が中に棲んでいた。これを土蜘蛛や地蜘蛛、穴蜘蛛という。

風土記や記紀に、ヤマト朝廷に従わない土蜘蛛という人びとが出てくる。奈良県吉野の山間部に住む純朴な人びとを国栖《くず》とよび、『常陸国風土記』では土蜘蛛に対し順化した人びとを国巣《くず》とよんでいるから、土蜘蛛は純朴でない順化しないとされた人びとになる。やがて朝廷に服属したり、平定されていく。

土蜘蛛の名は、常に穴に居るという生活の実態からきているらしい。確かに『豊後国風土記《ぶんごのくにのふどき》』速見郡に「此の山に大きなる磐窟有り。名を鼠の磐窟と曰う。土蜘蛛二人住む」と穴居を意味する記述もあるが、古墳時代の穴居の遺跡は見つかっていない。

土蜘蛛の生活は虫の土蜘蛛に似ている。それからの命名なのか、土蜘蛛に似ているから虫の蜘蛛をそうよぶようになったのか、先後関係はわからない。

『魏志』韓伝の馬韓《ばかん》条に「居処は草屋土室を為し、形は冢の如し。其の戸は上に在り。家を挙げて共に中に在り」とある。草葺きの土の家を造るが、中国の墓のようだ。家の入口は屋根にあって、家族はその中で一緒に生活しているということになる。

こういう景観を魏の人は墓とみたのだろうか
(韓国忠清南道松菊里遺跡にて)

実際の遺構に照合すると、竪穴住居だから、その描写になる。確かに地面まで下がる屋根は草葺きだし、屋根の一部に入口を設けるから、一見したところ入口が屋根にあって、記事の通りになる。

しかし中国の墓とは違う。中国の墓は方墳や円墳に造られる。墳丘は土盛りだから、造墓後しばらくすると、草に覆われる。それに似ているといっている。おそらく草葺き屋根を、雨が染み込まないよう土で覆っていたのだろう。そうすると中国の墓のようになる。

鳥取県米子市の妻木晩田《むきばんだ》遺跡では、竪穴住居の一棟を土屋根で復元していた。見かけは円墳に似ていた。草葺き屋根を土で覆うと墓のようになる。そこに出入りして生活する人と土中の袋でジッと餌を待つ土蜘蛛は同じだ。だから風土記などにいうまつろわぬ民の土蜘蛛は、平地の掘立柱建物や壁立住居に住むようになった人びとが、竪穴住居に住む遅れた生活を継続している人びとを嘲っていったのだろう。

土蜘蛛は全国にいる。古墳時代のヤマト朝廷は、不服従の人びとを列島の各地に抱えていたのだろう。風土記の舞台は履中《りちゅう》天皇の時代が多い。履中天皇は倭の五王の初代の倭讃《さん》に当てられることがあり、五代目の倭王武《ぶ》（雄略天皇）の上表文から五王が戦乱を勝ち抜けてきたことがわかる。履中天皇の時代を考える参考になる。

ヤオトンは天然の冷暖房付き住宅

中国には、黄土高原地帯にみられる、窰洞《ヤオトン》という住居の形態がある。

龍門石窟・雲崗《うんこう》石窟とともに北魏三大石窟といわれる鞏県《きょうけん》石窟を訪れたときだった。河南省の省都鄭州から洛陽に向かう途中に鞏県はあり、鞏県石窟と小黄治村の唐三彩《とうさんさい》窯、宋代の歴代皇帝陵があるので、見学に行ったのだった。

鞏県（現・鞏義市）に向かう道路に軒を連ねて商店が並ぶ。よく見ると建物は前面だけで、店は背後の崖に掘り込まれている。初めて見た窰洞は横穴式石室のような横口式だった。

日本を春先に見舞う黄砂は河南省を襲い、黄土を堆積する。

鞏県の後に訪れた霊宝市の漢代函谷関の城壁は、スッポリ黄土に埋もれていた。函谷関の遺跡だと案内された場所は、見渡す限り平地だった。現在観光地として函谷関が再現されているが、場所が違う。

東端に深い崖があり、平地部の少し下に道路があった。道路に沿って窰洞が掘られていた。案内されてお邪魔した窰洞の奥壁が函谷関の城壁だった。漢代の城壁が埋まっている。約二〇〇〇年で一〇《メートル》前後埋まるのだから、黄土は恐ろしい。窰洞の奥壁以外の壁には縞状に堆積痕があり、土層のように歴代の土器・陶磁器片が埋もれていた。

黄土は堅いが掘り易く、窰洞に向いている。ただ水に弱く、小さな流れが起きるとそこから崩れ、次第に大きな谷を削り出す。このときできる崖を利用して窰洞は造られる。鞏県は黄土の街で、崖に沿ったところでは、横口式の窰洞が並んでいた。

小黄治村の唐三彩窯跡は、無残なまでに荒れていた。唐三彩を一つ当てれば万元戸（大金持ちの意味）とあって盗掘が絶えないという。

塼積みされた窰洞の入口
（河南省霊宝にて）

悪いことにすぐ上に土産用の現代版唐三彩工房があり、破片などの廃棄物が窯に捨てられていた。

その工房を見学したが、窰洞だった。工房にするほどだったから、見たこともない大きさだった。当時の鞏県にはガラスが無かった。厳冬というのに、どの家も煉瓦を積んで窓をふさぎ、少しでも暖をとっていた。窰洞は土に掘り込むから中は暖かい。工房も同じで、震えながら窯跡を見学していた私たちを温めてくれた。窰洞の威力を知った。

函谷関の入口三門峡市で、新石器時代仰韶《ぎょうしょう》期の廟底溝《びょうていこう》遺跡を散策したときだった。平らな地形の遺跡を歩いていると煙突があり、煙がモクモクと上がっていた。見渡す限り人家は無い。

少し離れたところに崖が見えた。近づくと四角く大きく掘り込まれていて、下沈式の窰洞があった。四角い掘り込みは庭で、井戸もここにある、共有スペースだった。一辺は門にして外の道につなぎ、残りの三辺に横口式の窰洞を掘り込む。三家族の窰洞だった。

仰韶文化の標準遺跡である河南省澠池県の仰韶遺跡にも下沈式窰洞の村があった。名物の野菜スープ蜀香式罐をご馳走になりながら遺跡を見学したが、屋内が気になった。案内されたが、やはり暖かった。聞くと夏は涼しいという。

弥生時代の袋状ピットとよばれる貯蔵穴を夏に掘ると涼しい。福岡市板付遺跡で、夏、井戸を掘ったことがあるが、地上の過酷な暑さに比べ、湧き出す冷水が足元を包むこともあって、井戸内は寒いくらいだった。土中は年中一五度くらいだからだ。

土中に生活空間を設けるヤオトンは天然の冷暖房付きハウス。人間の知恵の奥深さを体感した。

古代の九州大学

昔も今も、就職先に公務員の希望は高い。

公務員には実務能力と知識・学識が求められる。公務員就職のための専門学校もある。古代もそうで、そのための学校があった。国学と大学である。

地方官養成のための国学は国ごとに設けられた。郡司の子弟に入学資格が与えられたが、定員に空きが生じたら庶民も学ぶことができた。国の規模にもよるが二〇名から五〇名の定員だから、厳しい。国学で優秀な成績を修めれば大学（大学寮）に進めた。

算生《さんしょう》を含め定員四三〇名の大学寮は、五位以上の者の子・孫などいくつかの資格があるが、国学の修了生で式部省の試験を合格した者にも資格がある。

大学寮への受験競争は激しく、有力氏族は藤原氏の勧学院、橘氏の学館院、和気氏の弘文院のように大学別曹とよばれる大学受験予備校兼寄宿舎のような施設を造り、一族を大学寮に送り込んだ。

大学寮では明経道・明法道・文章道・算道の四道を学んだ。学年は無いが、在学が九年を過ぎると退学になった。この厳しさだが、大学寮に学ばなくとも高位高官になれる貴族の子弟と違い、無事終了しても任官される地位は低かった。

西海道には、国学に相当する学校として学校院（府学校）があった。天応元（七八一）年の太政官符に「府学校六国学生医生算生有二百余人……」とある。筑豊肥六国の郡司などの在地有力者層の子弟が在籍したようで、日向・大隅・薩摩は除外されている。各国に国学を置かず大宰府に集約したようだから、除外された三国の官人は地元ではなく派遣されたのだろう。文章道は開設されなかったが、学生（明経道・明法道）・医生・算生（算道）があった。

府学校は、法学部・経済学部・医学部・薬学部・理学部を備えた古代の九州大学だった。

学校院は大宰府政庁と観世音寺の間にあると、鏡山猛先生は推定された。学校院の遺称と思える学業《がっきょ》の地名が残るからである。

九州歴史資料館による発掘調査の結果、学校院推定地から、谷筋を挟んだ二地区で掘立柱建物群が検出された。政庁に近い西地区には二面廂になると考えられる建物を中心にした建物群があった。二面廂建物は、方二町に復原される学校院の中軸にある。観世音寺に近い東地区には東西棟の建物が東端にある築地に沿うように二棟あり、南北に並ぶ。調査区の南北は未発掘なのでわからないが、南北に同様の配置があれば学舎的だ。西が学務・事務を扱う学校院の中枢であるのに対し、東は学舎。そんな景観が浮かんでくる。

興味ある史料がある。学校院は観世音寺と境界を争う。学

発掘された学校院と観世音寺の境界（福岡県太宰府市）

校院の東側を走る南北路の学校院東小路と観世音寺の西を限る松埼小溝の間に二段の新開田がある。この新開田の所属を争っている。二段だから学校院東面築垣の長さに合わせると幅二《メートル》くらいの細長い田にしかならないが、面積ではない重要性があったのだろう。重要性の内容はわからないが、東小路・新開田・松埼小溝が検出されたのだ。どちらの主張が正しいにしても、学校院の所在地はこれで確定した。

弁辰瀆盧国《べんしんとくろ》はどこにある

弁辰瀆盧国をご存知だろうか。

弁辰瀆盧国は『魏志』韓伝に出てくる。弁辰は三韓時代の馬韓・辰韓・弁韓《べんかん》のうちの弁韓・辰韓のこと。弁韓一二国のなかに弁辰狗邪国《くやこく》が出てくるが、これが倭人伝に「其の北岸狗邪韓国に到る」とある狗邪国で、洛東江を挟んで釜山市の西にある金海市一帯にあった。

弁辰狗邪国は韓伝には名前しか出てこない。もともと韓伝は一二国の名前しか載せないが、瀆盧国についてのみ「其の瀆盧国は倭国と境を接す」とわずかな情報を載せている。狗邪国が倭の北岸といわれるのは弁韓のなかでの倭との交流拠点であったという意味だろう。地理的には瀆盧国が倭と接している。

では倭と境を接する瀆盧国はどこにあるのだろう。この国も邪馬台国同様に所在地がわかっておらず、論争があるのだ。

倭と境を接するという条件がある。倭人伝によれば対馬国から韓に行くから、対馬に近いはず。そこで二説が生じる。狗邪国よりも東、洛東江の東の釜山市東萊を中心とする東萊《トンネ》説と、狗邪国よりも西で地形的に対馬に面する巨済島とする巨済《コジェ》説だ。

東萊説は那珂通世・李丙燾・丁仲煥らが唱え、近年は東萊貝塚や須玖式土器の集中する住居跡のある萊城遺跡、福泉古墳群・蓮山古墳群などの所在を根拠にしている。巨済説は丁若鏞・末松保和らが説く。丁若鏞は新羅の文武王の時代（六六一〜六六八年）に置かれた裳郡の裳を意味する方言の「斗婁技《トロギ》」の発音が瀆盧に近いことを理由としている。

ところで丁若鏞、聞いたことありませんか。チョン・ヤギョンと発音します。

韓国ドラマの「イ・サン」を見た人は、前半イ・サン（李氏朝鮮第二二代国王正祖）の右腕として活躍するホン・グギョン（洪国栄）に替わって、後半その知恵袋となったチョン・ヤギョンといえばどうだろうか。そのチョン・ヤギョンが丁若鏞だ。瀆盧国巨済説を通じて知っていた丁若鏞と韓ドラで会うとは思っておらず、驚いたものだ。

弁韓（任那）と辰韓（新羅）

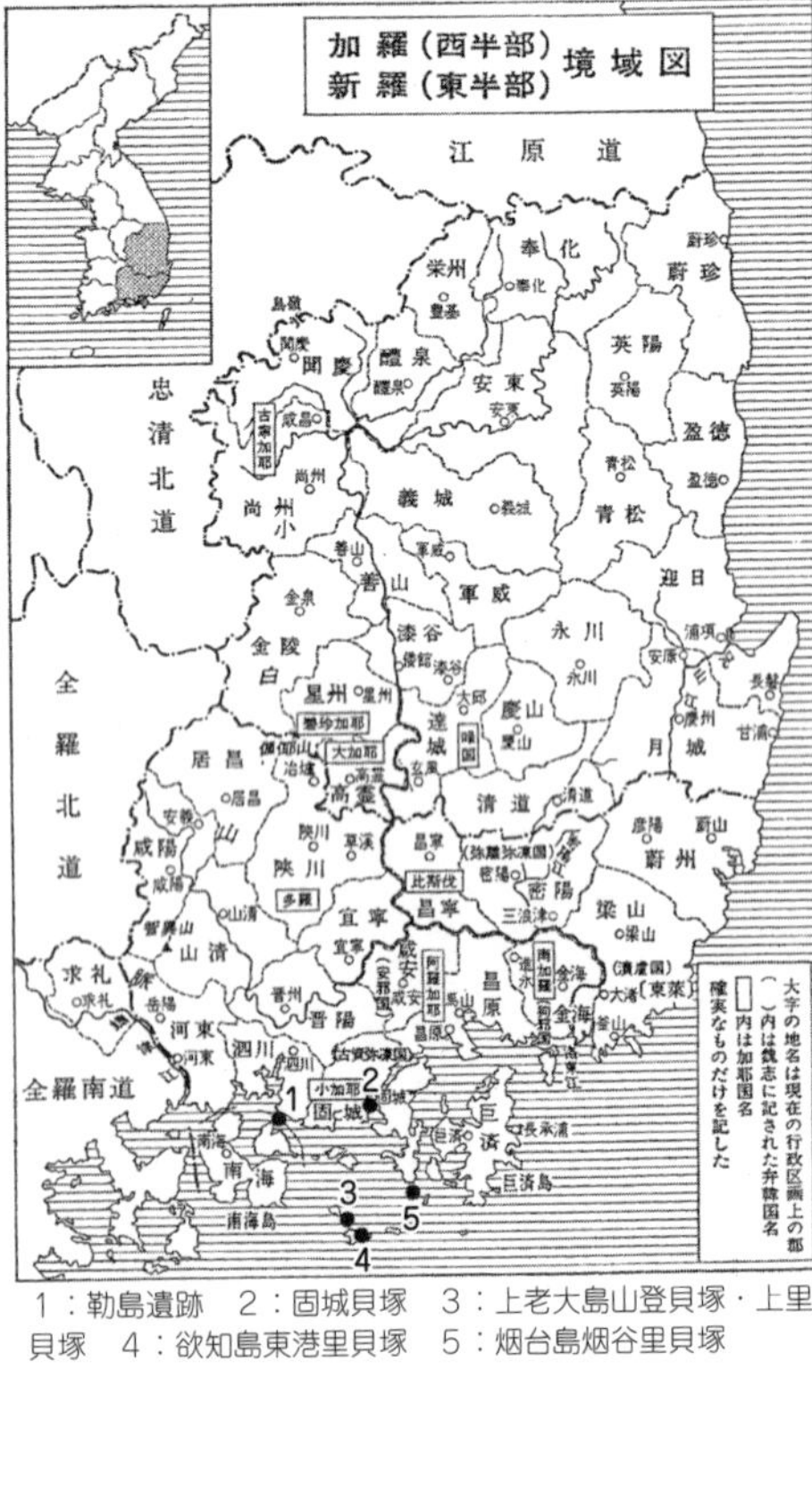

1：勒島遺跡　2：固城貝塚　3：上老大島山登貝塚・上里貝塚　4：欲知島東港里貝塚　5：烟台島烟谷里貝塚

丁若鏞らの巨済説が沈奉謹さん（当時・東亜大学校教授）によって見直されようとしている。朝鮮王朝時代の巨済郡の客舎岐城館が修復された際に発見された上棟文に「宇制宏明盖権輿於北闕瀆盧故都……」「……上古之豆羅建国……」とあったのだ。書かれたのは一八九二年で新しいが、瀆盧・豆羅とあるのが魅力的だ。

縄文時代の遺物は上老大島上里貝塚や欲知島東港里貝塚など巨済島よりも西の島嶼から出土する。弥生時代の遺物はそれよりも西の勒島遺跡がよく知られているし、巨済島の対岸にある固城貝塚も見逃せない。『東国與地勝覧』は対馬との往来にあたって巨済島を出発点とするし、倭寇の根拠地でもあった。巨済島の考古学的調査が進んでおらず証明できないが、巨済説の可能性は強い。

洛東江の河口には調整ダムができているが、ダム建設以前は海に入った洛東江の黄色い流れは強く、ずいぶん沖合まで一条の川となっていた。昭和五〇（一九七五）年に企画された古代船野生号の航海実験では、この流れを乗りきることができていない。弥生時代後期の対馬の中心は浅茅湾沿岸にあるが、そこを出た船が釜山に着くことは難しいし、着いても西の狗奴国、さらに帯方郡を目指すのは難しい。これからみても巨済説は魅力的になる。

丁若鏞、そして親しい沈奉謹さんを応援している。

漢代の老人福祉政策

図示した画像石は、中国四川省成都市の曽家包漢墓から出土している。

私はこの図を漢代の農業を知る好例として授業で活用していた。

三棟の建物がある。右上の二階建て楼閣が主屋で、二階の欄干に寄りかかるように主人が座り、使用人の女性がかしづいている。

下の高床式建物は、柱に鼠返しがあるから、米倉だろう。大きな礎石に柱を立て、瓦葺きだから立派な米倉だ。左の建物は、屋根に熱気抜きの換気装置が二つあるから、平地式の穀物倉庫だろう。芋類などもここに収納したのだろう。

高床式倉庫（米倉）の下方にはサトイモなどの芋を植えていて、農夫が手入れしている。その右では二人で機織りをしている。

農耕養老図の画像石（四川省成都市博物館蔵）

左下には溏池《とうち》の光景がある。大きく三区ある。上はさらに四区に分かれた水田で、稲が育っている。下左は蓮池、下右は池になる。池には船が浮かび、船の舳先近くには鳥が休んでいる。船に乗った人物は池で魚を獲り、休んでいる鳥を狙う。船を浮かべるのだから、この家の水田・蓮池・池はかなり大きい。

この画像石は主食の米を水田で育て、副食に芋や蓮根を植え、魚や鳥を捕食する、豊かな農家をあらわしていると説明してきた。それは間違っていないが、重要な点を見落としていた。

この画像石を載せた『漢代農業画像磚石』に、この画像の内容は「授之以王杖、餔之糜粥」の記載に一致するとあったが、それが何のことかわからなかった。

渡部武さん（当時・東海大学教授）のご著書『画像が語る中国の古代』を読んでいると、この図が出てきた。読んで重要な見落としに気付いた。

漢代の老人福祉制度の描写があったのだ。『続漢書』礼儀志によると、七〇歳に達した老人は八月の戸口調査の際に、鳩の飾りのついた王杖と糜粥を支給されることになっている。「糜粥」は粥のことだ。

画像石を見直すと、主屋と平地式倉庫の間に老人が座っている。老人が抱えている杖の頭には鳩の飾りがある。倉庫の前の人物は器に何かを入れ、老人に施そうとしている。制度に従えば器の中身は粥だろう。粥は八月だけでなく、鳩杖を持っていると空腹になれば見知らぬ家でも施してもらえるのだ。食の保障制度なのだ。

粥を施す人物は倉庫から出てくる。そうするとこの建物は単なる倉庫ではなく、調理場を兼ねているのかもしれない。それにしては窓がない。粥ではなく、穀類を施しているのだろうか。

六五歳を過ぎて年金を受け取るようになった私は、老人福祉制度の恩恵にあずかっている。金銭面での保障になるが、一定額をカードにし、どの家でも店でもカードを示せば食べ物を一膳いただけるようになれば食いはぐれはない。

漢代の老人福祉制度は、現代の一歩先を行っていたのかもしれない。

楼閣か米倉か　権威と学生

奈良県田原本町の唐古《からこ》・鍵《かぎ》遺跡から出土した土器に、思いがけない建物の画が刻まれていた。長い梯子《はしご》が取り付けられた高床式掘立柱建物だが、屋根が二層になっている。三階建ての指摘もあったが、壺の曲線から二階建てに落ち着いている。二階建て高床建物というわけだ。下段の屋根に壁が立ち寄棟の屋根が乗る。二層の屋根は両端が大きく湾曲している。下の屋根には鳥と思われるS字状の文様が三個ある。

漢代の図像資料で探すと、二階建て風建物は闕《けつ》の例が多い。闕は邸宅の入口に門と見張りの望楼を兼ねて建てられる。かくして闕の画と考えられ、唐古・鍵遺跡には復元建物が建てられている。

土器が発見されたとき、それを報じた新聞の切り抜きをもってゼミの授業をした。卒業論文の指導だったが、「私ならこの刻画一つで卒論が書ける」と言った。

夏休みが終わるころ、一人の女子学生が研究室に来て、卒論がうまく進まないという。「先生は唐古・鍵の土器刻画で卒論を書けるとおっしゃいましたが、本当ですか。本当なら挑戦したいのですが」。

資料収集の稼ぎ時の夏休みは終わろうとしているから、もう時間が無い。「車とポータブル・コピー機はあるか」と問うと、「ある」と言う。そこで研究室・拙宅、九州大学考古学研究室などの蔵書から闕、唐古・鍵刻画に特徴的な屋根の表現、屋根に鳥がいる図などの画像資料を片っ端からコピーさせた。コピーは大小にかかわらず一枚の台紙に貼らせ、分析させた。

彼女はコピーを駆使して二階建て建物の種類、屋根表現の傾向、鳥の居る建物の性格など、何種類ものグラフを作り分析した。そして得られた結論は、意外にも米倉だった。

二階建てとされているが、二階部分が細長く、部屋というよりも、米など穀類の熱気処理のための換気装置（ベンチレーダー）であり、高床式一階建ての米倉だという。

唐古・鍵遺跡の楼閣状建物

1. 棟に鳥がいる楼閣

2. 屋根が二層になっている建物

3. 2の復元建物

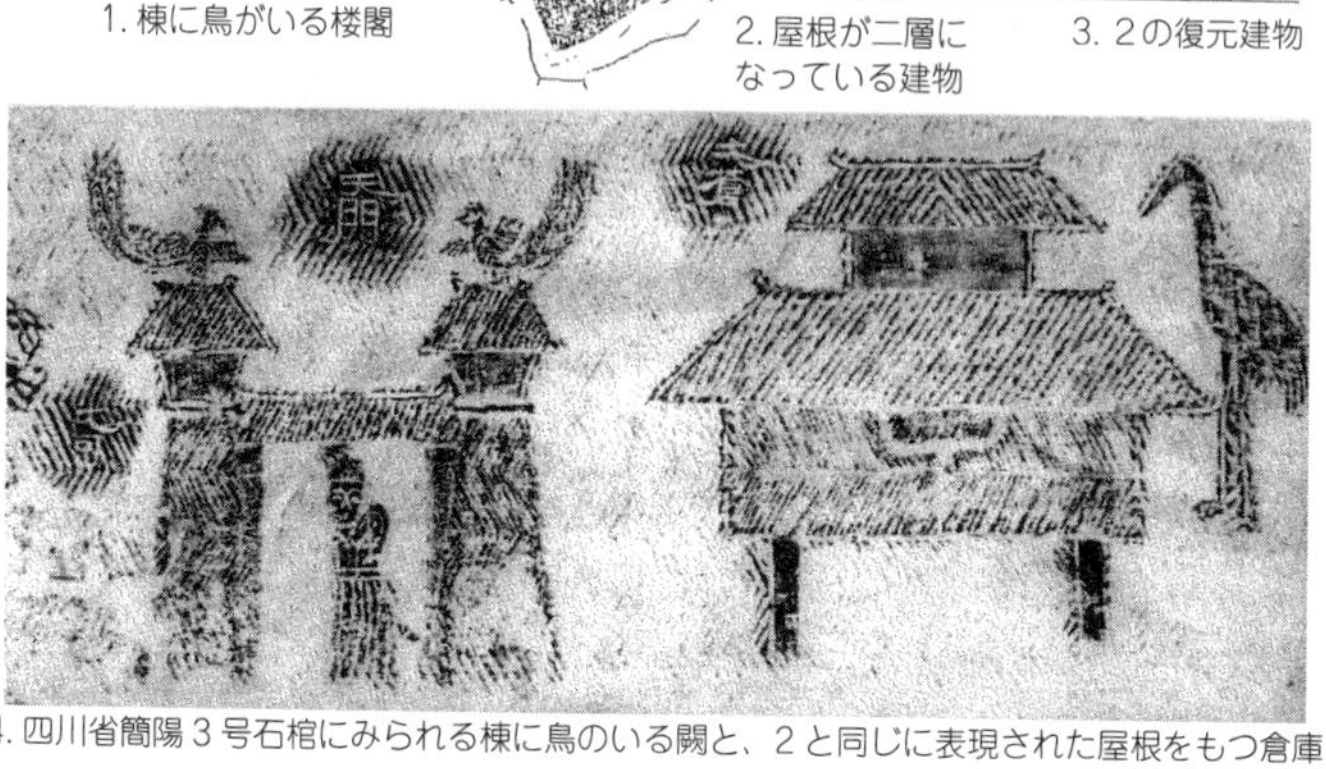

4. 四川省簡陽３号石棺にみられる棟に鳥のいる闕と、２と同じに表現された屋根をもつ倉庫

唐古・鍵遺跡の国史跡指定一周年記念シンポジウムに招かれたときに、このことを話したが、関係者は無関心だった。

北京の中国社会科学院考古研究所で、高文という著名な画像石研究家がまとめた『四川漢代石棺画像集』という本をいただいた。ホテルでめくっていると、簡陽三号石棺に件の女子学生が予測した画像があった。「天門」と刻まれた闕に「大倉」が並立している。大倉の換気装置や屋根の表現も唐古・鍵に一致している。漢代の四川省と日本には直接の交流はない。弥生人が長安よりも西の蜀を旅したこともないだろう。だから他人の空似の可能性もある。

それにしてもこの類似は見逃せない。女子学生の米倉説は中国各地の資料から導き出したのだから。私の教員生活で、もっとも指導が成就した例として、よく思い出している。

環壁《かんぺき》集落、福建の円楼と方楼

人はさまざまな方法で自衛する。

弥生時代の首長層は環状の濠で集落を守る環濠集落、古墳時代の首長層は濠を方形にめぐらす居館で、自衛した。やがて城へと発展するが、朝鮮式山城のように土塁（おそらく土塁の上には城壁が造られる）だけで濠をめぐらさないものと、城壁プラス濠のものがある。後者は各地に残る江戸時代の城、あるいは皇居をみればわかる。

中国福建省の山間部に、客家《ハッカ》とよばれる人たちがいる。華北から移ってきた漢族だが、独自の習俗や言葉をもつ人びとだ。彼らは身を守るため、一族で円形あるいは方形の土楼《どろう》とよばれる集合住宅を造り、防御壁の内側で暮らしている。濠でなく壁で守るから、環壁集落になる。

円形の環壁集落を円楼、方形のそれを方楼、合わせて土楼という。実際に見たくなり、福建省漳州市郊外の南靖県書洋鎮に行った。

山の上から田螺坑《でんらこう》土楼群が見えた。方楼一を囲むように円楼四が密集する景観は圧倒的だった。

田螺坑土楼群では、まず築七〇〇年という最古の四階建て裕昌楼に入った。円楼の外壁の一・二階部分には窓がない。三・四階の窓も小さく、光が不足するのではと思ったが、内側から十分にとれた。土壁の内側に貼りつくように住宅がある。ドーム球場の客席が住まいと思えばいい。一族で造るから当たり前だが全部劉姓だった。二六九部屋があり、今は減ったが一二九人が暮らしているという。四階建てになっている。観光地化した今、一階は土産物店になっ

田螺坑土楼の景観（福建省漳州市にて）

円楼と方楼閣

円楼の内側

ていたが、これでは二〜四階と収入に格差がつくのではないかと思ったら、一〜四階の縦割りだった。球場のグランド部分は庭。共有スペースで、敷石で整備されていた。子供が遊び、餅搗きをしている人もいた。井戸もここにある。中央に祖先を祀る廟堂がある。

裕昌楼から下版村土楼、塔下村の慶光楼方楼、裕徳楼円楼、慶禎楼方楼などを見た。慶光楼では屋内を見せてもらい、二・三階に上がらせてもらった。縦割りというから隣と仕切りがあるのかと思ったら、何もなく一周できた。住人が皆一族ということを考えれば当然だった。

塔下村には土楼に住まない人もいる。村の中央にある清流に沿って住居が建ち並んでいて、その景観は塔下村の豊かさと温かみを思わせる美しさがあった。

点在する土楼を見学するには書洋鎮の入口にある旅游センターで車を預け、センターの案内で回る。この方法で美観を保ち、旅行客を管理している。だから、多くの人がいたが、ゴミを捨てる人などいなかった。

環壁集落はカンペキだった。

漢倭伊都国王の証明

福岡県糸島市三雲南小路にある墳丘墓のことは、文政五（一八二二）年に青柳種信が著した『柳園古器畧考』、昭和五〇（一九七五）年の福岡県教育委員会による再調査の記録『三雲遺跡―南小路地区編―』で、よく知られている。

墳丘には時期を前後する二基の甕棺が埋葬されていたが、ことに墳丘の築造をともなった一号甕棺が重要である。

二つの報告から、一号棺には前漢鏡三五面、青銅製武器四口、金銅四葉座金具八個、ガラス璧八個が装身具のガラス勾玉三個、ガラス管玉六〇個以上とともに副葬されていたことがわかる。

この豪華で豊富な副葬から伊都国王墓と考えられている。それを副葬品が裏付ける。豪華さではなく、内容で。漢の乗輿《じょこう》制度によれば、皇族や功臣が亡くなると、皇帝から葬具一式を下賜された。その具体的な内容が『漢書』霍光伝で知られる。

霍光は首相級の高官を歴任した人物で、葬儀に際して、「金銭、繒・絮・繡被百領、衣五十篋、璧・珠・璣・玉衣、梓宮、便房・黄腸題湊各一具、樅木外蔵槨十五具、東園温明」を下賜されている。

それはわかるが、具体的な内容がわからなかった。

河北省保定市の、前漢の皇族の中山王劉《りゅうしょう》勝を葬った満城漢墓の発掘で、「金銭、繒・絮・繡被百領、衣五十篋、璧・珠・璣・玉衣」がわかる。これらは金銭・玉衣、繒以下の豪華な衣類、璧などの玉器に分けられる。玉類は当時防腐剤になると信じられていた。だから身体を玉衣で包む。玉衣はトランプのカードのような形をしていて、これを糸で繋げる。実際劉勝は金縷玉衣で包まれていたが、金縷が金の糸のことで、霍光の下賜品にある金銭がそれにあたる。霍光も金縷玉衣に包まれていたことになる。

「梓宮、便房・黄腸題湊各一具、樅木外蔵槨十五具」が難解だった。梓宮は棺のことで便房・黄腸題湊各一具、樅木外蔵槨十五具が木槨の構造材になる。

北京に大葆台西漢墓博物館がある。広陽国の頃《けいおう》王劉建の墓で、盗掘されていたが、副葬品の残り物で博物館ができるほどだから、さすがに皇族は違う。

大葆台では木槨がほぼ残っていた。この構造と霍光下賜品を対比すると、縦木外蔵槨は図の外部とその内側の、木材を縦方向に組んだ構造材であることがわかる。そうであれば黄腸題湊は、その内側の一辺一〇センチ、長さ五〇センチほどの角材を横組みにした部分であることがわかる。さらにその内側、羨道《せんどう》からの正面に、奥に棺室と、その前面に食べ物を配膳した脚の低テーブルを置いた便房がある。

梓宮（棺室）は、皇族に相応しく、二槨三棺になっている。私は兪偉超中国歴史博物館館長の紹介状をもって行き、この木槨に入らせてもらった。しかし紹介状が無くても、参観料を払えば入ることができるから、北京に行く際には見学されるようお薦めする。

大葆台漢墓の木槨構造（北京市）

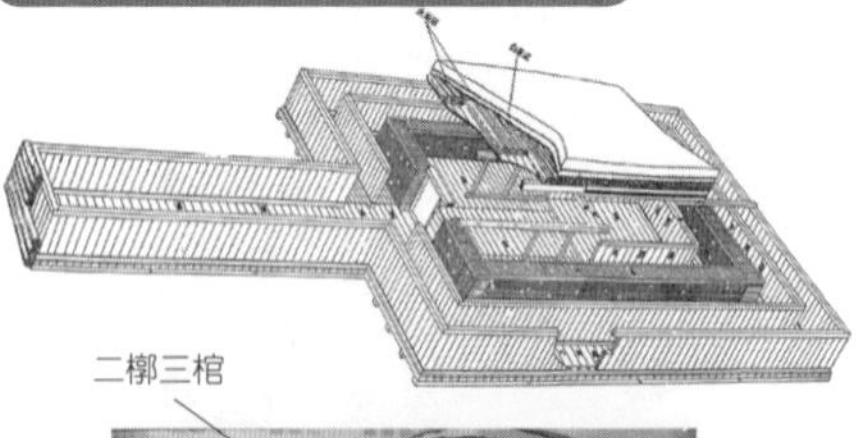

最後の東園温明は、少府に属する陵墓内の葬具を作る東園で作られた温明器のことをいっている。温明器は遺体の胸部に置く漆塗りの容器で、中に銅鏡が納められている。

さて三雲王墓の副葬品だが、前漢鏡は東園温明に相当する。ガラス璧は、青柳種信は銅鏡を重ねるクッションのように鏡相互の間に置かれていたと報告しているが、これは遺体の防腐剤として下賜されたものの、用途がわからなかったのだ。金銅四葉座金具は梓宮（木棺）の飾りだ。黄腸題湊や縦木外蔵槨などの重くてかさばる槨材は現地調達にして、装飾具だけを下賜したのだろう。だが、甕棺葬の伊都国では用途がわからなかった。

これらは糸島で出土したのだから皇族ではない。だから三雲墳丘墓一号棺の被葬者は漢帝の功臣だったのだ。それは伊都国王であったことを意味する。三雲墳丘墓は副葬品の豪華さで王墓とみることが可能だが、伊都国王の葬儀に際して漢帝から葬具を下賜されていることから、王であることがわかるのだ。

甕棺葬に下賜が間に合ったのは、伊都国に置かれていた魏の「郡使の往来常に駐まる所」にあらかじめ用意されていたからであろう。

将来、「漢倭伊都国王」の蛇鈕印が出土することもあろう。倭は委かもしれない。ただ、伊都国の人口は少ないから、四夷の王のトップである王よりも一段階下の「漢倭伊都率衆王」あるいは「漢倭伊都帰義侯」の可能性もある。出土の報を楽しみにしている。

倭王の使節の服装

古墳時代の日本人の服装を知る手がかりに、南京博物院旧蔵の梁《りょう》の「職貢図鑑《しょっこうずかん》」がある。

南朝梁の元帝蕭繹《しょうえき》が、荊州刺史の時代に編纂したもので、父の武帝の徳を慕って入朝した諸外国の使節の容貌や服装を描かせている。一三国の説明と一二国の国使の肖像がある。倭の国使は五番目に出てくるが、諸国使が威儀を正した服装をしているにもかかわらず、頭を布で覆い、上衣も下衣も幅広の布の端を結ぶだけでみすぼらしい。手甲《てっこう》と脚絆《きゃはん》を着け、裸足に描かれる。対して百済使は衣冠を正して描かれている。

梁を建国した武帝は五〇二～五四九年の間に在位しているから、息子の元帝が荊州刺史だったのは、そしてこの図の舞台は六世紀前半になる。

『宋書』倭国伝が記録する倭の五王の五代目、倭王武（雄略天皇）は「興死して武立つ」と四六二年ごろに名を出す。そして宋が滅亡する四七八年に、「封国は偏遠にして、藩を外に作す。昔より祖禰躬ら甲冑を擐き」で始まる倭王武の上表文を奉っている。

さらに、『南斉書』東南夷伝に「建元元年進新除使持節都督倭新羅任那加羅秦韓六国諸軍事安東大将軍倭王武号為鎮東大将軍」とあるから、新たな斉王朝の成立早々の四七九年に使節を派遣している。

倭王の珍《ちん》と武は百済の支配権を認めた官職名を求めるが、承認されない。倭国使と百済使の容貌・服装に反映した文明度を見ると、仕方ないとも思える。

しかしこの図は正しいのだろうか。元帝の荊州刺史の時代の編集であるが、実際に倭国使を見た人がいたのだろうか。図の解説の内容が『魏志』倭人伝の写しであることが気にかかる。

倭人伝にない倭人特有の首飾りが表現されている点は合っているが、そのほかは正しくない。六世紀前半には人物埴輪が造られており、男子の服装がわかるからである。

6世紀の倭人男性の衣服

職貢図鑑の倭国使

千葉県山倉１号墳の男子埴輪

千葉県姫塚古墳、埼玉県生出塚《おいねづか》埴輪窯跡、群馬県豊城町、栃木県安塚などで出土した貴人立像埴輪は同じ意匠で造られている。帽子をかぶり、襟無筒袖前開きの上衣を腰部で帯締めし、首に玉飾りをしている。下衣には太めのズボンをはき、膝上を縛っている。頭に天冠をかぶる埴輪もある。これらは六世紀後半から末だが、坐像なら群馬県世良田諏訪下《せらだすわしも》三号墳の六世紀前半の埴輪がある。

「職貢図鑑」の倭国使は、他国使と異なり首飾りをしている。それが梁の画人に印象として伝えられていたのだろう。それは確かだ。しかし画人は、髭を処理し、頭に帽子、首飾りをした国使を描くべきだった。襟無筒袖前開きの上衣は腰を紐で結び、下衣のズボンも膝上を紐で縛る。

少なくともこう描くべきだったがそうしていないのは、倭国使を見たことがなかったからに違いない。

台所の原風景

子供のころ、台所で食事の仕度をする母の手伝いで、竈の火をおこしたことがある。

どの家庭にも竈があった。竈には上面に穴があり、一つにご飯を炊く羽釜《はがま》、別の穴には汁物や煮物の鍋が架けられていた。燃料の木が勢いよく燃えあがるようにするのが子供の仕事。簡単で、先端を残して節を抜いた竹筒の、残した節に小さな穴を開け、息を吹き込む。

子供の息でも、圧縮された息が小さな穴から勢いよく吹き出し、火の勢いを強める。この道具を火吹き竹といった。

竈に架けた大きな鍋で熱湯を沸かし、飼っていた鶏を絞めて殺して浸け、抜けやすくなった羽をむしることもあった。どの家庭も鶏肉はこうして調理した。

　同じ光景が漢代にある。たとえば山東省嘉祥県蔡氏園出土画像石では、図の左端に竈があり、甕と甑が架けられているから、おこわが炊飯されている。竈の前に座る人物の口先をよくみると、火吹き竹が白線で見える。

　その上には、魚四尾と鳥二羽が吊り下げられている。鳥を熱湯に浸け羽をむしる画像も別にある。火吹き竹の人物の背後では深鉢で料理の下拵えをしている。その右では尖った底の器を二人で押しているが、これは酒を濾しているところだ。その右では豚を解体している。魚・鳥を吊るした右には脚付きの俎板があり、魚が調理されている。

　その右に動物を連れた人がいるが、犬の散歩から帰ってきたわけではない。同じ図柄の画からみてこれは羊で、これから調理されるのだ。火吹き竹の人、俎板で魚をさばく人、器で下拵えをする人に囲まれるように犬がいるが、この犬もやがてさばかれて、食卓を飾る。

　羊や犬はさばかなかったが、私の子供のころの台所もこんなものだった。脚付きの俎板、似たようなものをみた方もおられよう。回転しない寿司屋に行くと、握った鮨を脚付きの板に載せて出すところがある。あれは脚付俎板の名残だ。

　似たような大型木製品が、福岡市雀居《ささい》遺跡や今宿五郎江遺跡など北部九

台所の光景
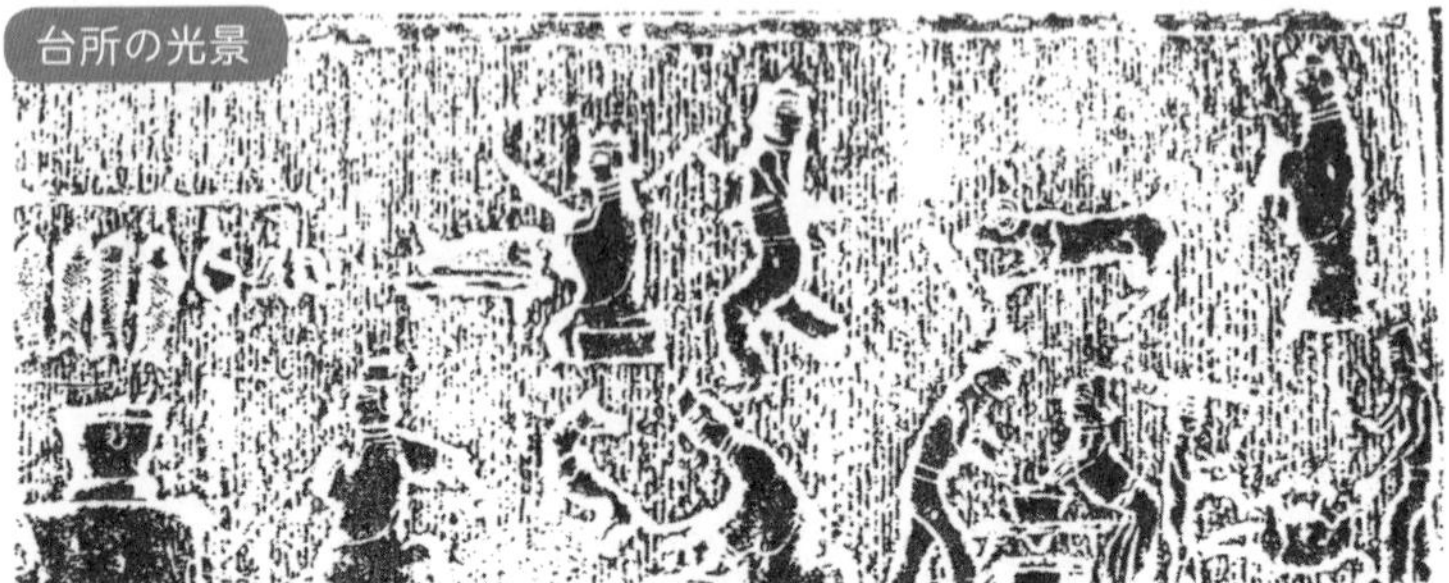

州の弥生時代遺跡から出土する。これを私は、文書や書物を置く几（机）、文机・経机とし、天板に無数の傷があるので、後に俎板に転用された可能性を考えた。これを俎板とする人もいる。

長友朋子さん（立命館大学准教授）に大型脚付木製品の専門的研究がある。長友さんは類例を集成し、A・B類に大別し、さらに細分されている。私が取り上げた雀居遺跡例のような天板の両端にストッパーの役割をもつ縁があるのはAⅠ類、天板に縁をもたないものはAⅢ類になる。長友さんは出土例や漢代の画像資料を検討され、AⅠ類は俎板、AⅢ類は食器などを置く案または文書や書物を置く几であると結論されている。

これは逆だろう。漢代の画像資料の俎板には縁がない。兵庫県高砂神社に奉納される四条流の庖丁式の俎板にも縁はない。俎板で魚を調理すると、鱗や骨・内臓などの不要物が出る。それを俎板から除き、傍らの桶などの容器に処理するときに前後よりも脇に寄せ始末するだろう。俎板に縁があれば邪魔になる。一方の几は文書や書物を置くから、それが落ちないよう、縁を付ける。文机・経机はそうなっている。

文字を書くときに邪魔になることがあるから縁の無い几もあるが、縁の有る俎板はない。雀居の机は俎板ではなく、几なのだ。

組板であれば弥生の台所の資料が充実したのだが。しかし、もうどこかで出土しているかもしれない。

知らぬ間に道教を信仰

毎年、目出度い正月を迎えると、目出度くないインフルエンザがやってくる。咳をする。〝ハックション〟とクシャミをする。はて、クシャミとは何だろう。

平安時代末期に藤原資隆《ふじわらのすけたか》は『簾中抄《れんちゅうしょう》』に「鼻ひきたるおりの誦」として、「休息万命急々如律令」の呪文を唱えたと記している。風邪をひいたときのおまじないである。

滝川政次郎は、クシャミの語源を次のように説明されている。

咳を一つすると良い噂、二つすると悪口をいわれている、三つすると風邪をひいているといわれる。風邪をひくのは呪われているからだともいう。だから咳がたくさん出ると大変だ。そこで神様に悪霊退散を願い祈る。そのとき「休息万命急々如律令」の呪文を繰り返す。しかし本人は風邪の高熱に浮かされ呪文どころではないから、急々如律令をカットして「休息万命」を繰り返す。「クソクバンミョウ」も大変で、さらに「休息命」に短縮する。その休息命＝クソクミョウがクサミョウ→クサメ、さらにクサミ、クシャミと変化したと説明されている。

クシャミしたというと、知らぬ間に神様に「休息万命　急々如律令」の呪文を唱えていたことになる。

「休息万命」はともかく「急々如律令」とは何のことだろうか。律令の如し、つまり律令の定めに従いますといっているが、大宝律令なのだろうか、それとも養老律令？　違う。

呪符が書かれた壺（太宰府市平野出土）

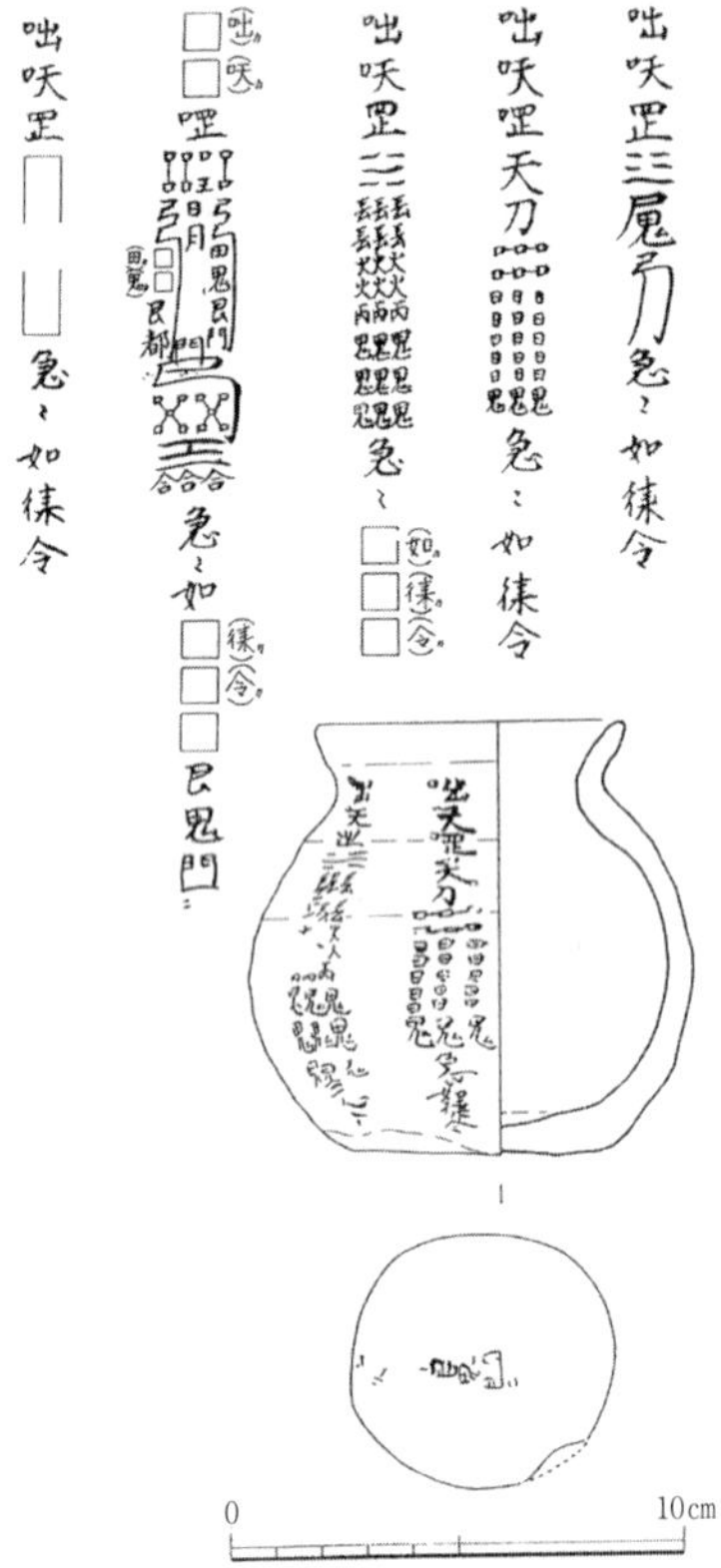

ここでいう律令は道教の本尊、天帝の定めたあの世の定めのことだ。子供のころ、選ぶのを迷ったとき「天の神様の言うとおり」と数え歌を歌ったが、その天の神様のことだ。

道教は、中国の漢族の土俗信仰として知られている。日本にも伝わっていたことはあまり知られていないが、大宝律令で置かれた陰陽寮《おんみょうりょう》は道教を扱った。寮では天文や気象、暦、それに卜占を掌った。この基本となった思想を陰陽道という。陰陽師安倍清明の陰陽道だ。

しかしそれと道教の普及は一致しなかった。古代の遺跡の発掘調査が進んでくると、各地で道教に基づく呪符が出土するようになってきた。図は太宰府市で出土した土製呪符壺で、道教の呪文が墨で書かれている。多くは漢字ではない独得の文字で読めないが、「急々如律令」は読める。

太宰府市宮ノ本遺跡で調査された買地券《ばいちけん》も道教に基づいている。

中国に行くと道教の寺院が各地にある。仏教寺院との違いは屋根の大棟や降り棟を鳥禽像や獣像で飾ることだ。一つの堂の表には仏像、裏は道像が祀られているものもある。

雲南省大理市郊外の巍山県に、道教の聖地巍宝山《ぎほうざん》があるから詣でた。南詔土王廟で御神籤をひいたところこの世で叶わぬものはないという最強の神籤を引き当てたが、まだ叶わぬことばかりだ。

日本の御神籤は天台宗の元三大師良源《りょうげん》が案出したとされているが、実際には道教に由来する可能性が高い。

道教の経典を道蔵、寺院を道観・宮、僧を道士というが、道教信仰の普及のわりには、日本には道蔵も道観、道士も入ってきていない。それは道教が仏教、ことに同じ土俗信仰で似たところが多い神道にもぐり込んでいるからなのだ。道蔵・道観・道士はともかく、道教が日本に定着していることはさまざまな例で証明できる。

クシャミをするたびに道教のお世話になるのだから。

痛そうな耳飾り

群馬県榛東村に榛東村耳飾り館という博物館がある。村内の茅野《かやの》遺跡から出土した、縄文時代後晩期の耳飾りを中心に世界の耳飾り史が理解できるように展示が構成されている。一度は訪ねたい博物館だが、まだ果たしていない。

耳飾りには玦状《けつじょう》耳飾り、耳栓、滑車形耳飾り、透かし彫り耳飾りがあり、おおむねこの順で変化する。玦状耳飾りは、中国の玦という玉器に似ていることから名付けられた。薄い円板の真ん中に穴を開け、一カ所に切れ目を入れて耳たぶを挟み飾る。

耳栓は文字通り瓶の栓のような形で、凸起部を耳たぶに開けた穴にピアス式に挿し込み塞ぐ。玦状耳飾りと交代するように出現するが、形も使い方も大差があり、両者の関係はわからない。

耳栓の凸起の先端に円板を付け、断面がH形になるようにしたのが滑車形耳飾りであり、透かし彫り形耳飾りになる。これらも耳たぶに開けた穴に入れて挟み、耳を飾る。土栓の使用法は推定だが、滑車形耳飾りなどは埼玉県真福寺《しんぷくじ》貝塚などから出土するみみずく土偶に耳たぶに装着した例があり、耳飾りであることと使用法は疑いない。

滑車形耳飾りに、芸術的な透かし彫り彫刻をしたのが透かし彫り形耳飾りだ。

鹿児島県霧島市の上野原《うえのはら》遺跡から出土した、滑車形が変形して環状になったような耳飾りは径五<ruby>セン</ruby>チを越える大形で、耳に同じくらいの穴を開けていた人がいることになるが、痛そうだ。問題は上野原耳飾りの時期が、縄文時代早期後葉でほかと連続しないことだ。

中国貴州省の黔東南苗族侗族自治州凱里で、苗族の郎徳上寨を訪ねたときだった。ここのご婦人は耳たぶに径一チセン《チセン》ほどの穴を開け、真鍮製の滑車形耳飾りを着けていた。来客のときの身だしなみだそうで、日頃は穴が閉ざされないよう竹や木の栓をしているといっていた。その竹栓・木栓を徐々に大きくして穴を広げるのだそうだ。

街の土産物屋で同じものを買ったが、かなり重い。こんなものを耳たぶにと思っていたら、軸の径が二チセン《チセン》ある大形品を出してきて、これを飾る人もいるという。径の大きさと重さから、こんなものを着けたら耳たぶが千切れるのではないかと思ったが、そういうこともあるそうだ。

泊まった招待所に土産物売り場があり、苗族の衣装を着た二〇歳くらいの娘さんが二人いた。一人の耳には径一チセン《チセン》くらいの穴、もう一人にはない。そこで「あなたは漢族でしょう。苗族の格好をしているけれど制服ですか」と聞いてみた。「私も苗族です。父母がもうこれからこんな耳飾りはしないと穴を開けなかったんです。私のような人はたくさんいます」と言っていた。

大学院に苗族の女子学生がいた。凱里の娘より一〇歳くらい若いのだが、彼女の耳たぶにも穴はなかった。都市部の娘にはもういないと言っていた。

ピアス式耳飾りをした苗族の婦人
(北京にて)

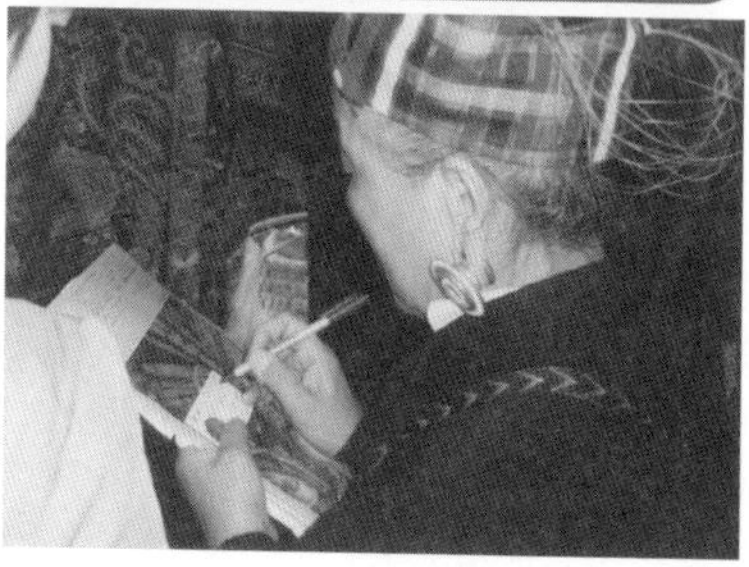

耳たぶに穴を開けて飾った縄文人は福耳だったことになる。弥生人は耳飾りをしない。古墳人になると、銀製や銅製の耳環で耳を飾ることがある。耳環の着け方は玦状耳飾りと同じだ。

耳環に豪華な垂れ飾りを付けた垂飾付きの耳飾りがある。耳環も垂飾り付き耳飾りも、挟んで耳たぶに着けるイヤリング式だ。これは古墳人そしておそらくは弥生人の耳たぶがほっそりしていたことを意味する。

福耳は東南アジアなど南方の人に多く、ほっそり耳は北方の民族に多い。耳飾りの形態や使用の有無は、縄文人を基層とする社会に北方（朝鮮半島）からほっそり耳がやってきて、混血を繰り返したことを物語っている。

福耳の私は在来種のようだ。

「駅伝」の始まり

テレビで箱根駅伝を放映している。弟が高校生のときに駅伝の選手をしていたので、ことのほか関心があり、縁も所縁もない大学を応援した。

駅伝の名称のもととなったのは、古代の駅伝制度で、大化の改新の詔に「駅馬・伝馬」と出てくるのが最初だ。

駅伝制度は中央と地方との効率的な情報伝達制度。早馬を駆け情報を伝えるため、道路を整備し、中央と諸国を結ぶ道（駅路）の中継点に駅家《うまや》と駅馬を置いた。駅家の役人は兵部省に属したから、道路の整備は軍隊の移動を速やかに行うためでもあった。

国と郡を結ぶ道も整備された。伝路という。伝路には伝馬が置かれたが、郡家に置かれたらしく、それ以外では筑前国には御笠《みかさ》駅、肥前国では基肄《きい》駅に置かれたことがわかる。

古代の遺跡で発掘された道（駅路）は、広いところで道幅一〇数メートル、狭いところで約六メートルあり、直線道路を基本とする。

佐賀県吉野ヶ里遺跡で発掘された古代の道路では路面の両端に側溝があり、側溝の心々で約九〜一七メートルあった。路面の中央に小溝があり、上り下りの界線のようだったが、それよりも道路の築成にあたってまず小溝を掘り、そこから左右に路面幅を測り込んだ痕跡だろう。

直線道路の東延長上に水田があるが、現在でも吉野ヶ里町（旧東脊振村）と神埼市の境界になっている。さらに東に進むと切山《きりやま》駅の推定地に近づく。西に延長すると肥前国府に到る。切山駅があったと推定される切通から肥前国府まで、約一七キロの直線道路がある。

その道路の北側に整然と配置された掘立柱建物群がある。木簡や墨書土器などの文字資料があり、「廊」「丙殿」「丑殿」な

西海道の官道と神埼駅（佐賀県吉野ヶ里遺跡）

どの建物の名と思われる墨書や、ほかの郡名である「養父」と書いた土器もある。

玉石敷きの立派な井戸がある。『延喜式』雑式に、諸国の駅路には路辺に果樹を植え、往来する人が休息できるようにし、水が無ければ井戸を掘って便宜を図るように命じている。これらから神埼駅の遺構とみられる。

大宝律令厩牧令《くもくりょう》によれば、駅路は原則として三〇里（約一六キロ）ごとに駅家が置かれ、馬が常備された。

大宰府から肥前国府に駅路を進むと長丘・基肄・切山の各駅を経て、肥前国府に到る。神埼駅は無いが、『肥前国風土記』の神埼郡に「駅一所」とあるのが吉野ヶ里遺跡の遺構であろう。大宰府─肥前国府間の駅家の遺跡は神埼駅しかわかっていないが、地名からおよその位置は推定できる。この駅路は現在の九州自動車道から長崎道に沿っている。大宰府の筑紫野インターから高速に乗ると、基山《きやま》サービスエリア・鳥栖《とす》ジャンクション・東脊振インターを通り、佐賀大和インターに到るが、そこが肥前国府である。筑紫野インターは長丘（永岡）駅に近く、東脊振インターを降りると吉野ヶ里遺跡（神埼駅）に到る。

駅路が高速道であり、駅がインターであることがわかって面白い。

古代は駅家に用意された駅馬を乗り替えて駆け、情報を急ぎ伝えた。今は、駅伝選手が中継点でタスキを伝え、先頭を競う。形態は変わったが、基本は再現されている。

中国で国境を体感する

日本の国境は海の中にあり、体感できない。

中国は地続きで他国と国境を接している個所があり、国境を体感できる。

初めて国境に接したのは、好太王碑《こうたいおうひ》を見学に訪れた吉林省集安市だった。国境を流れる鴨緑江岸に立ち、対岸の北朝鮮の村を写真に収めた。中朝貿易のための橋があり、傍らに出入国ゲートにあたる口岸があった。

二度目の訪問では、緊張関係の厳しさから、「カメラを向けないでください。銃弾が飛んできますから」と注意された。

三度目は一転していた。遊覧船に乗ると、対岸にトーチカが点在し、銃眼から銃を構えた兵士が警戒していた。しかし笑顔の兵士もいる。

一ヵ所、岸辺近くまで船が寄った。おろしたての小綺麗な水着を着た少年少女が泳いでいる。船が近づくと手を振りながら寄ってきて、中国元をねだる。ボートに乗った兵士が来たので緊張したが、彼も元を求めた。トーチカの笑顔はこれだった。

中国内蒙古自治区の北端近くのホロンバイル（呼倫貝爾）市で開かれる中国北方遊牧民族揺籃学術研討会に滕銘予さんから誘われ、参加した。ホロンバイルは真夏も涼しく、学会がよく開かれるそうだ。

ホロンバイルよりも北になるが、黒山頭城という残りの良い元代の城跡があり、見学に出かけた。近くにロシアとの国境があるというので行ってみた。国境警備隊の基地があり、「軍事

集安対岸の北朝鮮のたたずまい
（吉林省集安にて）

専区、厳禁入内」の看板が立っていたので見ていると、軍の車がやってきた。注意されると思ったら先導してくれ、基地の中に入ることができた。

国境に額爾古納河《エルグンが》が流れていて、対岸はロシア。フリゲート艦と説明された軍艦があり、乗せてくれるという。

しかし、外国人は駄目。仕方なく待っていようと思ったが、「貴方は喋らなければ中国人。もし疑われても南方の少数民族で普通語が喋べれないと言うから大丈夫」と言われ、乗艦した。船中で兵隊さんは愉快に喋ったが、私には話しかけてこなかった。

船は国境に沿って遊弋《ゆうよく》した。ロシア側の望楼に立つ歩哨兵の顔がはっきり見える。笑顔だった。船が基地に帰着すると、待ち受けた兵隊さんが自分たちで育てたスイカを私だけにくれた。私だけ日本人だとバレバレだったのだ。

一帯はオロス(俄羅斯)族の居住区。初めて少数民族のオロス族の人を見たが、容姿も服装もロシア人だった。カザフスタンとの国境は、新疆維吾爾《しんきょうウイグル》自治区の博爾塔拉《ボルタラ》蒙古族自治州阿拉山口で体験した。カザフの王族の末裔という運転手さんが変哲もない場所で休憩するという。乾いたのどをハミウリで潤していたら、「ここはカザフスタンです。この辺りの道路は中国とカザフスタンを縫うように走っていて、皆さんはカザフスタンで休憩しています」。カザフスタンとの国境を越えてしまっていた。

国境の伊寧市では出入国ゲートのゴルカス(霍爾果斯)口岸まで行ったが、荷物を満載してカザフスタンに帰るトラック隊があふれていた。

地続きの国境は、満載の荷物を運ぶ喜びの顔、緊張関係の中のくつろぎで笑顔を見せる兵士など、平和を体感できる場所だった。

地名は変わる

大学院博士課程を終えるとき、職の目当てがなかった。たまたま福岡県教育員会文化課の採用試験があり、受験した。専門試験に「金海式」と「郡評論争」について論ぜよというのがあったことを覚えている。金海式は弥生時代前期末の甕棺の型式名だが、対馬で出土する瓦質土器や軟質の陶質土器を当時は金海式といっていたから、ヒッカケ問題だった。これは簡単だった。

群評論争は、大化の改新の詔に「郡」とあるが、これは後世の書き換えで、大宝律令以前は「郡」ではなく「評」と書いたとする井上光貞説と、郡の呼称は詔に使われているようにすでにあったが徹底されず、評字が多く使われたとする坂本太郎説をめぐる論争だった。藤原宮跡の発掘調査の進行にともない大宝律令以前は評、以後は郡に統一されることがわかり、井上説で決着していた。もちろん知っていたから、簡単に書けた。

合格し、福岡県教育委員会文化課の職員になった。すぐに九州歴史資料館に配置換えになり、大宰府史跡の発掘調査が本務となった。ここでは評・郡に関する木簡が出土する。政庁Ⅱ期が大宝律令以後に整備された政庁と考えられているが、郡木簡に混じってわずかながら評木簡が出土する。これはうっかり評と書いたケアレスミスだろう。

郡・評以外にも、制度の改変にともなう地名の混乱がある。

大宰府は現在太宰府と書かれる。発音は同じだが「大」と「太」の違いがある。大宰府史跡の発掘調査が開始されたころは大宰府の表記が理解されておらず、調査概報の原稿に大宰府と書いていても、戻ってきた校正には印刷所の好意で太宰府に直されていた。今では、歴史的地名は大宰府、天満宮や行政機関名、現行地名などは太宰府という使い分けへの理解が浸透し、大宰府を修正されることもなくなった。

和銅六（七一三）年に、一字表記の地名を好字の二字に改めるよう定められた。当時、紀国だった和歌山県が紀伊国になったのはその例である。天智四（六六五）年に大野城とともに築城された、同じ発音の、椽城も基肄城に改められている。

筑前は「ちくしのみちのくち」、筑後を「ちくしのみちのしり」と読む。これは京に近い方の国が前「みちのくち＝道の口」、遠い方は後「みちのしり＝道の尻」になるからだ。それにしても筑前を「ちくしのみちのくち」と読ませるのは無理がある。これには当時の史料や出土木簡に「筑紫前」と墨書された例がある。読みはそのまま、筑紫前を二字の筑前としたのだ。

出土木簡に同じ郡を、岡郡・岡賀郡・遠賀郡の三通りに表記する例がある。これは岡を二字にするために賀を加えて岡賀郡、さらに遠賀郡と表記を変えたことを示している。

もっと大きな変化もある。福岡市早良区はかつて早良郡といっていた。

岡郡から岡賀郡へ（福岡県大宰府史跡出土）

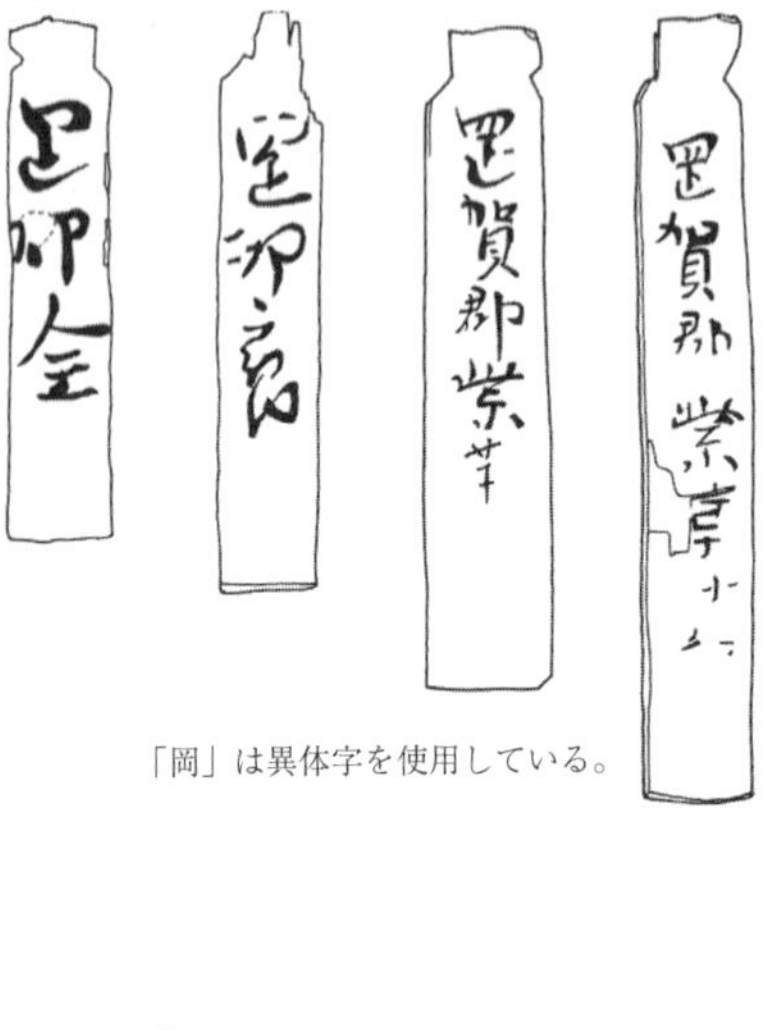

「岡」は異体字を使用している。

玄界灘に面した平野部は西から東松浦郡（唐津市）、怡土郡（糸島市）、早良郡（福岡市）、那珂郡（福岡市）と続く。それは早良郡を除いて、『魏志』倭人伝の末盧国、伊都国、奴国と地名の音が一致する。早良平野には国が無かったのだろうか。

奈良時代の早良郡には毗伊・能解・額田・早良・平群・田部・曽我の七郷があった。額田以下の五郷は、早良は桓武天皇の弟の早良親王に由来するといわれ、ほかは大和国（奈良県）の氏族名あるいはそれに因む地名である。このような例はほかの郡にはみられない。倭人伝の時代は別の地名だったはずだが、それを知る手がかりはない。

地名の改変には歴史がある。それを解明するのは面白い。

「観世音寺絵図」を考える

観世音寺に一幅の古絵図がある。

観世音寺絵図とよばれるこの古図は、遠近法によるとみられる表現があることから、江戸時代の作とみる見解があり、あまり重視されなかった。

絵図は縦一六五・二センチ、横一六一・九センチの、正方形に近い画面に観世音寺の伽藍が描かれている。制作の時期を示す銘が軸木に書かれていたが、四〇年ほど前に請われて博物館の展示に出陳したところ、破損があったので好意で表装を改めていただいた。その際に不注意で軸木の銘を消してしまっている。

実は軸木に「……時留守清顕建立乎　大永六年丙戌九月十五日……」と書かれていた。幸い鏡山猛先生が御著書に書き留めていただいていて、それがわかる。

それによれば、僧清顕が大永六（一五二六）年に朽損の進んだ古図を写させ、後の承応三（一六五四）年に表装したことが書かれていた。青柳種信の『筑前国続風土記拾遺』の志摩郡志々岐大明神の項に、社家に天文中の文書が蔵されており、「其書清顕より大宮司に當。清顕ハ観世音寺僧の名なるへし」とある清顕と時期的にみて同一人物で、実在を確かめることができる。

清顕は中世の観世音寺を支配した三官領の一つ、留守坊の僧だった。留守坊は顕官とよばれ、僧名に「顕」を入れるようになってい

1526年写しの観世音寺絵図

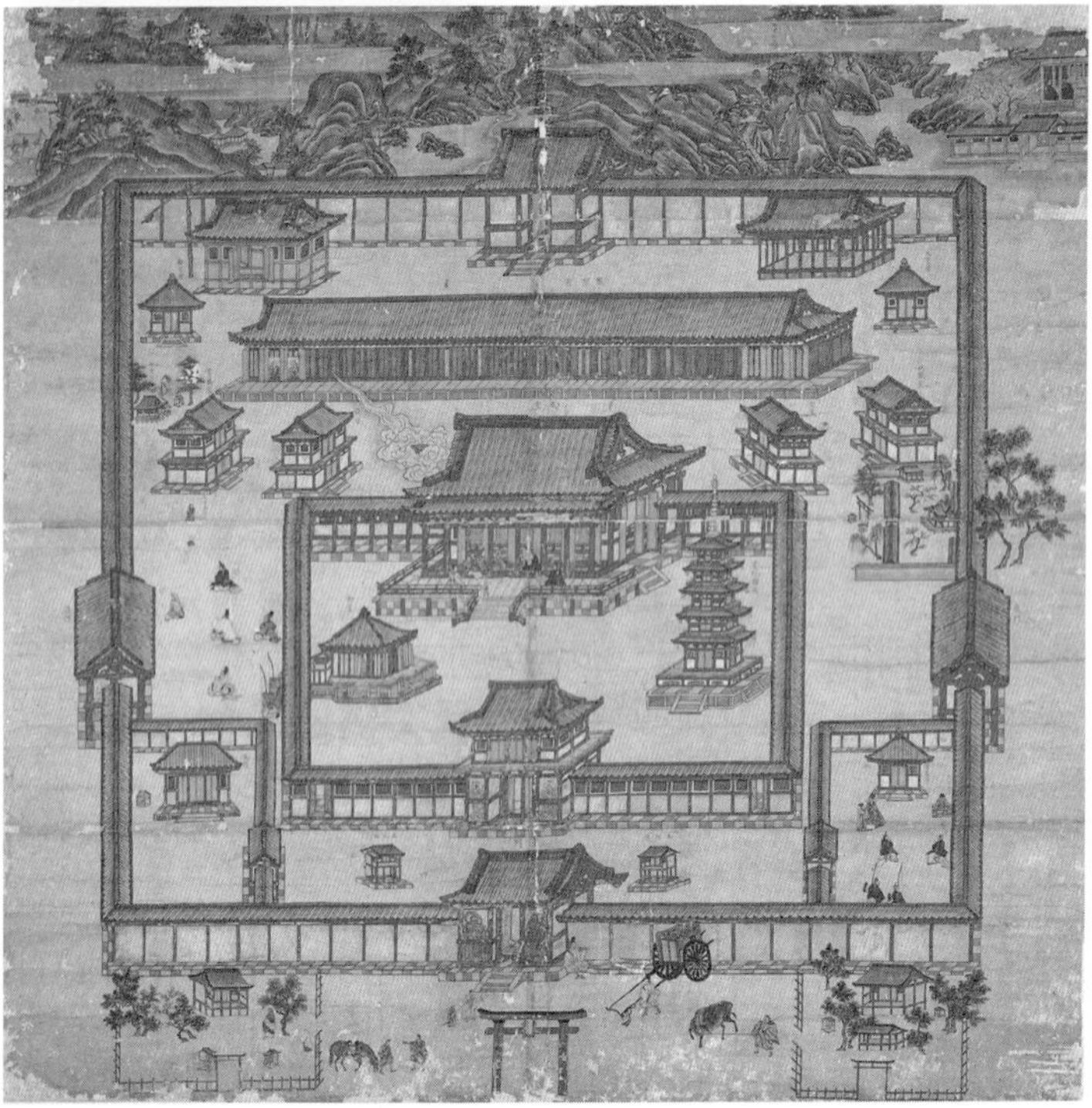

た。観世音寺末寺と伝える近くの西林寺には宗顕塚があるから、この一帯は留守坊の支配下にあったのだろう。私は三官領の一つ上座坊琳官の子孫で、本名の石田琳彰には「琳」字が入っている。

軸木には、伝来の古図が傷んでいるので写し替えたとある。元図があったことになる。

確かに絵図に描かれた伽藍の配置や規模は、発掘調査の成果や、「延喜五年資財帳」によく一致している。金堂の背後に性格不明の小舎が描かれているが、その遺構も、発掘調査で検出されている。近年九州国立博物館で修復され、往時の色彩を取り戻している。

絵図には「延喜五年資財帳」に無く、しかしほかの史料で確かめられる北大門・東大門・西大門が描かれているなど、観世音寺伽藍配置の復原に貴重な情報をもたらす。

画中に康平七(一〇六四)年に焼亡した五重塔や康治二(一一四三)年の「年中佛聖燈油并恒例佛事料米相折帳」に「日吉宮常燈料」「日吉宮二季彼岸料」としてあらわれる鎮守の日吉山王社が描かれているが、かなり正確なこの絵図にしては六棟あった僧房は大房しか描かれていない。これは、五重塔とともに焼亡した僧房が大房のみしか再建されなかったことを示すのだろう。鎌倉時代とみられる南門の礎石が残る戒壇院の築地南面に門が描かれず、築地の南外に子院御領院と思われる建物が描かれているから、僧の住まいが僧房から子院へと変わる時期に描いていることもわかる。

焼亡した五重塔の記憶が残り、大房のみの再建、僧房から子院への過渡期、そして新たな日吉山王社の勧請を反映できる時期の製作であり、平安時代末期ごろに元図が完成したと思われる。

建物や人物に後補で名前が朱書されている。大房は学問所とあるが、観世音寺には無い記録が浄土真宗大谷派にはあるらしく、大房(学問所)の建物を京都に移築し大谷派の学舎としたが、やがてそれが大谷大学に成長したという見解があることを木場明志さん（大谷大学教授）にうかがったことがある。

まだ未指定だが、観世音寺絵図の物語る内容は大なるものがある。保存の状態もよいから、何とか県指定にしていただきたいと願っている。

椎葉《しいば》の神楽面《かぐらめん》

永松敦さん（現・宮崎公立大学教授）がまだ福岡市博物館の学芸員のころ、椎葉神楽の見学に誘われた。

永松さんは椎葉民俗の研究者。椎葉（宮崎県）に向かう車の中でしっかりと神楽の解説を受けた。突然、椎葉村に民俗芸能博物館の建設計画があり、学芸員として博物館を造ってくれないかと要望されているといわれる。

口ぶりから永松さんの心が椎葉に傾いているのが察せられた。

私は、交通不便、情報不通の椎葉は研究者の環境にふさわしくないから、これまでのように福岡から通って博物館造りに協力した方が良いと反対した。反対すればするほど永松さんは椎葉に傾き、ついに椎葉村民になってしまった。

椎葉では尾前《おまえ》神社の神楽を見た。祭殿に神楽の奉納の舞台となる御神屋《みこうや》を設定する。御神屋の上には「く

尾前でみた椎葉神楽

も」とよばれる結界が作られ、渡された綱から御幣などがぶら下げられていた。御神屋の外で、火鉢を囲みながら、客は夜神楽を待つ。やがて修祓《しゅうばつ》などの神事の後に神楽が始まった。

太鼓のバチに合わせて、鈴を持った神楽子とよばれる衣冠束帯で身を正した舞手がリズミカルに足を運び、素顔のまま旋回するように舞う。神事や剣舞など、白装束で素顔の舞が続く。宮司の一人舞による手力という演目で、荒神面《こうじんめん》を着けたのが仮面の最初だった。

尾前の神楽は素晴らしかったが、焼酎で癒していた厳冬の寒さが限界となり、深夜の眠気もあって、途中で退座した。だからあまり仮面劇の部分は見なかった。尾前を含め椎葉の神楽面はほとんどが江戸時代後期の作といわれているが、仮面も食事の什器も文化財だった。

椎葉民俗芸能博物館造りには私も協力した。

福岡に来られた永松さんが拙宅にみえ、「神楽面を展示の目玉にしたいが、神楽に使うから、どの集落も貸してくれない。レプリカを作るしかないが、業者の見積もりは高額で躊躇している」と悩みを語られた。

当時、大宰府政庁の前に筑前琵琶の作家吉塚隆一さんの工房があった。今どき筑前琵琶を注文する人はおらず、主力は琵琶の修理だったが、これも数少ない。そこでアルバイトとして文化財のレプリカを作られていた。九州国立博物館の建設に入る前で、資料作りに役立つのではと思ったが、力量がわからない。そこで永松さんを紹介した。

工房を訪れた永松さんは作品を点検し、見積もりを取られた。そこには信じがたい数値が並んでいた。とんでもない安さだった。

レプリカを作る吉塚さんの腕は確かで、次々に実物と見分けのつかないレプリカができあがった。永松さんは実物の現存しない面について相談された。幸い違ったアングルの写真があったが、それを手がかりに立派な面を再現されたこともある。

ほかにも数々のレプリカを作っていただき、博物館の展示を飾った。これはいけると思ったが、吉塚さんは早逝されてしまった。永松さんも宮崎市に去った。

秘境といわれる椎葉村も近年は道路事情がかなり改善され、多くの観光客がみえる。訪れる方々に椎葉の魅力をお伝えする椎葉民俗芸能博物館の役割は大きい。

永松さんと吉塚さんの果たした役割の大きさを神楽面が知っている。

古城山古墳のピンはね疑惑

大牟田市宮崎に直径約二三メートル、墳高約六メートルの円墳、古城山古墳があった。

この古墳の発掘調査を、大牟田市教育委員会から九州大学考古学研究室が打診されたのは昭和四六（一九七一）年春だった。これを考古学実習に取り込まれた鏡山猛・岡崎敬両先生から調査主任の佐田茂さんをサポートするよう命じられた。

岩盤を掘り込んだ墓壙と家形石棺
（大牟田市古城山古墳）

古墳の周りに岩盤が露出していたが、掘ってみると岩盤を広く方形に掘り窪め、棺を置く部分を棺身が収まるくらいまでさらに掘り下げて石槨状にしている。この特異な岩壙に、内部主体の家形石棺が置かれていた。

家形石棺は凝灰岩で造られていた。一枚石を刳り抜いて造られた寄棟造りの蓋には、両妻に縄掛突起がある。身は四枚の長方形板石を、両側を長くして組み合わされていた。床には、マガキ・シオフキガイ・ハイガイなどの貝殻を敷いていた痕跡があった。

すでに盗掘されていて、副葬品は直弧文を彫った刀装具、鉄鏃、碧玉製管玉・ガラス製小玉くらいしか残っていなかった。土器の出土は無かったが、家形石棺や副葬品から五世紀後半の築造と判断した。

古城山古墳の発掘調査は考古学実習だったから、院生・学生が参加した（参加させられた）。大牟田市教育委員会は学生のため上亀崎公民館を宿舎に用意し、交通費・日当なども当時としては潤沢に予算化してくれた。ただ、報告書の印刷費はほとんど無かった。

発掘にかかると、すぐに岩盤掘り込みの石槨状土壙と家形石棺の屋根形の蓋を確認できた。これはよい成果が出ると実感できた。報告書の出版費が欲しくなった。

そこで学生に理由を説明し、納得していただいた上で、日当から学生一日五〇〇円、私は一〇〇〇円を拠出してもらった。

学生の意気も高く、最初のうちは問題なかった。そのうち事情を知らない人がピンはね疑惑をもつようになり、学生を洗脳しはじめ、学生が疑心暗鬼するようになった。しかしいずれはわかってくれると思い、〝ピンはね〟を続行した。

報告書の作成は研究室で行った。実習だから費用はゼロ。こうして報告書は完成したが、学生が拠出してくれた金額は手付金として活用できたものの、印刷費の多くは販売して回収するしかなかった。幸い、調査主任の佐田茂さんと書いた考察「九州の家形石棺」が好評だったこともあって、報告書は飛ぶように売れた。すぐに印刷費は回収できた。

ピンはね疑惑のもとになった学生の拠出金は、個人別に記録していた。報告書一冊の印刷実費は約五〇〇円なので、拠出金一日分に相当し、平均二〇冊分だった。そこで拠出金に応じて報告書を、「卒業論文などの資料集めでほかの大学や教育委員会に行くときにこれを渡しなさい。きっと便宜を図ってくれるから」といいながら学生に渡した。

効果はてきめんで、疑惑は霧散した。

この方式をもう一度、古賀市（当時は糟屋郡古賀町）の鹿部山《ししぶやま》遺跡群の発掘調査および報告書作りで実行した。好評だったが、やはり裏でピンはね疑惑がささやかれた。

だから後輩にはこの方法を薦めなかった。

私は老司《ろうじ》古墳や岩戸山古墳、岡山市湯迫《ゆば》車塚《くるまづか》古墳をはじめ、かなり古墳の調査に参加し、報告書も書いている。しかし論文は「九州の家形石棺」しか無い。疑惑を招いたことと論文の執筆から、古城山古墳の発掘は忘れられない。

箸の民俗考古学

漢代に「箸」という字は用途の異なる二つのものをあらわした。

一つは現在と同じ食事用の箸で、筷・筷子・梜などともいわれた。

もう一つは双六などと同じ盤上遊戯の六博《りくはく》に使われるもので、湖北省江陵県鳳凰山八号前漢墓や湖南省長沙市馬王堆三号前漢墓で六博の実物と副葬品リストにあたる遣策《けんさく》が出土していて、両者を対照すると、博というものがあり、六本一組にしてサイコロとして使われている。この博を『説文』は「簙は局戯なり。六箸十二棊なり」と説明するから、博が箸であることがわかる。

六博の遊び方はもうわからない。六博を題材にした画像塼をみると、盤上あるいは敷物の上でサイコロを投げて遊んでいる。出た数字で駒を進めて遊ぶのだろう。六博にはかならず酒席が用意されているから、敗者は無理に酒を飲まされたのであろう。

箸をどうすればサイコロになるかだが、韓国にユットという遊びがあり、サイコロの数に合わせて進む。サイコロは断面半円形の長い棒で、投げると平たい底で安定するものと半円の背で不安定なものが出、進む数が決まる。この形が博・箸に似ているから、同じようにして遊んだのであろう。

酒席でサイコロ（箸）を握り、勝負して罰で酒を飲まされるゲームは鹿児島県伊佐地方に残っている。後ろに回した手に任意に箸を握り、「ナンコ」（何個）といって数を当てさせるところから「ナンコ」とよぶ。ナンコは闘箸と書かれる。これが幕末に高知県に伝わっていて、箸拳《はしけん》とよばれている。闘箸・箸拳は六博の遊びの目的を伝えている。

丸箸を使った御神籤筒
（福岡県太宰府市観世音寺にて）

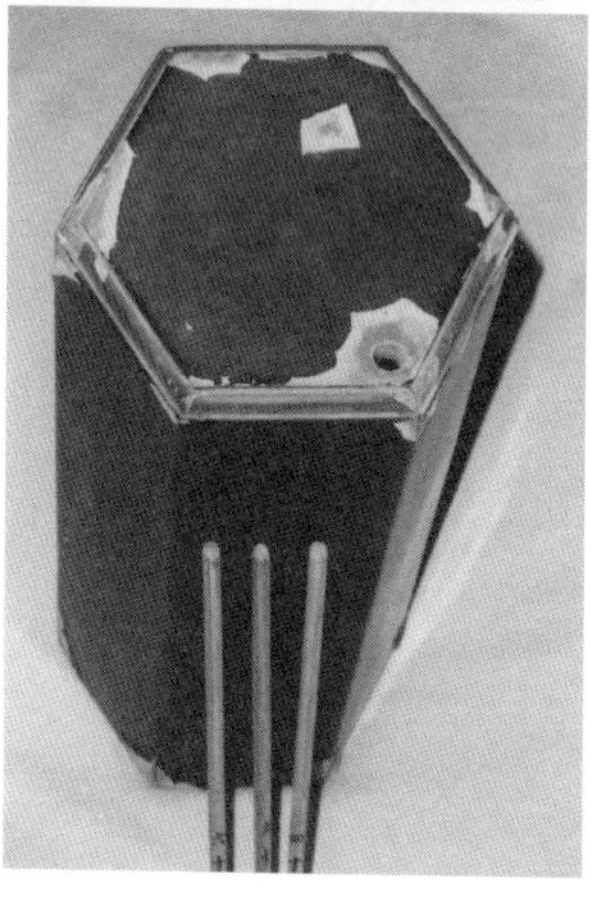

この六博棒のように食事に関係しない箸がいろいろとある。

調理で食材を混ぜ合わせ盛り付ける菜箸、本来は魚（真魚）の調理に使うから真魚箸とよばれた真名箸、冷麦や素麺を干すときに麺がくっつかないようにさばく箸などは、食事ではないが食の光景に絡んでいる。

正月の神事に粥占いがある。筑紫野市の筑紫神社では、氏子が元旦などに捧げた白米にスルメと昆布を混ぜた年玉《としだま》という粥に柳箸を十字に載せ、木箱に入れて封印する。三月一五日未明に粥箱を開けてカビの生え具合で、箸の指す方向の吉凶を占っている。神社によっては粥に箸を立てている。粥占いも食事用ではないが、食に縁がある。

御神籤はまったく食に縁がない。

宮崎県椎葉村の松尾神社では上面に小さな穴の開いた角筒に数字を書いた箸を入れ、振って穴から箸を一本取り出す。祭殿に数字ごとのお告げを描いた板があり、それと照らして運勢を知る。東京の浅草寺や神田明神では出てきた箸の数字を神官に告げると、背後の番号の書かれた引き出しから神籤札を与えてくれる。

今は多くの神社や寺院で御神籤札を引くが、これの簡略形になる。

御神籤の筒に番号を書いた箸が入っているから、景品の抽選に利用できる。江戸時代の宝くじ、富籤《とみくじ》はこれを利用した。

中国に行くと、カルタのような紙製の麻雀牌があり、車中や行楽地などで遊んでいる。この紙牌を箸に替えた箸麻雀牌がある。遊んでいる人を見たことはないが、現物をもっている。今は見なくなったが火箸、火箸を応用した箸風鈴、時計の文字盤を鮨、針を箸にした箸時計など、箸は無限に広がりをもっていて、集めていても飽きることはない。

近くなった好太王碑への道

好太王碑はこれまで三度訪れた。

最初は、平成六（一九九四）年だった。

当時、好太王碑のある集安へは、通化と集安を結ぶ鉄路に沿った北路、山越えの中央路、桓仁ダムに沿う南路の三本の道があった。九時に通化を出発した私たちは中央道をとった。四時間かかる予定で、集安で食べる昼食を楽しみにしていた。ところが前日の大雨で道は寸断され崩壊の連続。とうとう通行不能になり、難路を通化近くまで引き返して、南路で集安に到着したのは夕刻の一七時半。八時間半の長旅となった。

楽しみの昼食は途中の寒村で買ったビスケットに替わった。隋《ずい》の煬帝《ようだい》は高句麗遠征に失敗し、国を失う原因となったが、現代でも隘路だった。

何度も写真で見た将軍塚は石室に入ることができ、その余韻のままに好太王碑に着いた。亭舎で保護された石碑は一《メートル》ほどのところで鎖で囲われていたが、何しろ一文字が約一〇《センチ》もあるから鮮明に読める。当時、李進熙さんの好太王碑文改竄説が

高さ 6.34 m の巨大な好太王碑と碑亭
（吉林省集安にて）

あり、疑問がもたれていた「辛卯年来渡海」などの個所をじっくりと観察したが、これまでの読みの通りだった。

太王陵、国内城、丸都山城、一五八二基もある洞溝古墓群山城子墓区、壁画古墳の五盔墳五号墓、麻線墓、千秋墓など、集安の遺跡を堪能した。

二度目は平成一二（二〇〇〇）年。遼寧省瀋陽から清を建国した満州族の本拠地でヌルハチの永陵のある新賓満州族自治県を経由して、通化に入った。この道は、撫順の第三次玄菟郡治、新賓の第二次玄菟郡治を通り、桓仁ダム沿いの南路に通じるから、煬帝の高句麗遠征路の一部だろう。それだけに難路だった。

通化から集安には中央道が一部高速化していた。

峠を越えれば、集安まで一〇キロという村に着いたときだった。「ここは昔山賊の巣窟だったんだよ」などと言っていると、突然、ライフル銃の銃口をバスに向けた武装兵に取り囲まれた。銃口を向けたままバスの扉を開け、突入してきた。瀋陽からの長旅だったので、バスの運転手が二人おり、交代要員の一人が後部座席で寝ていた。武装兵は彼に銃を突きつけた。途中の検問で知っていたが、銃をもった脱走兵が民間人を射殺し逃げているらしく、その脱走兵と間違えられたのだった。

通化から集安まで四時間半かかった。しかしこの日は、銃口事件や途中の軍事警戒地の関馬山城を撮影して警察署に連行されるなどがあったので、実質三時間だった。

集安での見学は前回とほぼ同じだったが、完全に観光地化していた。好太王碑の一画は塀で囲まれ、入場券が必要だった。

三度目は平成二三（二〇一一）年。陳国慶さん（吉林大学教授）夫妻とご一緒に長春から長距離バスで集安に向かった。初めて何事もなく集安に着いた。通化から集安までは二時間だった。

好太王碑の周囲はもちろん、集安自体がますます観光地化していた。

集安では、吉林省文物考古研究所が国内城の発掘調査をしていた。到着の夜、陳さんご夫妻が来訪されたということで、教え子の多い省研究所が招待の宴を設けてくれ、現場に行く前に調査関係者と飲んだ。

今回の日程に国内城の調査現場は予定されていなかったが、現場は宿舎のすぐ近く。朝早く現場の遺構を堪能させていただいた。

好太王碑に行くたびに、通化と集安の所要時間が短縮される。碑文が身近になったから、改竄問題を含め、多くの方々が実際に現地に足を運ばれ、検討されれば良いと思っている。

漢代の市

佐賀県の吉野ヶ里遺跡に行くと、弥生時代の市（市場）が再現されている。

『魏志』倭人伝に「国々に市あり。有無を交易し、大倭をして監せしむ」とある。

中国の史書に出てくる「国」は当時の中国の人の考えであって、現在の「国」と同じように考えてはいけない。陳寿がいう国は国家などという大それたものではなく、倭国は倭の地域、奴国は奴の地域という程度の言葉だ。今は聞かないが「お国訛り」や「お国はどちらですか」などの国と同じで、あちこちに市があるといっている。

それでは「市」とは何だろうか。倭国に来たことのない陳寿のいう市とは？ 魏の市はわからないから、漢代の市を参考に考えてみたい。

後漢の市を知る絶好の資料がある。新繁県の市場をあらわしたと思われる四川省新都県出土の市井画像塼だ。

塼では、市の周囲を壁（市壁）で囲んでいる。下方には壁がないが、それは組み合わされる別の塼にあるのだろう。四方の壁の中央には門があり、北市門・東市門と題記されている。各門から入ると十字路があり、買い物客が品定めをしている。中央にある二階建ての建物は新繁市の管理処である市楼で、租税を集めたり警備をしたりする。二階に太鼓があるが、定刻になると太鼓を鳴らして門を開閉する。

店舗は塼の左右方向に並ぶ。店舗を肆《し》、店舗の並びを行《こう》という。肆は本屋さんを書肆《しょし》ということがある。行には同業者、たとえば布屋や魚屋、銀を扱う商人などが並

漢代新繁県の市の構造

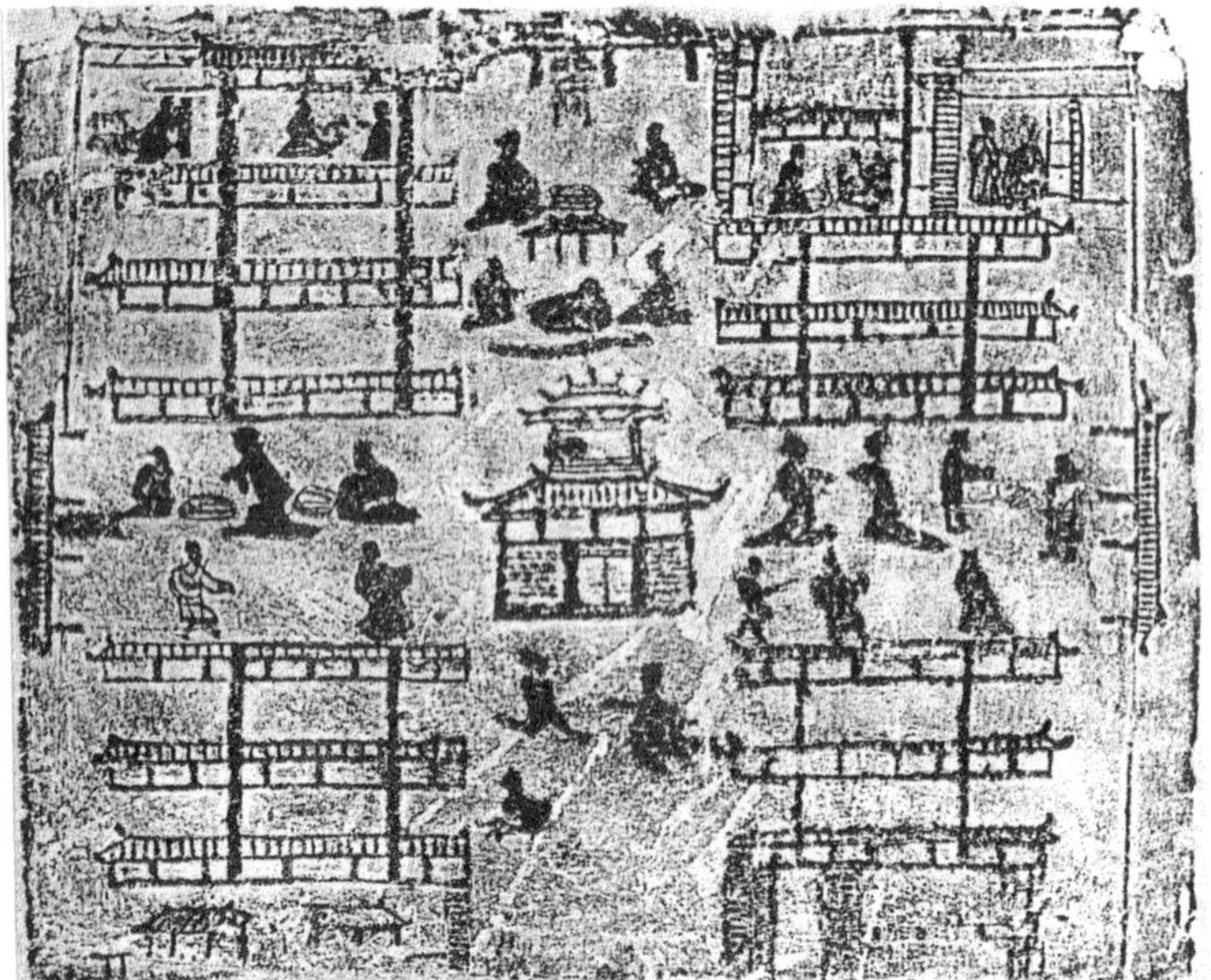

ぶ。そこで布行・魚行・銀行などとよぶが、銀行は由来もわからないままに今でも使われている。

この塼から、市には市壁・市門・市楼が不可欠なことがわかる。

新繁県は、首都洛陽からすれば田舎でしかない。そこの市であっても整然と整備されている。陳寿のいう市が推測できる。

しかし、地方の市がすべてこのように整備されていたわけではない。陳寿は体験しなかったろうが、もっと簡略な市もあった。内蒙古自治区和林格爾県の新店子一号後漢墓に寧城県にあった烏桓校尉幕府図が描かれていて、寧城県の市場が「寧市中」と題されている。

寧城の市は、互市あるいは胡市とされている。互市は青天井の市で、市壁の内側の露店で物々を交換する。つまり「有無を交易」する市だ。陳寿は見たことがないだろうが、互市の知識はあったろう。

後漢の物々交換の互市は青空市場だが、それでも市壁・市門・市楼はある。倭人伝によれば「大倭をしてこれを監せしむ」というから、倭にも市楼的なものがあったと思われる。そうであれば、倭人伝に誇張があるとしても、板塀による囲み、あるいは濠・堀などによる隔離程度はあったと思われる。

吉野ヶ里遺跡にこの条件に合う個所があり、今、市が復元されている。遺構の一区画を切り取っての復元だが、後漢の市からみると切り取り方にズレがある。整備委員会でそのことを指摘したが、多勢に無勢、市を理解していない復元案が採用されてしまった。それでも市楼と考える遺構は一致しているし、弥生時代の市を考えるには大差ない。

吉野ヶ里遺跡を散策し、再現された弥生時代の市を体感してみることを、お薦めする。

ワ族の空似

中国雲南省のミャンマー国境沿いに佤《ワ》族という少数民族が住んでいる。ワ族は勇猛果敢。中国最後の首狩り族として知られている。半数以上はミャンマーのシャン州に住んでいて、ワ州連合軍を組織し、シャン州の一部を自治している。

首狩りはいつも行うわけではない。祭礼にあたって行うが、彼らも人の子だから、同族の首を狩るようなことはしたくない。そこで近隣の他民族を襲うことになり、怖れられた。

先行するキリスト教カトリック派（天主教）に海沿いの布教ルートを押さえられたキリスト教バプテスト派（基督教）は、東アジア布教にあたって、内陸沿いのルートをとった。そこにワ族が住んでいた。近隣民族と明らかに容貌の異なる欧米人の宣教師はワ族にとって容赦なく首を狩り取る対象となった。こうして多くの宣教師が命を落としたが、その努力もあってワ族はかなりキリスト教徒化している。

その佤族と倭族（倭人）は「ワ」の発音が共通するだけで、民族的な共通要素はないが、参考になる点が多い。

弥生時代の北部九州に、青銅製武器などを副葬される政治的統率者と、南海産巻貝製腕輪を着ける祭祀的統率者がいること、時にそれが一人にあらわれ祭政一致を示すことについてはすでに論考をまとめている。これと同じ現象がワ族にある。

中国にはかつて二〇〇を超える少数民族がいたが、それが現在の五五民族にまとめられている。そのまとめの過程で、雲南省など各省政府による「中国少数民族社会歴史調査」が実施されている。当然、ワ族の調査も実施され、『佤族社会歴史調査』などの報告書が刊行されている。そこに興味深い報告がある。

調査単位で内容が異なるが、雲南省西盟佤族自治県についてみると、彼らの統率者に窩郎《かろう》・頭人《とうじん》・魔巴《まは》の三者があることがわかる。窩郎は世襲的な統率者で魔巴を兼ねることがある。これに対し頭人は一代限りで、選ばれて頭人になる。珠米《しゅまい》を兼ねることが多いとされているが、珠米は金持ちのことをいうから、金持ちが選ばれて頭人になることが多いのだろう。

窩郎・頭人は、村寨に一人というわけではない。数人いるから、村寨の政治を行うために頭人会議を開いて決定する。このときに世襲制の窩郎は権力をもっているが、一代限りの頭人は権威はあっても権力はない。

魔巴は巫師のことである。大魔巴と小魔巴がある。祭礼の場は大魔巴が取り仕切り、小魔巴が行事を進行する。大魔巴は窩郎が兼ねることが多いから、その分権力があるが、小魔巴は祭礼の場だけの宗教的権威者で、日常生活は一般の人と変わらない。

『魏志』倭人伝によれば、伊都国に代々王がいる。伊都国と推定される糸島市の旧怡土郡域には、三雲墳丘墓一号棺、同二号棺、井原鑓溝墓、平原《ひらばる》墓の四基の王墓とみられる墓がある。それぞれ時期が違い、代々王ありの実際を示している。ことに三雲墳丘墓の一号棺と二号棺は墳丘を共

佤族の村（雲南省西盟県）

有し、世襲を想定させる。

奴国の中枢部とみられる春日市須玖岡本《すぐおかもと》では、三雲一号棺とほぼ同時期の須玖岡本D地点墳丘墓、墓は発見されていないが井原鑓溝墓と同時期の「漢委奴国王」金印を下賜された奴国王、本書171頁で述べたように難升米を奴国王とすると平原墓と同時期になる。倭人伝にはないが、奴国にも代々王がいたのだろう。

伊都国王・奴国王は代々の王、つまり世襲の王になる。ワ族の窩郎に相当する。邪馬台国も卑弥呼の後を宗族の壱与が継いでいるから、窩郎になる。

だが、倭国女王卑弥呼は違う。卑弥呼は倭の女王に共立されている。卑弥呼の後に男王が共立されたが治まらず、邪馬台国女王であった壱与が共立されている。卑弥呼・壱与は倭国の頭人であり、頭人会議で選出されたということになる。権威はあるが、権力はない。だから魏の少帝芳は、黄幢を卑弥呼ではなく難升米に仮授している。

これは全国知事会議に置き換えてみれば理解できる。各県知事はその県で権力をもつ。一方、共立された会長は権威をもつが、権力はない。そんなものだ。

祭祀的統率者としての南海産巻貝製腕輪の着装者は、原則として副葬墓のない一般的な共同墓地に埋葬されている。腕輪を装着した後に外せなくなり労働に適さない人もいるが、権力者の印象はない。祭礼にあたっての時限的な権威者であろう。ワ族の窩郎を兼ねない魔巴といったところであろうか。

これが祭政一致するとき、つまり副葬を受ける政治的統率者が腕輪を着けるとき、それは青銅製腕輪になる。

ワ族と倭人は時間的にも距離的にも隔絶していて、直接対比できるものではない。しかし参考にはなろう。弥生時代を研究するには広いアンテナを張っておく必要がある。

あとがき

産経新聞の九州版に「歴史のささやき」という文化欄があった。考古学の高島忠平さんや形質人類学の松下孝幸さんなど五人ほどで月一回書くという企画だった。私もその一人だった。こうした形の連載だったので、時間の流れも筋もない、一話完結だったから、思いつくままに書いた。

一回につき二〜三話を用意し、担当の記者に選んでもらった。一六回まで載った二〇一六年一二月、東京オリンピック関連のページに振り替えるということで突然中止になった。掲載分を含め三九話まで用意していた。

私にとって二〇一七年は苦難の年だった。腎臓を患って死線をさまよい、結局、健康の代償として週三回の透析生活を送ることになった。透析には四時間かかる。その間ベッドに横たわり、テレビで暇を潰すしかない。

やがてその連載の続きを考えるようになった。ベッドでテーマや粗筋を考え、翌日文章化する。それを続けていると一〇〇話になった。

産経の連載は意外に好評で、思わぬ人から楽しみに読んでいると声をかけられた。そこでこれを本にしようと考え、雄山閣さんのご好意で実現した。ことに担当していただいた桑門智亜紀さんには心から謝意を表したい。

五月吉日

高倉　洋彰

挿図出典

はじめに：山崎純男編『柏原遺跡群６』福岡市埋蔵文化財調査報告書一九一、一九八八年
2頁：岩崎二郎編『恵子若山遺跡』恵子遺跡調査会・東洋開発株式会社、一九七五年
5・45・132頁：高倉洋彰『箸の考古学』同成社、二〇一一年
7頁：石松好雄他『大宰府史跡』昭和五一年度発掘調査概報』九州歴史資料館、一九七三年
16・97・103・137頁：九州歴史資料館撮影
28頁：京都府立堂本印象美術館蔵
30頁：三好千絵・武末純一「福岡県筑前町大木遺跡の甕棺絵画」『九州考古学会総会研究発表資料集 平成27年度』九州考古学会、二〇一五年に筆者追記
35頁：岡寺良編『観世音寺―遺物編1―』九州歴史資料館、二〇〇七年
40・53頁：高倉洋彰編『宝台遺跡』日本住宅公団、一九七〇年
42頁：雲南省で購入した絵葉書
51・86・153・182・187・196頁：高倉洋彰『交流する弥生人』吉川弘文館、二〇〇一年
56頁：李健茂・李栄勲他「義昌茶戸里遺跡発掘進展報告（Ⅰ）」『考古学誌』一、韓国考古美術研究所、一九八九年
58頁：宮崎県都城市中西牧場ＨＰ
60頁：博物館等建設推進九州会議『農耕文化論の周辺』ミュージアム九州三一、同会、一九八九年
62頁：下條信行・澤皇臣編『宮の前遺跡（Ａ～Ｄ地点）』福岡県労働者住宅生活協同組合、一九七一年
65頁：宋兆麟『共夫制与共妻制』上海三聯書店、一九九〇年
67頁：横山邦継・後藤直編『板付周辺遺跡調査報告書（2）』福岡市埋蔵文化財調査報告書三一、福岡市教育委員会、一九七五年
69頁：堀川義英『柏崎遺跡群』佐賀県文化財調査報告書五三、佐賀県教育委員会
76頁：高倉洋彰「踏絵の一形態」『一般社団法人日本考古学協会二〇一二年度福岡大会研究発表資料集』同大会実行委員会、二〇一二年
89頁：高句麗文化展実行委員会編『高句麗文化展図録』同会、刊行年不明
91頁：小田富士雄・佐田茂他編『対馬』長崎県文化財調査報告書一七、長崎県教育委員会、一九七四年、長崎県教育委員会協力
99・208頁：石松好雄編『大宰府史跡』昭和五八年度発掘調査概報』九州歴史資料館、一九八四年、石松好雄編『大宰府史跡』昭和五九年度発掘調査概報』九州歴史資料館、一九八五年

101頁：九州国立博物館提供
109頁：photo by Beeniru CC BY-SA 3.0, from Wikimedia Commons
118頁：東京国立博物館所蔵／Image: TNM Image Archives
120頁：高倉洋彰編『対馬豊玉町ハロウ遺跡』豊玉町教育委員会、一九八〇年、対馬市教育委員会提供
122頁：佐田茂編『岩戸山古墳』八女市教育委員会、一九七二年
124頁：青柳種信『柳園古器畧考』東西文化社、一八三〇年
143頁：山崎純男編『板付遺跡調査概報』福岡市埋蔵文化財調査報告書四九、福岡市教育委員会、一九七九年
146頁：呉式芬・陳介祺編『封泥考略』中国書店、一九九〇年
157頁：金縄初美氏提供
159頁：出光美術館所蔵
161頁：外文出版社編『漢唐壁画』同社、一九七四年
171頁：羅福頤編『秦漢南北朝官印徴存』文物出版社、一九八七年
180頁：石松好雄他『大宰府史跡』昭和五六年度発掘調査概報、九州歴史資料館、一九八二年
184頁：高文編『四川漢代画像石』巴蜀書社出版、一九八七年
192頁上：張燕『北京大葆台漢墓』中国田野考古報告集考古学専刊丁種三五、一九八九年
194頁左：榎一雄「職貢図巻」『歴史と旅』昭和六〇年一月号、秋田書店、一九八五年／右：市原市埋蔵文化財センター編『市原市山倉古墳群』財団法人市原市文化財センター調査報告書八五・上総国分寺台遺跡調査報告一一、市原市教育委員会、二〇〇四年
198頁：前川威洋・浜田信也他『筑紫郡太宰府町所在御笠川南条坊遺跡4』福岡南バイパス関係埋蔵文化財調査報告八、福岡県教育委員会、一九七八年
203頁：七田忠昭・森田孝志他『吉野ヶ里』佐賀県文化財調査報告書一一三、佐賀県教育委員会、一九九二年
210頁：石田琳彰『観世音寺の歴史と文化財』観世音寺、二〇一五年
214頁：佐田茂・高倉洋彰編『筑後古城山古墳』大牟田市教育委員会、一九七二年
222頁：高文編『四川漢代画像磚』上海人民美術出版社、一九八七年
225頁：鳥越憲三郎・若林弘子『弥生文化の源流考』大修館、一九九八年
9・11・14・19・21・24・25・33・37・47・50・71・73・78・80・82・84・92・94・106・107・111・113・116・126・128・130・134・139・141・148・150・155・164・166・169・173・175・177・189・192下・201・205・212・217・219頁：高倉洋彰撮影・作成

■著者略歴

高倉洋彰（たかくら　ひろあき）

西南学院大学名誉教授

1943年福岡県生まれ。九州大学大学院文学研究科博士後期課程単位取得退学、文学博士。九州歴史資料館技術主査、西南学院大学文学部教授、同大学国際文化学部教授、西南学院大学博物館長を経て現職。2014年5月～2016年5月一般社団法人日本考古学協会会長。観世音寺住職、本名石田琳彰。

主な著書に『弥生時代社会の研究』（寧楽社、1981年）、『日本金属器出現期の研究』（学生社、1990年）、『金印国家群の時代』（青木書店、1995年）、『交流する弥生人』（吉川弘文館、2001年）、『箸の考古学』（同成社、2011年）、『行動する考古学』（中国書店、2014年）、編著に『日本における初期弥生時代の成立』（文献出版、1991年）、『東アジア古文化論攷』（中国書店、2014年）などがある。

2018年5月25日　初版発行　《検印省略》

見聞考古学《けんぶんこうこがく》のすすめ

著　者　髙倉洋彰

発行者　宮田哲男

発行所　株式会社 雄山閣

〒102-0071　東京都千代田区富士見2-6-9

TEL　03-3262-3231 / FAX　03-3262-6938

URL　http://www.yuzankaku.co.jp

e-mail　info@yuzankaku.co.jp

振　替：00130-5-1685

印刷・製本　株式会社ティーケー出版印刷

ISBN978-4-639-02587-0　C0021

N.D.C.210　226p　19cm